Calvijn En De Economie

Pieter Arie Diepenhorst

Nabu Public Domain Reprints:

You are holding a reproduction of an original work published before 1923 that is in the public domain in the United States of America, and possibly other countries. You may freely copy and distribute this work as no entity (individual or corporate) has a copyright on the body of the work. This book may contain prior copyright references, and library stamps (as most of these works were scanned from library copies). These have been scanned and retained as part of the historical artifact.

This book may have occasional imperfections such as missing or blurred pages, poor pictures, errant marks, etc. that were either part of the original artifact, or were introduced by the scanning process. We believe this work is culturally important, and despite the imperfections, have elected to bring it back into print as part of our continuing commitment to the preservation of printed works worldwide. We appreciate your understanding of the imperfections in the preservation process, and hope you enjoy this valuable book.

CALVIJN
EN DE
ECONOMIE

P. A. DIEPENHORST

CALVIJN EN DE ECONOMIE.

ACADEMISCH PROEFSCHRIFT.

VRIJE UNIVERSITEIT TE AMSTERDAM.

CALVIJN EN DE ECONOMIE.

ACADEMISCH PROEFSCHRIFT

TER VERKRIJGING VAN DEN GRAAD VAN

Doctor in de Rechtswetenschap

AAN DE VRIJE UNIVERSITEIT TE AMSTERDAM,

OP GEZAG VAN DEN RECTOR

Dr. H. BAVINCK,

HOOGLEERAAR IN DE FACULTEIT DER GODGELEERDHEID,

IN HET OPENBAAR TE VERDEDIGEN

op Maandag 4 Juli 1904 des namiddags te 2¹/₂ ure

IN HET GEBOUW DER

MAATSCHAPPIJ VOOR DEN WERKENDEN STAND,

DOOR

PIETER ARIE DIEPENHORST

GEBOREN TE STRIJEN.

WAGENINGEN,
NAAMLOOZE VENNOOTSCHAP DRUKKERIJ "VADA",
DIRECTEUR: JOHAN A. NEDERBRAGT.
1904.

AAN MIJNE OUDERS.

Nu ik mijn proefschrift hob voltooid, en in waarheid mijne academische loopbaan vaarwel zeg, is het mij eene behoefte, mijne erkentelijkheid te betuigen aan allen, die mij gedurende mijn studentenleven, inzonderheid tijdens het vervaardigen van mijne dissertatie, zoo vele blijken van hartelijke belangstelling deden toekomen. De rij dergenen, aan wie ik mij verplicht gevoel, is te groot, dan dat ik allen afzonderlijk naar behooren mijnen dank kan brengen. Ik dank die Hoogleeraren der Vrije Universiteit, wier onderwijs ik mocht ontvangen; ik dank hen allen voor het gastvrij verkeer, dat mij in hunnen familiekring werd ontsloten. Ik dank de onderscheidene Bibliothecarissen en particulieren, die met ware vrijgevigheid een schat van boeken te mijner beschikking stelden.

Naast deze algemeene dankbetuiging moeten nog twee meer persoonlijke uitingen mij van het hart.

In de eerste plaats richt ik mij tot U, hooggeleerde Fabius, mijn hooggeachte Promotor! Zeer veel ben ik aan U verplicht. Uwen kostbaren tijd hebt gij opgeofferd, opdat mijne promotie nog in het loopende studiejaar zou kunnen geschieden. Die warme belangstelling hebt gij mij steeds betoond. Dikwijls heb ik op Uwe studeerkamer lang vertoefd en steeds verliet ik Uw huis met diepe erkentelijkheid voor de liefde, waarmede gij mijn werk gadesloegt. Eenen grooten invloed hebt gij door Uw persoonlijk woord en Uwe geschriften op mij uitgeoefend; Uwe onwrikbare beginselvastheid, Uwe geestdrift en liefde voor het Calvinisme, deden ook in mij den lust ontwaken om „tot de volmaaktheid voort te varen". Hartelijk zeg ik U dank voor al het goede, dat ik van U mocht ontvangen.

Bij het afsluiten van een zoo belangrijk tijdvak van mijn leven mag evenmin ontbreken een woord tot U, hooggeschatte Ds. de Gaay Fortman. Ook U moet ik den tol mijner erkentelijkheid betalen. Reeds voor Uwen rusteloozen bijstand bij het corrigeeren van de drukproeven. Maar al schat ik dien arbeid niet gering, toch ligt niet voornamelijk daarin de grond, waarop gij recht hebt, hier met dankbaren eerbied te worden herdacht. Er is meer. In eene periode, toen allerlei stormen mijne ziel bekampten, werd ik in Uw gezin opgenomen, en een groot aantal jaren was ik Uw huisgenoot. Wat dit voor mij heeft beteekend, kan hier niet ten volle worden gezegd. Slechts dit ééne geloof ik te mogen uitspreken: de onbaatzuchtige liefde, waarmede ik door U en mevrouw de Gaay Fortman bejegend werd, de stille godsvrucht, die Gij ten toon spreiddet, hebben er niet het minst toe bijgedragen, dat thans ook voor mij „de vreeze des Heeren het beginsel der wijsheid is".

HOOFDSTUK I.

Inleiding.

De keuze van den titel voor dit geschrift ging met geen geringe moeilijkheden gepaard. Het hoofdbezwaar voor eene gemakkelijke beslissing lag in de velerlei onzekerheid, aan het woord *economie* verbonden.

Reeds aanstonds moest twijfel rijzen, of in bloot formeelen zin — nog afgezien van de vraag of hier de vlag de lading dekt — ter aanduiding van die wetenschap, welke de stoffelijke welvaart van de menschheid tot voorwerp van haar onderzoek heeft, het gebruik van het woord *economie* is gewettigd. Daar het Hollandsche *staathuishoudkunde* bedoelt hetzelfde begrip uit te drukken, dient vooraf kort te worden verklaard, waarom een woord van vreemde herkomst werd gekozen.

In den naam *economie* ligt reeds eene geschiedenis, die iets te zeggen heeft. Hij is niet door toeval ontstaan en is meer dan een verzonnen kunstterm. Inderdaad schuilt in de historische wording van den naam „de aanduiding van de eerste bezigheid in 's menschen geest, die tot het ontstaan van dit vak aanleiding gaf" [1]).

Het is Xenophon geweest, die in zijn *Oikonomikos* uitvoerig over de economie gehandeld heeft, en in eene breede beschouwing de grondbeteekenis van dit woord heeft vastgesteld. In het gesprek, dat Socrates met Kritobulos voert, gaat de eerste op informatie uit naar de taak van eenen goeden econoom, en ontvangt daarop een uitgewerkt bescheid. Dat de plicht van den econoom allereerst bestaat in het wel regeeren van zijn huis, in de regeling zijner huishouding, is spoedig vastgesteld; maar het verdere gesprek loopt dan voornamelijk over eene nadere bepaling van het begrip *huishouding*. Met kracht wordt daarin geprotesteerd tegen eene beperking dier *huishouding* tot de taak, om slechts te regelen de bezittingen, die zich binnen de muren van het huis bevinden, of tot het beheer van reeds verworvene stoffelijke goederen. Neen, de roeping van den econoom reikt veel verder, en houdt in eene bezigheid met alles, wat ter bereiking van de stoffelijke welvaart kan dienen; uitvoerige beschouwingen worden dan geleverd over de leer, welke die stoffelijke welvaart tot voorwerp heeft. Niet slechts het bewaren en beheeren van het verkregene, maar ook het voortbrengen, ruilen en verdeelen der stoffelijke goederen moet onder de economie worden gerangschikt, en onderscheidene opmerkingen worden over deze onderdeelen ten beste gegeven.

---

[1]) Dr. A. Kuyper — wiens wijze van behandeling tot vaststelling van den juisten naam hier wordt gevolgd — wijst op het gewicht, dat aan de benaming moet worden gehecht, in zijn *Encyclopaedie der Heilige Godgeleerdheid*, Amsterdam, 1894. In een uitvoerig betoog op blz. 1—14 van deel I toont hij aan, hoe, niettegenstaande vijf schijnbaar zeer verschillende beteekenissen aan het woord *Encyclopaedie* zijn gehecht, toch de grondbeteekenis, welke tot de vorming leidde, niet te loor ging.

De beteekenis nu, welke Xenophon aan *economie* hechtte, is daaraan steeds verbonden gebleven. Het zich bezighouden met de stoffelijke welvaart van den mensch was immer de gedachte, welke men in den naam *economie* zocht te belichamen. Wel duurde het lang, eer deze gedachte tot volle ontwikkeling kwam, en werd zelfs in de eerste eeuwen der christelijke jaartelling deze naam beperkt tot hem, die als kerkelijk dignitaris de stoffelijke welvaart van den bisschop, of als wereldlijk ambtsdrager de materieele belangen van den vorst voorstond, maar de grondbeteekenis, door Xenophon uitvoerig vastgelegd, werd nimmer verloochend.

Een nieuw stadium trad in, toen Antoine Montchrétien de Vatteville in 1615 zijn overigens onbelangrijk mercantilistisch pleidooi deed verschijnen onder den titel: *Traicté de l'Oeconomie politique* [1]). In tweeërlei opzicht wordt geroemd over den vooruitgang, die bij dezen dramaturg-economist is waar te nemen. Ten eerste wordt het hem als verdienste aangerekend, de economie niet langer te hebben beperkt tot eene leer, die zich met de welvaart van den enkelen burger bezighoudt, maar haar te hebben opgevat als eene wetenschap, welke de

---

1) De volledige titel is *Traicté de l'Oeconomie politique, dédié au Roy et a la Reyne Mère de Roy*, à Rouen. Chez Jean Osmond, dans la court du Palais, 1615, avec privilège du Roy. Josef Stammhammer deelt in het *Handwörterbuch der Staatswissenschaften*, 2e druk, Jena, 1900, band V, blz. 855 mede, dat in den tekst de nieuwaangenomen benaming niet wordt gevonden.

A. Blanqui zegt van dit boek:

„Cet ouvrage, aujourd'hui fort rare, est divisé en trois livres qui traitent des manufactures et de l'emploi des hommes, du commerce et de la navigation. Il ne présente d'autre intérêt que celui de résumer les idées du temps sur ces graves matières". Zie zijn *Histoire de l'économie politique*, 1e druk, Parijs, 1860, deel II, blz. 269. Het „fort rare" kan vervallen, sinds een in 1889 te Parijs verschenen tweede druk dit werkje gemakkelijk onder ieders bereik brengt.

volkswelvaart tot haar voorwerp heeft. Verder wordt hij geprezen om de toevoeging van het woord „politique", waaruit de breedere basis, door hem aan de economie gegeven, zichtbaar wordt. Ten aanzien van beide punten moet de lof, aan Montchrétien toegezwaaid, hem ernstig worden betwist. Dat Montchrétien, in tegenstelling met Xenophon, bij wien slechts sprake zou zijn van eene individueele of familiehuishouding, het eerst heeft gehandeld over eene leer der *volks*huishouding, kan niet worden toegegeven. Zeker is de gedachte van eene regeling der welvaart, niet van den enkeling, maar van de tot eene maatschappij vereenigde individuen, veel breeder ontwikkeld door Montchrétien en vooral door de op hem volgende schrijvers, maar dit neemt niet weg, dat onderscheidene uitingen in Xenophon's geschriften er duidelijk op wijzen, hoe de elementen voor eene ruimere opvatting ook bij den Schrijver van den *Oikonomikos* worden gevonden en op nadere uitwerking wachtten.

Over de waarde der toevoeging „politique" is door de historie recht gedaan, en eene eerbiedwaardige reeks economen zou zijn te vermelden, die hunne misnoegdheid over den aldus ontstanen term luide luchten. Toen toch na Montchrétien de benaming *économie politique* [1]) langzamerhand ge-

---

[1]) Voor uitvoerige bijzonderheden omtrent den naam leze men: Jos. Garnier, *De l'origine et de la filiation du mot „Economie politique" et des divers autres noms, donnés à la science économique.* Eerst geplaatst in het *Journal des Economistes*, jaargang 1852, deel XXXII, blz. 300 en vlg. en deel XXXIII, blz. 11 en vlg. In hetzelfde jaar verscheen dit artikel ook als brochure te Parijs.

Zijn *Elements de l'Economie politique*, 3e druk, Parijs, 1856, blz. 4, noot 2, verwijst voor „les noms et les définitions de la science" naar een ander werk van hem: *Notes et petits traités faisant suite aux Eléments de l'économie politique*, Parijs, 1856. Wellicht dat het artikel *De l'origine* enz. weer een plaats vond in dit boek, dat wij niet onder ons bereik konden krijgen. De inhoudsopgave spreekt er echter niet van.

Verdere mededeelingen omtrent den naam vindt men bij Alban de

bruikelijk werd, kwam al spoedig aan het licht, hoe onjuist deze betiteling was voor eene wetenschap, die met den staat slechts zeer verwijderd verband houdt, terwijl haar naam moet doen denken aan eene leer, welke allereerst de huishouding, de regeling van den staat, tot voorwerp van onderzoek heeft. Het bekende artikel van Rousseau in de Encyclopaedie met het opschrift: *De l'économie politique*, dat niet het minst tot de verbreiding van dezen naam heeft bijgedragen, toont aan, tot welke misbruiken eene dergelijke foutieve kenschetsing moest leiden, en hoe hier het adjectivum feitelijk het substantivum verslond. Geen wonder, dat weldra naar eene meer passende benaming werd uitgezien. Talrijke voorstellen zijn ter vervanging van het *politique* gedaan. *Nationale* [1]),

---

Villeneuve Dargemont, *Histoire de l'Économie politique*, Parijs, 1841, die in de *Introduction* (blz. 11—16) eene vrij goede schets van den ontwikkelingsgang geeft. Bovendien nog Aug. Oncken, *Geschichte der Nationalökonomie*, deel 1, Leipzig, 1902. De zesde paragraaf (blz. 24—26) handelt over *Der Name und seine Geschichte*.

Enkele beknopte mededeelingen geeft Wilhelm Roscher, *System der Volkswirthschaft*, deel I, 15e druk, Stuttgart, 1880, blz. 33 en 34.

[1]) De eer van dezen naam het eerst te hebben ingevoerd komt toe aan Adam Ferguson in zijn *Essay on the history of civil society*, Edinburg, 1767. Echter droeg tot de verbreiding veel meer bij de Venetiaan Giammaria Ortes, die, na in zijn *Errori popolari intorno all' economia nazionale*, 1771, *Milaan*, den term reeds te hebben gebruikt, hem grootere bekendheid verschafte door zijn omvangrijk werk: *Della economia nazionale, libri sei*, Napels, 1774.

Voor Duitschland betwisten Julius von Soden en Ludwig von Jacob elkander de eer, hem het eerst te hebben gebezigd. Von Soden maakt in zijn *Die Nationaloekonomie, ein philosophischer Versuch über die Quellen des Nazionalreichthums und über die Mittel zu dessen Beförderung*, Leipzig, 1805—1808, aanspraak op de prioriteit, maar in een naschrift op het eerste deel moet hij toch erkennen, dat Professor von Jacob uit Halle „zu gleicher Zeit mit ihm auf die Idee gekommen ist, die Nazionaloekonomie als eine eigene Wissenschaft anzuerkennen" (blz. 328); von Jacob gebruikt de benaming in zijn werk: *Ueber Kursus und Studienplan für angehende Kameralisten*, Halle, 1805, dat door hem weer werd omgewerkt en uitgegeven onder den titel: *Grundsätze der Nationalökonomie oder Grundsätze des National-reichtums*, 1809.

Nationaal-economie is sedert een algemeen gebruikelijke term geworden.

sociale [1]), *civiele* [2]), *publieke* zijn de bijvoegelijke naamwoorden, die om strijd als de meest waardige toevoeging bij economie zijn aangeprezen, terwijl ten onzent de term *staathuishoudkunde* ingang vond. Dat nu deze laatste benaming tot geen prijs door ons kan worden overgenomen, zal uit het voorgaande duidelijk wezen [3]). Wij houden ons het liefst aan

---

1) In het overigens onbeduidende geschrift van Buat, *Des vrais principes de l'Economie sociale* (1773) het eerst gebezigd, werd het gebruik van dezen naam zeer bevorderd door Dunoyer's *Nouveau traité d'économie sociale*, Parijs, 1830. Kenschetsend is de ruime omschrijving der sociale economie door Dunoyer. In zijn bekend *De la liberté du travail, ou simple exposé des conditions, dans lesquelles les forces humaines s'exercent avec le plus de puissance*, Parijs, 1845, omschrijft hij haar als de wetenschap, die onderzoekt „non pas seulement de quelle manière une nation devient riche, mais suivant quelles lois elle réussit le mieux à exécuter librement toutes ses fonctions". (Medegedeeld door Roscher, t. a. p., blz. 36.)

2) Deze toevoeging, evenals de volgende, is weinig gebruikelijk.

Een tweetal Italianen wilden het epitheton *civile* toevoegen: Antonio Genovesi, een der bekwaamste Italiaansche Mercantilisten, in zijn *Delle lezioni di commercio, o sia d'economia civile* (Napels, 1765) en de zich voornamelijk op het munt- en bankwezen toeleggende Enrico Cernuschichi in *Illusions des sociétés cooperatives*, Parijs, 1886.

Eveneens werd door Italianen *publieke* economie als benaming voorgesteld. Pietro Verri schreef in 1788: *Memorie storiche sulla economia pubblica dello stato di Milano*. Na zijn dood zag het in 1804 het licht. Toch gebruikt hij ook andere namen, bijv. in zijn *Meditazioni sull' economia politica*, Livorno, 1771. Ook de bekende Beccaria schreef een *Elementi di economia pubblica*, dat na zijn overlijden te Milaan in 1804 verscheen. Zijn *Prolusione alle sue lezioni di scienze camerali* (Pavia, 1769) werd direct in het Engelsch vertaald onder den titel: *A discourse on public economy and commerce*, Londen, 1869.

Garnier, t. a. p., vermeldt, hoe nog onderscheidene andere namen gebezigd zijn. Zoo spreken Blanqui en Coquelin van *économie industrielle*. Théodore Fix stelde voor te spreken van *chrématistique* of *chrysologie*.

Bekend is de voorslag van den aartsbisschop van Dublin, Richard Whately, om *economie* te vervangen door *katallatik*. Nog zijn aangeprezen benamingen als *ploutonomie*, *chrémologie*, *ponologie*, *technonomie* enzv.

Economie alleen te gebruiken, wordt ook voorgestaan door den bekenden Engelschen econoom, Alfred Marshall. Zie zijn *The present position of economics* (Londen, 1885) en *Principles of economics*, Londen, 1890.

3) Ten onzent deed C. J. Viernagel reeds in 1867 een protest tegen den naam Staathuishoudkunde hooren en aan zijn handboekje gaf hij dan

het woord economie zonder meer. Moesten wij eene keuze doen uit de reeks adjectiva, die men aan economie ter vergezelschapping heeft zoeken op te dringen, dan zou *sociale* onze uitverkorene wezen, indien niet tweeërlei bezwaar aan deze keuze in den weg stond.

Sociale economie [1]) toch is eene benaming geworden, waarvan zich bij uitstek eene bepaalde richting heeft meester gemaakt, daar zij hierin het best de uitdrukking van hare opvatting omtrent de behandelde wetenschap vond weergegeven, en nu ligt het gevaar voor de hand, dat aanvaarding van dien naam wordt vereenzelvigd met instemming in de denkbeelden, welke men door deze uitdrukkingswijze zoekt aan te duiden. En hoewel op onderscheidene punten de richting van hen, die „de

---

ook ten titel: *Economie* met de toevoeging: *Nieuwe grondslagen voor de zoogenaamde Staathuishoudkunde*, Amsterdam, 1867. Over den naam handelt hij op blz. 4—8.

1) Duidelijk komt het propagandistisch karakter, dat men aan deze benaming wenscht te geven, uit in den titel der inaugureele rede van Mr. Treub, *De ontwikkeling der Staathuishoudkunde tot sociale economie*, Amsterdam, 1896.

Het verschil in uitgangspunt geeft hij aan op blz. 25: „De sociale economie houdt zich bezig met de wijze, waarop de maatschappijen als eenheden van hoogere orde hare materieele behoeften bevredigen; zij heeft alleen middellijk te maken met de individuen zelve, die tot eene maatschappij zijn vereenigd. Werd door de liberale staathuishoudkunde de enkele mensch, de individu tot uitgangspunt genomen, de sociale economie gaat uit van de maatschappij als menschelijke vereeniging."

Het economisch standpunt van dezen schrijver vindt men uitvoerig uiteengezet in zijn *Het economisch standpunt der vrijzinnig-democraten*, Amsterdam, 1901. Belangrijke gegevens vindt men ook in zijn *Naschrift* achter de Hollandsche uitgave van Benjamin Kidd's *Sociale Evolutie*, Haarlem, 1897 (blz. 353—384). Zijn hoofdwerk is *Het wijsgeerig-economisch stelsel van Karl Marx*, 2 deelen, Amsterdam-Haarlem, 1902 en 1903.

Dat Mr. Treub aan enkele historische schetsen ten titel gaf: *Een drietal hoofdstukken uit de geschiedenis der staathuishoudkunde* (Haarlem, 1899), moet wellicht worden toegeschreven aan het feit, dat in de door hem behandelde tijdperken de heerschende denkbeelden de benaming *sociale economie* niet waardig zijn. Toch blijkt uit de laatste bladzijden van dit geschrift duidelijk, hoe de door hem voorgestane betiteling niet consequent wordt volgehouden.

ontwikkeling der staathuishoudkunde tot sociale economie" toejuichen, ons sympathiek is, toch bestaan er te groote geschilpunten tusschen hen en ons, dan dat, door aanneming van denzelfden naam, die door hun optreden eenigermate eene partijleus is geworden, de schijn zou mogen ontstaan, alsof de opvatting omtrent het voorwerp en de taak van de wetenschap der economie bij hen en ons één ware.

Overwegend mag dit bezwaar echter niet worden genoemd. Was inderdaad *sociale economie* de juiste omschrijving van de aldus aangeduide wetenschap, dan zou die naam algemeen moeten worden aanvaard en losgemaakt van den zin, daaraan door eene bepaalde groep gehecht. Maar het epitheton *sociale* is overbodig en kan veilig worden gemist. Reeds in de eerste uitvoerige beschrijving van de wetenschap der economie, door Xenophon gegeven, ligt opgesloten het element, dat men door toevoeging van *sociale* zoekt aan te duiden.

Het feit, dat de physiocraten, bijna zonder uitzondering, als *économistes* zonder meer werden betiteld, doet zien, hoe reeds vroeg aan economie die beteekenis werd gehecht, welke men thans meent slechts door uitvoeriger omschrijving in het licht te kunnen stellen.

Waar Adolph Wagner [1]) handhaving van den naam *politieke*

---

1) Men zie de hoogst belangrijke 101e paragraaf *Name der Wissenschaft* in zijn *Grundlagen der Volkswirthschaft*, 1e deel, 3e druk, Leipzig, 1892, blz. 263—266.

Dit boek vormt het eerste deel der eerste hoofdafdeeling van zijn beroemd *Lehr- und Handbuch der politischen Oekonomie*.

H. Dietzel, in verbinding met wien Wagner dit werk heeft bearbeid, levert in het eerste deel der tweede hoofdafdeeling, dat onder den naam *Theoretische Socialökonomik* (Leipzig, 1895) verscheen, een uitvoerig pleidooi voor den term *Socialökonomik* in de vierde paragraaf, welke ten opschrift draagt: *Politische Oekonomik, Nationalökonomik oder Socialökonomik* (blz. 51—60). *Politische Oekonomik* wraakt hij omdat dit „dem Namen van vornherein einen gewissen tendenziösen Sinn geben kann and nuch oft gegeben hat . . ." (blz. 54).

economie bepleit, op grond van het feit, dat deze, om haren klassieken oorsprong, gemeengoed van allen moet zijn, daar gaan wij met deze argumentatie geheel mede, maar zij leidt ons tot de gevolgtrekking, dat met economie alleen kan worden volstaan, aangezien de latere toevoeging van het adjectivum *politieke* op zeer onjuiste wijze tracht aantegeven, wat in het begrip economie, zooals dit zich historisch heeft ontwikkeld, reeds begrepen ligt.

Ging de handhaving van het goed recht der door ons gebezigde benaming, niet zonder moeilijkheden gepaard, nog meerdere voetangels en klemmen liggen gereed, wanneer wij ons op een ander terrein gaan bewegen en betoogen, dat er geene al te diepe klove gaapt tusschen het opschrift en den inhoud van dit werk.

Eene nauwsluitende bepaling van de taak en het voorwerp der economie is voor het gemakkelijk slagen van dit betoog noodzakelijk. En nu ontbreekt deze ten eenen male.

De grenzen van het gebied der economische wetenschap zijn allerminst scherp afgebakend. Toen Dr. Julius Kautz in 1858 zijn *Die Nationaloekonomik als Wissenschaft* [1]) deed verschijnen, kon hij wijzen op niet minder dan drie en dertig omschrijvingen van het voorwerp der economie, en bestudeering der door hem slechts kort aangeduide bronnen doet zien, hoe dit onderscheid in definieering niet slechts tot een verschil in woordenkeus is te herleiden, maar zijnen grond vindt in eene principieele tegen-

---

1) Het kwam uit te Weenen, en vormt het eerste deel van zijn *Theorie und Geschichte der Nationaloekonomik*. Het tweede deel verscheen in 1860 en handelt over *Die geschichtliche Entwickelung der Nationalokonomik und ihrer Litteratur*.
De verschillende definities vindt men op de blz. 288—291.

stelling van de opvattingen omtrent het wezen der economie. Tegenover de omschrijving van de „politische Oekonomie, Staatswirthschaftslehre" van Karl Heinrich Rau [1]) als „die Wissenschaft von den wirthschaftlichen Angelegenheiten des Staats oder von der Versorgung desselben vermittelst sachlicher Güter", kenschetst Joseph Garnier [2]) haar als „la science qui a pour but de déterminer, comment la Richesse est et doit être le plus naturellement (équitablement) produite et répartie dans le corps social, dans l'intérêt des Individus comme dans celui de la Société tout entière"; en nog nader teekent hij ze als de wetenschap „qui se rend plus spécialement et plus directement compte de la physiologie de la société humaine, des besoins particuliers et communs des hommes, des moyens généraux de les satisfaire, des maux qui affligent le corps social dans l'ordre du travail, de leurs causes et des remèdes qu'on y peut apporter". Naast de onduidelijke definitie van Karl Umpfenbach [3]): „die systematische Ergründung der Gesetze, nach welchen sich das Bedingtsein der menschlichen Bevölkerung durch ihren Lebensunterhalt im Kampfe ums Dasein vollzieht" en de diepzinnige, maar niet minder onheldere verklaring van Lorenz von Stein [4]): „Die Volkswirthschaftslehre ist demnach der Name für denjenigen Theil der Lehre vom wirklichen Leben der Persönlichkeit, in welchem dieselbe in That, Erhaltung und Werden das natürliche Dasein dem das Ich erfüllenden, durch die Selbstbestimmung des Willens gesetzten und durch

---

1) *Grundsätze der Volkswirthschaftslehre*, 1e deel, 8e druk, Leipzig en Heidelberg, 1868, blz. 4. Dit boek vormt het eerste deel van Rau's bekend standaardwerk, *Lehrbuch der politischen Oekonomie*.
2) *Eléments de l'économie politique*, t. a. p., blz. 5.
3) *Die Volkswirthschaftslehre oder Nationaloekonomik*, Würzburg, 1867, blz. 12.
4) *Die Volkswirthschaftslehre*, 2e druk, Weenen, 1878, blz. 56.

die Kraft der Persönlichkeit verwirklichten Zwecke derselben unterwirft, und damit in den Erscheinungen der natürlichen Welt ein persönliches Leben erzeugt", vinden wij het wezen der economie omschreven als „eene wetenschap, die zich ten doel stelt om de welvaart zoo algemeen mogelijk te maken" [1]), en als „leer van den rijkdom" [2]), eene definitie, welke in de Hollandsche handboeken ingeburgerd is.

Na de verschijning van het boek van Kautz zijn onderscheidene werken over de economie in het licht gegeven en talrijke pogingen gedaan, om het wezen en de taak der economie nauwkeurig er te omschrijven. Veel helderheid bracht dit alles echter niet, en nog immer bestaat groote onvastheid omtrent het voorwerp der economische wetenschap. Het ligt thans niet op onzen weg, om de oorzaken van dezen betreurenswaardigen toestand der economie nauwkeurig na te sporen.

---

[1]) In de Hollandsche uitgave van *Staathuishoudkunde of beginselen van de leer des rijkdoms*, door Joseph Droz (vertaald door Mr. B. W. A. E. Sloet tot Oldhuis), Deventer, 1849, blz. 5.

[2]) Zoo bij Mr. J. L. de Bruijn Kops, *Beginselen van Staathuishoudkunde*, 5e druk, 's Gravenhage, 1873, op blz. XXI van deel I: „In korte woorden kan men zeggen: Staathuishoudkunde is de leer van den rijkdom".

Dr. B. D. H. Tellegen, *Beginselen der Volkshuishoudkunde*, 2e druk, Groningen, 1868, blz. 1: „De volkshuishoudkunde is de leer van den rijkdom".

In het zeer helder geschreven handboekje van den tegenwoordigen tijd: *Hoofdlijnen der Staathuishoudkunde*, door Mr. J. B. Cohen, Groningen, 1903, lezen wij op blz. I: „Het onderwerp, waarmee de Staathuishoudkunde zich bezig houdt, is de volkswelvaart".

Mr. S. Vissering gaat in zijn *Handboek van practische Staathuishoudkunde* niet mee met hen, voor wie de staathuishoudkunde eene leer van den rijkdom is. Hij acht eene grondige en vruchtbare beoefening der staathuishoudkunde onmogelijk, „wanneer men haar niet beschouwt als de studie der verschijnselen van het maatschappelijke leven en der wetten, die uit die verschijnselen af te leiden zijn, ook buiten het enge bestek van het streven van den mensch naar stoffelijken rijkdom". Men vindt dit in de *Narede achter de eerste uitgave*, welke blz. VII—XX van den tweeden druk van deel I beslaat, Amsterdam, 1867.

Moesten wij dit doen, wij zouden niet aarzelen om de verwarring tusschen de economie als kunst en als wetenschap onder de voornaamste oorzaken te noemen, en aan Mr. S. van Houten hulde brengen voor den grooten nadruk, waarmede hij ten onzent tegen eene dergelijke verflauwing der grenzen gewaarschuwd heeft [1]). Genoeg echter is het thans

---

1) In een opstel *De Staathuishoudkunde als Wetenschap en Kunst* in *De Gids*, jrg. 1866, Augustus, blz. 182—209. Hij klaagt o. m. over de breede verhoudingen, die de Staathuishoudkundigen aan hunne wetenschap trachten te geven, en zegt dan: „De sleutel tot deze verwarring ligt in de inmenging van de kunst. Aan de wetenschap wordt het doel der kunst opgedrongen. Als haar doel wordt niet gesteld de kennis der waarheid, maar de bevordering der welvaart" (blz. 186).

Mr. Pierson wraakt in zijn *Leerboek der Staathuishoudkunde*, (2e druk, Haarlem, 1896) de onderscheiding tusschen „Staathuishoudkunde als wetenschap en als kunstleer, of, zooals het gewoonlijk wordt uitgedrukt, tusschen theoretische staathuishoudkunde en economische politiek" (blz. 8 en vlgg.).

Ook Charles Gide keurt ze af in zijn *Principes d'économie politique*, 5e druk, Parijs, 1896, blz. 8 en vlgg. Hij wijst er op, hoe men in Frankrijk de onderscheiding van economie als kunst en als wetenschap ook in den naam heeft willen uitdrukken door van de laatste te spreken als *économie politique pure*. Zoo b.v. door Walras in zijn *Eléments d'économie politique pure ou théorie de la richesse sociale*, Lausanne, 1874—1877.

Dr. Friedrich Kleinwächter maakt in zijn *Lehrbuch der Nationalökonomie* (Leipzig, 1902) eene scherpe onderscheiding. Zie het hoofdstuk *Begriff der Wissenschaft überhaupt* (blz. 37—43).

Ook Rau doet het verschil scherp uitkomen. In zijn *Lehrbuch der polischen Oekonomie* behandelt het eerste deel *Grundsätze der Volkswirtschaftslehre*, en het tweede *Grundsätze der Volkswirtschaftspflege* (in latere uitgaven *Grundsätze der Volkswirtschaftspolitik*).

Bekend is de voorslag van Uhde in 1849, die door Wilhelm Roscher's verdediging veel bijval vond, om ter onderscheiding te gebruiken de terminologie *Nationalökonomie* voor Volkswirtschaft, en *Nationalökonomik* voor Volkswirtschaftslehre.

Het hierboven vermelde hoofdstuk uit Kleinwächter's *Lehrbuch* geeft in het kort weer zijn voortreffelijk artikel *Wesen, Aufgabe und System der Nationalökonomie* in de *Jahrbücher für Nationalökonomie und Statistik*, Jena, jaargang 1899, blz. 601—651.

In het nummer van *De Gids*, volgend op dat, waarin Mr. van Houten's bovenvermeld artikel verscheen, plaatste Mr. S. Vissering een stuk onder het opschrift: *Eene oude kwestie*. Hij doet zien, hoe verwarring van wetenschap en kunst bij de economie niet slechts op de debetzijde van de

vast te stellen, dat deze groote onzekerheid bestaat, en dat juiste afbakening van het terrein der economische wetenschap geen overtollige weelde is.

Te euphemistisch zijn de uitspraken in twee der jongste wetenschappelijke geschriften op economisch gebied, wanneer bij de behandeling van het hier besproken punt wordt gezegd: „Hier herrscht noch vielfach Unklarheit. Die Dinge sind noch im Flusse und damit auch die betreffenden Bezeichnungen" [1]; en „Il existe encore, à l'heure actuelle, certains doutes sur les limites qu'il convient d'assigner au domaine de l'économie politique, et par suite, l'on peut, dans certains cas, se demander si telle doctrine doit être considerée comme économique ou si elle n'appartient pas plutôt à telle science voisine" [2]. Veeleer bestaat er alle reden tot herhaling der krasse uitspraak, waarmede een der bekwaamste vertegenwoordigers der Oostenrijksche school [3] haar doopceel lichtte,

---

Hollandsche economen uit zijnen tijd mag worden geschreven, maar een euvel is, waaraan bijna alle schrijvers van de meest verschillende nationaliteiten zijn mank gegaan (zie blz. 457—476 van *De Gids*, 1866, Sept.)

Mr. J. Baron d'Aulnis de Bourouill behandelt dit punt op blz. 9 en vlgg. van zijne redevoering *Het Kathedersocialisme*, Utrecht, 1878.

Van hoog belang is het in vele opzichten voortreffelijk proefschrift van G. Heijmans, *Karakter en methode der Staathuishoudkunde*, Leiden, 1880. Zie vooral de blz. 120—130.

[1] Oncken, t. a. p., blz. 26.

[2] A Dubois, *Précis de l'Histoire des doctrines économiques dans leurs rapports avec les faits et avec les institutions*, deel I, Parijs, 1903, blz. 6.

[3] Bedoeld wordt Dr. Emil Sax. De hier aangehaalde plaats is ontleend aan zijn *Das Wesen und die Aufgaben der Nationalökonomie. Ein Beitrag zu den Grundproblemen dieser Wissenschaft*, Weenen, 1884, blz. 2.

Iets gunstiger is zijn oordeel in *Die neuesten Forschritte der nationalökonomischen Theorie*, Leipzig, 1889. Het slot dezer rede luidt: „Was andere Wissenschaften schon längst errungen hatten und was in diesen als das höchste Ziel des wissenschaftlichen Denkens und Forschens allgemein anerkannt ist, das ist nun auch für die Volkswirthschaft angebahnt, und in dieser Richtung werden sich auch die Bestrebungen weiterer Vervollkommung der Theorie zu bewegen haben". (blz. 32.)

toen hij schreef: „Unklar über ihren eigenen Umfang, ja selbst über ihre Stellung im Reiche der Wissenschaften, unklar ferner über die dem Wesen des betreffenden Wissensgebietes adäquaten Methoden und deren Consequenzen, stümperhaft in ihren Begriffsbestimmungen, die nicht selten blosse Tautologien oder *petitiones principii* schwankend in der Terminologie, so dass die Controversen zum Theil lediglich auf Wortstreit hinauslaufen, verfiel sie insbesondere in den Fehler, Theorien, welche nur einen Theil der Erscheinungen oder eine Seite derselben erfassen, als die Fülle der Erscheinungen der Wirklichheit umfassend und erschöpfend anzusehen, und überdies jene Thesen als ökonomische Gesetze zu proclamiren, denen sich das Leben in Einzel- und Gemeinwirthschaft unterordnen müsse".

Te gereeder aanleiding bestaat er voor de herhaling van de door Sax geuite klacht, wanneer men ziet, hoe, niettegenstaande de groote behoefte aan strenge begripsbepaling, welke bij de economie bestaat, toch bij tal van economen ernstige pogingen, om daartoe te geraken, achterwege blijven, hoe bijvoorbeeld een Charles Gide met bovenmatige blijmoedigheid berust in den onzekeren toestand, waarin de economie verkeert, en zulks, niettegenstaande hij moet erkennen: „Il peut paraître étrange, au début d'un traité d'économie politique, qui est bien le centième qu'on ait écrit sur la matière, de déclarer qu'une définition précise de l'économie politique est encore à trouver" [1]).

---

[1]) *Principes d'économie politique*, t. a. p., blz. 5. Zijne beschouwingen eindigt hij met deze omschrijving van het voorwerp der economie: „les rapports des hommes vivant en société en tant que ces rapports tendent à la satisfaction de leurs besoins matériels et au développement de leur bien-être" (blz. 7). In eene noot ontwikkelt hij tegen eene opvatting der economie als eene leer van den rijkdom de volgende bezwaren: „Cette

Moet een dergelijk streven, dat zich niet bekommert om eene nauwkeurige bepaling van het object der beoefende wetenschap ten strengste worden afgekeurd, en verdient het daarom waardeering, dat in Kleinwächter's vrij beknopt *Lehrbuch der Nationalökonomie* [1]) eene betrekkelijk ruime plaats aan „Wesen, Aufgabe und System der Nationalökonomie" wordt ingeruimd, toch is de groote zorgeloosheid, waarmede vele schrijvers zich van een onderzoek naar den omvang der economie onthouden, wel eenigermate verklaarbaar. Hoe verschillende [2]) omschrijving immers van de economie

---

disposition a le double inconvénient: 1° d'employer un mot „la richesse" qui a lui-même le plus grand besoin d'être défini, car il est fort complexe et obscur; 2° de faire croire que puisque l'économie politique a pour objet la richesse, c'est-à-dire des choses, *res*, elle doit être classée parmi les sciences de la nature qui étudient les corps. En réalité, la richesse n'ayant d'existence que par les *besoins des hommes*, étudier la richesse ce n'est pas autre chose qu' étudier l'homme lui-même sous un de ses aspects les plus caractéristiques" (blz. 7 en 8, noot).

[1]) Toch opent hij geen nieuwe gezichtspunten: „Die Nationalökonomie ist die Wissenschaft, welche die Wirtschaft zum Gegenstande hat. Und wie jede Wissenschaft nach der Einheit in der Vielheit der Erscheinungen ihres Gebietes sucht, so hat auch die Nationalökonomie nach der Einheit in der Vielheit der Erscheinungen des wirtschaftlichen Lebens zu suchen". (t. a. p., blz. 48.)

2) In het bekende werk van Gustav Schmoller, *Grundriss der allgemeinen Volkswirtschaftslehre*, deel I, 6e druk, Leipzig, 1901, wordt geene definitie gegeven. Slechts wordt eene paragraaf gewijd aan *Der Begriff der Volkswirtschaft*, en van deze gezegd, dat zij is: „ein halb natürlich-technisches, halb geistig-sociales system von Kräften, welche zunächst unabhängig vom Staat ihr Dasein haben, verkümmern oder sich entwickeln, die aber bei aller höheren und komplizierteren Gestaltung doch von Recht und Staat feste Schranken gesetzt erhalten, nur in Uebereinstimmung mit diesen Mächten ihre vollendete Form empfangen, in steter Wechselwirkung mit ihnen bald die bestimmenden, bald die bestimmten sind" (blz. 6).

Prof. J. Conrad schrijft: „Die gesamte planmässige Thätigkeit eines Volkes zur Befriedigung seiner Bedürfnisse ist die *Volkswirtschaft*, und die Wissenschaft, welche Ursache und Wirkung in den Erscheinungen des wirtschaftlichen Lebens eines Volkes festzustellen und sie als Ganzes aufzufassen und im organischen Zusammenhang zu begreifen sucht, so weit es sich um die Sorge für die *materiellen* Bedürfnisse handelt, ist

wordt gegeven, toch is er veelal geen belangrijk onderscheid
in den omvang van den inhoud, indien tot practische behandeling wordt overgegaan. De geschilpunten, die zich bij de
definieering openbaren, zijn meer toe te schrijven aan eene
verdeeldheid over de vraag, aan welk onderdeel der economie-

---

die *Volkswirtschaftslehre* oder *Nationalökonomie*. (*Grundriss zum Studium der politischen Oekonomie*, deel 1, 2e druk, Jena, 1897, blz. 1).

A. Dubois beschouwt als het voorwerp der economie: „1° les doctrines qui ont la prétention d'expliquer les phénomènes relatifs à la production, la circulation et la répartition des richesses, dans une société particulière ou dans les sociétés en général; 2° les doctrines de politique économique ou d' art social, mais seulement en tant quelles se fondent sur les principes, vrais ou faux, empruntés à la première catégorie de doctrines que nous venons de citer" (blz. 6 en 7). Zooals men ziet, wordt door Dubois eenigermate gebroken met de door J. B. Say ingevoerde indeeling der economie, die zijne opvatting omtrent de taak dezer wetenschap aangaf in zijn bekend werk: *Traité d'économie politique, ou simple exposition de la manière, dont se forment, se distribuent et se consomment les richesses*, Parijs, 1803.

Richard T. Ely heeft in zijn *Inleiding tot de Staathuishoudkunde* getracht de verschillende omschrijvingen te rubriceeren. Hij onderscheidt drie klassen. „De schrijvers der eerste klasse beschouwen de economie als eene wetenschap, die te doen heeft met zaken van uiterlijke waarde of economische goederen, d. i. met stoffelijken rijkdom, zooals men dat noemt (wealth). De schrijvers der tweede klasse beschouwen haar als de wetenschap, die zich bezig houdt met economische goederen in hunne betrekking tot den mensch; terwijl de schrijvers der derde klasse de opvatting huldigen, dat zij zich bezig houdt met den mensch in zijne verhoudingen tot economische goederen". (Wij citeeren uit de Hollandsche vertaling door Mr. D. A. Giel, Amsterdam, 1897, blz. 109).

A. Wagner geeft uitnemende beschouwingen in de *Dritter Hauptabschnitt* van het eerste boek zijner *Grundlagen der Volkswirthschaft*. Eene reeks van definities uit de nieuwere werken vindt men op de blz. 260—263.

Wagner zelf omschrijft de economie als „die Wissenschaft von den wirthschaftlichen Erscheinungen als den *Theilerscheinungen* oder *Componenten* des eine Volkswirthschaft bildenden Erscheinungscomplexes, oder, anders ausgedrückt, die Wissenschaft von der Volkswirthschaft als einem eigenartigen Complex wirthschaftlicher Erscheinungen" (t. a. p., blz. 259).

Roscher's definitie luidt: „die Lehre von den Entwicklungsgesetzen der Volkswirthschaft, des wirthschaftlichen (Philosophie der Volkswirthschaftsgeschichte nach v. Mangoldt", t. a. p., blz. 32).

Gustav Cohn behandelt in zijn breedvoerig *System der Nationalökonomie* deze kwestie onvolledig. Zie de *Einleitung* van het eerste deel van het genoemde werk, dat onder den naam van *Grundlegung der Nationalökonomie* in 1885 te Stuttgart verscheen. De Einleitung beslaat blz. 23—212.

de voorrang moet worden geschonken, dan aan een ernstig verschil in de opvatting der kwestie, of de kennis van een bepaald gedeelte van den Kosmos al dan niet onder de economie mag worden gerangschikt. Karakteristiek is ten bewijze hiervan Mr. Pierson's *Leerboek der Staathuishoudkunde* [1]).

Nadat deze in de eerste paragraaf enkele weinig ernstige bezwaren heeft aangevoerd tegen de gewoonte, om de staathuishoudkunde te bestempelen als „de wetenschap, die ons leert, welke regels de menschheid in het belang van hare stoffelijke welvaart moet naleven", breekt hij in de daarop volgende afdeeling eene lans voor de opvatting, die in de staathuishoudkunde slechts eene wetenschap van het ruilverkeer ziet; en, niettegenstaande deze enge en foutieve omschrijving, geeft hij toch beschouwingen over dezelfde onderwerpen, die door schrijvers, wier definities op veel breedere basis staan, bijna uitsluitend worden behandeld. Zoo is dus meer verschil in de groepeering en de rangschikking van den inhoud der economie dan verdeeldheid van opvatting omtrent den omvang van den inhoud waar te nemen.

Zonder eenig voorbehoud mag deze meening echter niet worden uitgesproken. In navolging van den „vader der sociologie", Auguste Comte, hebben onderscheidene economen de economie opgelost in eene leer der maatschappelijke verschijnselen, en alle principieel verschil met de sociologie

---

[1]) De beschouwingen, door Mr. Pierson omtrent het object der economie geleverd, zijn verre van voldoende. Hij bespreekt eenige kwesties in de *Inleiding*. In het slot zegt hij, dat de staathuishoudkunde „geen wetenschap is van goederen of van rijkdommen, maar van handelingen in het ruilverkeer en van de werking dezer handelingen op waardeverhoudingen". (t. a. p. blz. 50.) Wat onder ruilverkeer moet worden verstaan, zet hij uiteen op de blz. 17—19. Hij geeft slechts eene uiteenzetting van eigen standpunt en laat aan den gedachtengang van hen, die eene andere meening zijn toegedaan, niet het minste recht wedervaren.

laten varen [1]). Schrijvers als Schäffle, von Lilienfeld, Schmoller en Ingram zijn de voornaamste vertegenwoordigers dezer richting.

Toch wordt de te voren door ons gevolgde redeneering door het bestaan eener dergelijke strooming geenszins omvergeworpen, daar immers door deze schrijvers het bestaansrecht van de economie als afzonderlijke wetenschap wordt geloochend, waarom dan ook konsekwent van den naam economie afstand moet worden gedaan. Door de keuze van den naam *economie* in den titel van ons geschrift blijkt reeds, hoe eene dergelijke ruime, de economie vernietigende opvatting niet de onze is; dus kan hier geene verwarring worden gesticht.

Dit laatste is van zeer groot practisch gewicht. Indien toch bedoeld was in dit geschrift eene studie te leveren over Calvijn's beteekenis voor alle maatschappelijke verschijnselen — en met deze opmerking wordt een aanvang gemaakt met de beschouwingen, welke wij in de inleiding over Calvijn ten beste willen geven — dan zou aan deze pennevrucht een

---

[1]) Zie over deze richting Dr. J. K. Ingram, *Geschichte der Volkswirtschaftslehre*, Tübingen, 1890 (geautoriseerde vertaling van E. Roschlau), blz. 289 en vlgd. Dat Ingram zelf zich hierbij aansluit, blijkt duidelijk uit zijn *Schlusswort* (blz. 329—337). Ook de Roomsche schrijver de Villeneuve Bargemont huldigt deze ruime opvatting. In zijn *Histoire* enz., t. a. p., definieert hij de economie als de wetenschap, welke tot object heeft: „*tout ce qui compose l'organisation et le gouvernement de la société*" (blz. 12).

Zijn *Economie politique chrétienne*, Brussel, 1837, bespreekt onderwerpen, die men in een goed boek over de economie tevergeefs zoekt. Uitvoerige beschouwingen wijdt hij o. a. aan de armenwetgeving, ziekenhuizen, weeshuizen, krankzinnigengestichten, gevangenissen, onderwijs, enz. enz.

Een beknopt, maar toch vrij volledig overzicht van de verschillende opvattingen, in den tegenwoordigen tijd omtrent de economie gehuldigd, vindt men in het bekende artikel van H. von Scheel, *Die Politische Oekonomie als Wissenschaft* in het *Handbuch der Politischen Oekonomie* van G. Schönberg, 3e druk, deel 1, Tubingen, 1890. Zie de blz. 99—110.

omvang moeten worden gegeven, die alle redelijke grenzen te buiten gaat.

Dan zou onder meer moeten worden gehandeld over de uitnemende denkbeelden door Calvijn over armenzorg ontwikkeld; dan zou moeten worden gewezen op de hooge waarde, welke aan zijn optreden op het terrein van het onderwijs is te hechten; dan zou moeten worden geprotesteerd tegen de algemeen verbreide voorstelling, nog voor kort door den directeur der *Revue des deux Mondes* gehuldigd, en daarop door Prof. Emil Doumergue [1]) in even aangenamen als degelijken vorm weerlegd, alsof Calvijn beslist vijandig tegenover de kunst stond, en aan iedere kunstuiting den dood had gezworen, — altegader onderwerpen, die echter buiten beschouwing moeten blijven in deze studie, die alleen bedoelt, een beeld te ontwerpen van de gedachten, welke door Calvijn omtrent enkele onderdeelen der economie ontwikkeld zijn. Dat de in dit geschrift besproken punten onderwerpen zijn, die in de economie hunne plaats moeten vinden, kan niet redelijk worden betwist. In bijna alle handboeken worden dan ook kortere of langere betoogen aan hen gewijd.

---

[1]) Zie zijn *L'art et le sentiment dans l'oeuvre de Calvin*, Genève, 1902. De inhoud wordt gevormd door een drietal redevoeringen, naar aanleiding van Brunetière's vertoogen, te Genève en Lausanne gehouden. Achtereenvolgens wordt behandeld: *La musique dans l'oeuvre de Calvin*, *La peinture dans l'oeuvre de Calvin* en *Le sentiment dans l'oeuvre de Calvin*. Over hetzelfde onderwerp handelt hij in een artikel in *La Foi et la Vie*, Parijs, 16 Maart 1900, getiteld: *Calvin et l'art*. Uitvoerige beschouwingen geeft hij ook in het tweede deel van zijn standaardwerk: *Jean Calvin. Les hommes et les choses de son temps*, Lausanne, 1902, op de bladzijden 479—487. Men leze over dit onderwerp eveneens: *Het Calvinisme en de Kunst*, door Dr. A. Kuyper, Amsterdam, 1888, dat op de blzz. 68—70 en blz. 80, uitvoerige aanhalingen uit Calvijn's geschriften geeft. Belangrijk is ook van denzelfden schrijver de vijfde zijner Stone-lezingen. Zie: *Het Calvinisme, Zes Stone-lezingen* in October 1898 te Princeton (N.-J.) gehouden, Amsterdam.

Doel van deze verhandeling is alzoo de gedachten, door Calvijn omtrent enkele economische onderwerpen verkondigd, in het licht te stellen. Geen sprake is ervan, dat hier eene poging zou worden gewaagd, om een stelsel van economie op Calvinistischen grondslag te leveren; evenmin staat op den voorgrond het streven, om een pleidooi te houden voor het verband, dat tusschen de Calvinistische levensbeschouwing en de wetenschap der economie bestaat en de gevolgen te schetsen, welke uit dit verband voortvloeien. Alleen in het laatste hoofdstuk wordt in enkele korte trekken gewezen op de hooge beteekenis van het Calvinisme als levensbeschouwing voor de wetenschap der economie, maar overigens is het steeds Calvijn persoonlijk, wiens beschouwingen tot een voorwerp van studie worden gemaakt. Slechts eene historisch-economische studie, die zich beweegt om den persoon van Calvijn, bedoelen we dus te leveren.

Het bestaansrecht eener dergelijke verhandeling kan kwalijk worden betwist. Want al heeft de Senaat der Vrije Universiteit, aan wiens beoordeeling dit geschrift wordt onderworpen, in zijne Methodologie der Gereformeerde beginselen ten sterkste gewraakt de Nominalistische opvatting, als ware onder Calvinistische beginselen te verstaan „hetgeen òf bij Calvijn òf bij eenigen Calvinist na hem als bewust denkbeginsel is uitgesproken" en is uit dien hoofde „het wetenschappelijk onderzoek naar de Calvinistische beginselen allerminst afgeloopen, zoo we weten wat Calvijn dacht" [1], al moet veroordeeld de oppervlakkige gedachte van Dr. A. Pierson [2], die zich in eene

---

[1] *Publicatie van den Senaat der Vrije Universiteit inzake het onderzoek ter bepaling van den weg, die tot de kennis der Gereformeerde beginselen leidt*, Amsterdam, 1895, blz. 9.

[2] Reeds in zijne *Studiën over Johannes Kalvijn (1527—1536)*, Amsterdam, 1881, koesterde hij deze verwachting. Zie blz. 1.

zijner „billijkste verwachtingen", door de stichting der Vrije Universiteit opgewekt, bitter teleurgesteld zag, toen, na nog geen vierjarig bestaan, van die zijde niet waren verschenen „studiën, de eene al belangwekkender dan de andere, over de Hervorming te Genève, over den persoon, het werk, de bedoeling van Kalvijn" — toch mag het belang, dat vertoogen, die aan de bestudeering van de gedachten, door Calvijn omtrent eenig punt ontwikkeld, gewijd zijn, ook voor de kennis der Gereformeerde beginselen hebben, geenszins worden ontkend.

Na de begrenzing van deze taak, naar wier vervulling wij streven, zouden wij haar aanstonds kunnen opvatten, indien niet enkele algemeene opmerkingen omtrent de bronnen, waaruit wij hebben geput, vooraf noodzakelijk waren. Over de hoofdbron, Calvijn's geschriften, kunnen wij kort zijn. Een goudmijn van gedachten, die voor de economie van het hoogste gewicht zijn, ligt in zijne werken verborgen, en het is moeilijk te zeggen, waar met het meeste succes kan worden gegraven. Gemakkelijk is het zoeken in de acht en vijftig eerbiedwaardige deelen van het *Corpus Reformatorum* [1]) niet. Wie

---

Over hare niet-vervulling wordt geklaagd in de twee jaren later verschenen *Nieuwe Studiën over Johannes Kalvijn (1536—1541)*, Amsterdam, 1883. Zie blz. IX en X.

In den spoed, dien Dr. Pierson bij het schrijven der studiën over Calvijn wil zien betracht, ligt wellicht de beste verklaring voor de oppervlakkige wijze waarop hij zijne taak heeft vervuld. Dr. Rutgers heeft ten aanzien van enkele punten Pierson's onvoldoende kennis van het door hem behandelde onderwerp aan de kaak gesteld. Zie zijn *Calvijns invloed op de reformatie in de Nederlanden voor zooveel die door hemselven is uitgeoefend*, (Leiden, 1899, blz. 48—51) door Doumergue terecht genoemd „volume qui est une mine de renseignements précis, à la façon des volumes d'Herminjard", *Jean Calvin*, deel II, blz. 726 noot.

[1]) Voor enkele bijzonderheden omtrent deze Straatsburger editie zie men Rutgers, *Calvijns invloed*, blz. 42 en vlgg. Het eerste deel van Calvijn's werken vormt deel XXIX van het *Corpus Reformatorum*. Wij verwijzen steeds naar deze uitgave van *Joannes Calvini opera* als een zelfstandig geheel.

mocht meenen Calvijn's gedachten voldoende te kunnen leeren kennen door in den *Index nominum et rerum* ¹) na te speuren, op welke plaatsen door hem over economische onderwerpen wordt gesproken, en die dan te bestudeeren, komt bedrogen uit. Want, nog daargelaten het feit, dat deze *Index* allerminst nauwkeurig of volledig is, en dat hij met de op hem volgende bibliographie op verre na niet beantwoordt aan de eischen, die men bij eene uitgave als die van het *Corpus Reformatorum* mag stellen, zijn door Calvijn met zoo kwistige hand de zaden gestrooid, wier ontwikkeling voor de economie van het grootste belang is, dat zij zelfs op plaatsen, waar men hunne aanwezigheid niet zou vermoeden, in rijke mate worden aangetroffen. Zoowel zijne breede systematische verhandelingen als zijne scherpe strijdschriften leggen van dien rijkdom getuigenis af, zijne apologetische en polemische gewrochten dingen om den voorrang.

De omvangrijke *Thesaurus epistolicus* biedt eenen schat van geniale opmerkingen, welke zelfs in de *Praefationes* niet worden gemist. Vooral in zijnen exegetischen arbeid echter schittert Calvijn's geest in al zijn' rijkdom en glans, en men zou haast geneigd zijn aan de commentaren den eerepalm toe te kennen, wanneer weer niet aanstonds de vraag oprees, of bij het hier behandelde onderwerp niet de preeken ²) het meeste gewicht in de schaal leggen. Deze toch zijn van

---

¹) Deel LVIII en LIX bevatten, bijna niets dan *indices*. Hierin vindt men den *Index nominum et rerum* op de deelen XXIII tot LVIII. De *Index* op de eerste 22 deelen is reeds in deel XXII geplaatst.

²) Zie over Calvijn's prediking: P. Biesterveld, *Calvijn als Bedienaar des Woords*, Kampen, 1897. Men vindt hier de literatuuropgave omtrent dit onderwerp. Een afzonderlijk hoofdstuk is gewijd aan *Het actueele van Calvijn's prediking*. (blz. 129—138.) Dr. Rutgers geeft omtrent de uitgave van Calvijn's preeken enkele belangwekkende bijzonderheden in zijn *Calvijns Invloed* enz., blz. 43—45.

onschatbare beteekenis, en wie in Calvijn's gedachtengang wil inleven, kan niet straffeloos hare bestudeering achterwege laten. Door de bijzondere tijdsomstandigheden, bij het ontbreken van periodieken en pers, werden tal van onderwerpen op den kansel besproken, wier behandeling daar ter plaatse thans ten sterkste zou worden gewraakt. In de tweehonderd predikatiën over Deuteronomium vindt men eene overweldigende hoeveelheid vraagstukken [1]) van den meest verschil-

---

1) Zoo vindt hij bij eene preek over Deut. 2 : 1—7, bij de bespreking van de houding der kinderen Israëls tegenover de Edomieten, gelegenheid, om er op te wijzen, hoe God de grenzen voor de volkeren heeft vastgesteld en houdt hij een warm pleidooi tegen het imperialisme: „mais d'aller assaillir, ce n'est point, comme i'ay desia dit, batailler contre les creatures, mais contre le Dieu vivant." (Opera, XXVI, blz. 12). Datzelfde imperialisme bestrijdt hij in eene predikatie over Deut. 19 : 1—7 (Opera, XXVII, blz. 548) en ook bij de behandeling van Deut. 19 : 14—15, waar hij zegt: „Nous voyons donc comme les guerres qui sont entreprinses par ambition ou avarice, sont comme un despittement de Dieu, pour pervertir l'ordre de nature qu'il avoit establi, et qu'il vouloit qu'on observast comme sacré." (Opera, XXVII, blz. 566 en 567).

Eene uitnemende en scherpe bestrijding der bedelarij vinden wij in Opera, XXVII, blz. 339—341, bij de bespreking van Deut. 15 : 11.

Iedere gelegenheid wordt door Calvijn aangegrepen, om aan te dringen op eene liefdevolle behandeling der dienstbaren. Zoo o. a. bij de bespreking van Deut. 26 : 16 (Opera, XXVIII, blz. 265) en Deut. 15 : 12 (Opera, XXVII, blz. 357). Hij zegt op deze laatste plaats: „Or ça, ie suis maistre, non pas en tyrannie: ie suis maistre, mais c'est à ceste condition, que ie soye aussi frere: ie suis maistre, mais il y a un maistre commun au ciel et pour moy et pour ceux qui me sont suiets: nous sommes ici tous comme en une famille".

In eene preek over Deut. 24 : 14, hekelt hij in scherpe bewoordingen het ook in die dagen voorkomend kwaad om gebruik te maken van den nood der armen en hen tegen verminderd loon te laten werken (Opera, XXVIII, blz. 189).

Karakteristiek is het dat de behandeling van Deut. 17 : 6, hem aanleiding geeft tot enkele beschouwingen over het procesrecht. Hij meent uit de besprokene plaats te kunnen afleiden, dat eenerzijds de rechter niet te licht moet veroordeelen, ook al is hij bij zich zelf van de schuld vast overtuigd. Toch doet het „twee of drie getuigen" zien, dat er ook aan de waarborgen voor het bewijs weer een einde komt, en dat het niet aangaat, om door zeer scherpe verzwaring van den bewijslast straffen

lenden aard aangeroerd, en door het uiterst actueele zijner prediking moest zijn adelaarsblik, die het geheele leven overzag, ook worden gevestigd op onderscheidene kwesties, wier oplossing voor de economie van het hoogste gewicht is. Geen wonder dus, dat wij niet het minst naar Calvijn's predikatiën zullen verwijzen. Natuurlijk, dat de aanhalingen uit zijne geschriften, bij de behandelde onderwerpen, geene aanspraak op volledigheid maken, daar bij den machtigen omvang van zijnen literarischen arbeid geheele bestudeering daarvan ons niet mogelijk was, en dus wellicht menig beroep daarop achterwege is gebleven.

Behalve uit zijne geschriften plegen de schrijvers over Calvijn diens denkbeelden af te leiden uit de instellingen, tijdens zijn verblijf te Genève tot stand gekomen, en uit de maatregelen, daar genomen. Wij hebben ons van een veelvuldig beroep op zijnen practischen arbeid onthouden, en kort dient uiteengezet, waarom wij de gewoonlijk gevolgde gedragslijn hebben verlaten.

Er gaat eene legende, die Calvijn voorstelt als een' alleenheerscher, voor wiens onbegrensde macht te Genève alles moest bukken. De twee Galiffe's hebben aan die voorstelling voedsel gegeven, om zoo al het afkeurenswaardige, dat te Genève geschiedde, op de debetzijde van Calvijn te kunnen schrijven, en bijna alle biographen [1]), ook die, bij welke zoo booze bedoeling niet bestaat, hebben die voorstelling overgenomen. Hoe onjuist deze opvatting is, toont duidelijk eene korte herinnering aan Calvijn's loopbaan. Zijn eerste verblijf

---

onmogelijk te maken; uit dien hoofde wraakt hij de nieuwe procesregeling in Genève (Opera XXVII, blz. 443 en 444).

[1]) Een overzicht en beoordeeling van de meer algemeene werken, over Calvijn verschenen, geeft Dr. Rutgers, *Calvijns invloed*, blz. 45—48.

te Genève kan buiten bespreking blijven: door allen wordt erkend, dat in deze kortstondige periode zijne werkzaamheid [1], die bedoelde vastheid van belijdenis en tucht te handhaven, door den fellen tegenstand niet tot volle ontwikkeling kon komen. Te Straatsburg viel evenmin die geheele ontplooiing waar te nemen. De pastorale arbeid trad hier geheel op den voorgrond, en juist is de teekening van Prof. Doumergue: „Dans cette Eglise de Strasbourg, Calvin est de nouveau pasteur, peut-être même l'est-il ici, sinon davantage, du moins plus exclusivement qu'à Genève, où son oeuvre pastorale a été et sera si inextricablement mêlée à son oeuvre politique" [2]. Eerst bij zijnen terugkeer in Genève is, naar algemeen verluidt, het oogenblik aangebroken, waarop hij op alle terrein van het leven als triumfator optreedt. Kampschulte bezigt nog uiterst gematigde termen, wanneer hij zegt: „Genf war im Herbst 1541 den geistlichen Tendenzen Calvins dienstbar geworden, es war an den Siegeswagen des Reformators gefesselt und musste ihm folgen trotz alles Sträubens, trotz aller Auflehnungsversuche, die später nicht ausgeblieben sind". [3] Met de historie is deze voorstelling in lijnrechten strijd. Wij behoeven alleen maar te wijzen op de kerkelijke verordeningen, wier driëerlei redactie duidelijk toont, tot wat groote concessies Calvijn gedwongen was, en hoe reeds in

---

[1] Het is goed gezien van Prof. Doumergue, om Calvijn's werkzaamheid tijdens zijn eerste verblijf te schetsen onder het hoofd *Les Articles, le Catéchisme et la Confession de foi*. Na een hoofdstuk over *Caroli*, volgt dan aanstonds *L'exil.*

[2] *Jean Calvin*, deel II, blz. 407.

[3] *Johann Calvin, seine Kirche und sein Staat in Genf*, deel I, Leipzig, 1869, blz. 335.

De foutieve opzet, door ons gewraakt, blijkt reeds uit den titel van zijn boek.

den tijd der eerste liefde zich een heftig verzet openbaarde, om de gedachte aan eenen *reformator omnipotens* voor goed te bannen. Het is kenschetsend, dat Kampschulte, die Genève voor goed achter den zegewagen van Calvijn gebonden ziet, enkele bladzijden verder moet verklaren, sprekende over de kerkordening: „In wenigen Wochen war der Entwurf fertig. Aber nicht so leicht war es, seine Annahme durchzusetzen. Hier zum ersten Mal stiess Calvin auf Widerspruch sogar bei seinen Getreuen, den Mitgliedern des kleinen Raths. Es überkam diese Herren, die bisher zu Allem willig gewesen, doch ein Gefühl der Unbehaglichkeit, als sie von dem strengen Geiste, der in den Conferenzen gewaltet, und den vereinbarten Artikeln Kenntniss erhielten. . . . . Calvin musste sich in einigen Punkten zu einer Milderung seiner ursprünglichen Forderung verstehen" [1]).

Aan het slot van zijn tot nu toe verschenen monumentaal werk verdeelt Prof. Doumergue het verblijf van Calvijn te Genève in twee periodes: „de 1541 à 1555, quatorze ans de *Luttes*, et de 1555 à 1564, neuf ans de *Triomphe*" [2]). En inderdaad, het waren jaren van bange worsteling, die in het tijdsverloop van 1541 tot 1555 verliepen, vooral sedert 1546. Want tweeërlei tijdvak moet in deze veertien jaren wel worden onderscheiden. Van 1541—1546 bleef de bestrijding zeker niet achterwege, maar het was geen voortdurend, systematisch verzet, en in de regeeringscolleges hadden zijne tegenstanders niet de meerderheid. Sinds 1546 echter vormde zich eene breede oppositiepartij, die, van kerkelijke tucht afkeerig, bestrijding van Calvijn zich ten levenstaak had ge-

---

[1] t. a. p., blz. 892 en 898.
[2] *Jean Calvin*, deel II, blz. 711.

steld. Benard is toen menigmaal Calvijn's positie geweest, en er waren tijden, waarin zijn invloed niets beteekende, zoo o. a. in 1553, tijdens de procedure tegen Servet. Toen schreef hij aan Bullinger de diep weemoedige woorden: „.... sed eo venerunt amentiæ et furoris, ut illis suspectum sit quidquid loquimur. Itaque si dicerem, meridiem lucere, protinus dubitare inciperent" [1]. Met zulke feiten en uitspraken voor oogen, gevoelt men moeite, om eenen lach te onderdrukken, wanneer velen het zoeken voortestellen, alsof het *Calvinus locutus* voldoende was, om alle tegenspraak aftesnijden. Uitnemend is dit opgemerkt door Amédée Roget in zijn *l'Eglise et l'état à Genève du vivant de Calvin* [2]), wanneer hij zegt: „Au lieu de se représenter Calvin faisant la loi dans Genève, comme Jupiter dans l'Olympe, d'un seul signe de tête, au lieu de s'extasier sur la merveilleuse puissance de fascination qui aurait tout d'un coup mis aux pieds d'un étranger un Etat jaloux de son indépendance, il faut bien plutôt admirer la patience incomparable, avec laquelle le chef de la Réforme française lutte tous les jours contre les dispositions et les habitudes d'une population fière et ombrageuse, tourne les obstacles qu'il ne peut emporter directement, se plie aux exigences variées de la situation locale, tout en suivant avec sollicitude toutes les phases du mouvement religieux en Europe et parvient enfin, non point à remanier les institutions de sa ville adoptive et à

---

[1] Opera, XIV, blz. 611.
[2] Deze verhandeling verscheen in 1867 te Genève en moet niet worden verward met zijn in 7 deelen verschenen, grooter werk: *Histoire du Peuple de Genève depuis la Réforme jusqu' à l'Escalade*, Genève, 1870—1883.
Het door ons bedoeld geschrift is een uitnemend pleidooi tegenover hen, die uitgaan van een almachtig, de kerk geheel overheerschend, Staatsbestuur. Op de blz. 83 en 84 haalt hij eene reeks uitspraken derzulken aan.

reconstruire de toutes pièces une nouvelle Genève, mais à exercer un ascendant moral irrésistible" [1]).

Na deze uiteenzetting zal het duidelijk wezen, dat wij terecht huiverig zijn om uit maatregelen, in deze periode te Genève genomen, eenige gevolgtrekking ten aanzien van Calvijn's denkbeelden te maken. En niet slechts de *quatorze ans de Luttes*, maar ook de *neuf ans de Triomphe* deelen in dit lot. Ook na de nederlaag der politieke Libertijnsche partij brak geen tijdperk aan, waarin Calvijn's wil wet was, en niet ernstig genoeg kan worden gewaarschuwd tegen de gedachte, alsof Geneve's besluiten en regelingen de zuivere weerspiegeling vormen van Calvijn's denkbeelden. Zelfs in den tijd, toen zijn macht haar toppunt bereikt had, drukken de uitgevaardigde verordeningen en genomen maatregelen volstrekt niet uit, wat Calvijn wilde. Tweeërlei omstandigheid stond daaraan in den weg. Er was nog veel aanpassing aan de bestaande toestanden. De Libertijnsche zuurdeesem was nog niet geheel uitgezuiverd, en bij een groot gedeelte der bevolking werkte de oude geest nog na, zoodat daarmede bij alle regelingen rekening moest worden gehouden. Een tweede gewichtig bezwaar tegen de vereenzelving van Calvijn's gedachten en Genève's instellingen bestaat in het feit, dat de Overheid, hoe beslist zij ook de zijde van Calvijn koos, toch altijd, tuk op hare macht, er angstvallig voor waakte, dat door de Kerk geen inbreuk op hare rechten gemaakt werd; daarom verzette zij zich immer tegen maatregelen, welke te grooten invloed aan de Kerk en hare dienaren verschaften. Hoe weinig het beeld van den *Jupiter tonans*, omtrent Genève's reformator gemaakt, beantwoordt aan de werkelijkheid, blijkt b.v. uit de

---

[1]) Blz. 87 en 88.

lotgevallen der verordening tegen het vloeken. Het concept, door Calvijn in 1556 opgesteld, ondervond ernstigen tegenstand, en kon eerst wet worden, nadat hij zijn standpunt aanmerkelijk had gewijzigd.

Slechts met velerlei voorbehoud kan alzoo ter aanduiding van Calvijn's denkbeelden eene verwijzing naar Genève's toestanden plaats vinden en in deze verhandeling, die wij hiermede voldoende hebben geintroduceerd, wordt daarom, bijna zonder uitzondering, afgegaan op het veel veiliger geleide, dat zijne geschriften aanbieden.

De indeeling van dit proefschrift behoeft geen nadere verklaring. Rente, koophandel en menschelijk beroep, weelde en communisme schenen ons toe de meest op den voorgrond tredende punten te zijn, waarom zich onze opmerkingen omtrent Calvijn konden groepeeren.

HOOFDSTUK II.

Calvijn en de Rente.

Dat wij aanvangen met de bespreking van de houding, die Calvijn tegenover het nemen van rente inneemt, is niet willekeurig. Wij staan hiermede midden in de kanonieke leer, voorzoover deze voor de economie van beteekenis is. Het renteverbod toch vormt het middelpunt der kanoniek-economische beschouwingen.

Welke geschillen er ook bestaan omtrent den aard, de geschiedenis, en den omvang van het renteverbod, in de erkenning, dat het inderdaad van groote beteekenis geweest is voor den gang van het maatschappelijk leven, stemmen nagenoeg alle schrijvers overeen. Zoo zegt Roscher: „Das Verbot des Zinswuchers bildet im *Corpus juris canonici* den Mittelpunkt seiner ganzen Volkswirthschaftslehre" [1]. En elders: „Bekanntlich war das Wucherverbot der practische Mittelpunkt der ganzen kanonischen Wirthschaftspolitik" [2]. Endemann laat zich aldus uit: „Der Mittelpunkt der ganzen

---

[1] *System der Volkswirthschaft*, deel I, blz. 464.
[2] *Geschichte der Nationaloekonomik in Deutschland*, München, 1874, blz. 8.

canonischen Lehre, soweit sie für die Volkswirthschaft Bedeutung hat, ist das stricte und an sich positiv sehr begreifbare Zinsverbot" [1]). Eene gelijksoortige verklaring vinden wij bij Ashley: „Das Verbot des Wuchers war es, das den Mittelpunkt der Kanonistischen Lehre bildete" [2]). En niet minder beslist zijn ten slotte de woorden van Brants, als hij zegt: „Toute la question du capital au moyen-âge est dominée par la grande théorie de l'usure.... La théorie de l'usure domine en quelque sorte la vie économique du moyen-âge" [3]).

Deze uitspraken zouden nog met talrijke andere zijn te vermeerderen, welke alle wijzen op de gewichtige plaats, die het renteverbod inneemt. Inderdaad kan dan ook moeilijk de overheerschende strekking van het renteverbod worden geloochend, al moet worden opgekomen tegen de voorstelling, die dit verbod beschouwt als de samenvatting der geheele middeleeuwsche economische leer. Het grondbeginsel van die leer ligt dieper, en de opheffing van het renteverbod beteekent allerminst verdwijning van het kanoniek-economische stelsel. Wel was de wet, die het nemen van rente tegenging, de voornaamste toepassing der kanonieke leer, en oefende zij haren overweldigenden invloed uit op het geheele maatschappelijk verkeer, maar toch was zij niet meer dan eene toepassing en geenszins het wezen der leer. Dat wezen bestond in een erkennen van hooger beginselen, waaraan de econo-

---

[1] *Die natinoalökonomischen Grundsätze des canonistischen Lehre*, Jena 1868, blz. 7. Dit werk verscheen eerst als Band I van *Hildebrand's Jahrbücher für Nationalokonomie und Statistik*.

[2] *Englische Wirtschaftsgeschichte*, (geautoriseerde vertaling uit het Engelsch door Robert Oppenheim), Leipzig, 1896, deel II, blz. 411. Deel I behandelt *Das Mittelalter*, terwijl het tweede deel loopt: *Vom 14 bis zum 16 Jahrhundert*.

[3] *L'économie politique au Moyen-Age*, Leuven, 1895, blz. 131.

mie was gebonden, in een onderwerpen van het economisch leven aan de uitspraken van Gods Woord, zooals dit naar scholastieke opvatting moest worden verstaan. En waar de Bijbel het uitsprak: *mutuum date, nihil inde sperantes*, daar moest het renteverbod, hoezeer het ook in botsing kwam met het practische leven, als een niet te overtreden dogma worden geproclameerd.

Reeds met deze korte omschrijving van de plaats, die aan het renteverbod in de canonieke leer toekomt, wordt eene beschouwing geleverd, welke geheel ingaat tegen de meening, die door tal van invloedrijke, voor het meerendeel Roomsche, schrijvers wordt aangehangen. Met groote beslistheid toch huldigen zij de voorstelling, dat een absoluut renteverbod, hetwelk principieel, omdat de H. S. het wilde, afgezien van alle maatschappelijke omstandigheden, het rentenemen tegenging, nimmer heeft bestaan. De Kerk — zoo leeraren zij — heeft in Lukas 6 : 35 nimmer de uiting van een absoluut renteverbod gezien. Wanneer sprake was van een leenen voor productieve doeleinden, bestreed zij de rente allerminst, maar bevorderde zij die veeleer.

Eene bestrijding te leveren van dit onjuist beweren, zal worden beproefd in dit hoofdstuk, dat er naar streeft de ware beteekenis en den omvang van het renteverbod in het juiste licht te stellen, de beginselen, die er aan ten grondslag lagen, weer te geven en te bestrijden. Dat eene eenigszins breede beschouwing over de rente in dezen tijd allerminst van actueel belang ontbloot is, springt in het oog, wanneer men bedenkt, dat ook nu nog eene breede rij van schrijvers het trekken van rente als ongeoorloofd beschouwt, en dat de Roomsche Kerk zelfs op het huidig oogenblik eene rechtvaardiging der rente als *titulus intrinsecus* bij het leencontract niet kent. Bestrijding eenerzijds van de opvatting dergenen, die beweren, dat nimmer een absoluut renteverbod heeft bestaan, en anderzijds van het gevoelen, dat dit verbod volkomen gerechtvaardigd acht, kan niet ontbreken in dit hoofdstuk, waarin getracht wordt de hooge beteekenis van Calvijn's schitterende verdediging van de rente uiteen te zetten. Zullen echter zijne verdiensten op dit punt naar waarde worden geschat, dan moet Calvijn worden geplaatst in de lijst van zijnen tijd, en worden verwezen naar de gronden waarop, en de hardnekkigheid, waarmede de door hem bestreden dwaling werd verdedigd. Allereerst dus eene korte bespreking van de geschiedenis, den omvang en de gronden van het renteverbod. Bestond ten onzent eene systematische verhandeling over deze punten, dan zouden wij ons van dezen voorbereidenden arbeid kunnen onthouden en aanstonds onze aandacht aan Calvijn kunnen wijden. Nu echter eene dergelijke studie over dit hoogst belangrijk onderwerp ten eenen male ontbreekt, meenden wij ons arbeidsveld verder te moeten uitstrekken, en daarom lieten wij deze oogenschijnlijk breede inleidende beschouwingen voorafgaan.

§ I.

De Geschiedenis van het Renteverbod tot de 16e Eeuw.

Ter voorkoming van misverstand moet worden opgemerkt, dat wij allerminst bedoelen, eene volledige beschrijving te geven van de opvattingen, welke sedert de oudste tijden omtrent de rente gehuldigd en van de maatregelen, die tegen haar genomen zijn. Om Calvijn's verdiensten op dit punt te doen zien, is noodig, dat wij aantoonen, hoe diep en hoe ver het renteverbod was ingeworteld, en daartoe is eene korte beschrijving der ontwikkeling van dit dogma onontbeerlijk [1]). Van het dogma namelijk, zooals dit met een beroep op den

---

1) Voor de geschiedenis van het renteverbod zie men: Endemann, *Grundsätze*, blz. 8—12. Veel uitvoeriger is de uiteenzetting in zijn *Studien in der Romanisch-Kanonistischen Wirthschafts- und Rechtslehre bis gegen Ende des siebzehnten Jahrhunderts*, twee deelen, Berlijn, 1874/1883. Het eerste hoofdstuk van deel I geeft op de blz. 9—71 eene in vele opzichten goede historie van de woekerleer.

Eveneens uitvoerig, maar met veel voorbehoud te gebruiken is de geschiedbeschrijving in Boehmer's *Ius ecclesiasticum protestantium*, 3e druk, Halle, 1763, deel V, blz. 880—850.

Eene korte behandeling vindt men bij C. M. Rogge, *Het misdrijf van woeker historisch beschouwd*, Amsterdam, 1884, hoofdstuk I.

Verder zie men Ashley en de verschillende, over rente handelende, in

Bijbel vooral werd verkondigd en gehandhaafd. Buiten bespreking kunnen dus blijven de belangrijke en afwisselende rentewetgevingen uit de oudheid; buiten bespreking ook de scherpe veroordeelingen van de rente door Plato, Aristoteles, Cicero, Cato en talrijke anderen [1]). Alleen om het verbod, door de Kerk en hare aanhangers, als geput uit den Bijbel, hardnekkig verdedigd, en door Calvijn juist met een beroep op Gods Woord bestreden, is het ons te doen; daarom van de geschiedenis op dit punt eene korte schets.

In de uitwendige historie van het verbod doen zich bij de schrijvers over dit onderwerp geene gewichtige controversen voor. Met uitzondering van enkele minder beteekenende geschilpunten heerscht in de vrij uitgebreide literatuur eenstemmigheid. Voor zulk een ondergeschikt geschilpunt staan wij reeds aanstonds bij het begin der rentewetgeving. Zij beperkte zich toch in de eerste eeuwen tot de geestelijken, en nu vinden wij in het conciliebesluit, waarmede de rentewetgeving aanvangt, het verbod ook tot leeken uitgebreid. Op het concilie te Elvira in Spanje, in 313 gehouden,

---

dit geschrift aangehaalde werken, die korter of langer de geschiedenis aanroeren.

Trots velerlei pogingen gelukte ons niet onder ons bereik te krijgen het bekende werk van Funk, *Geschichte des Kirchlichen Zinsverbots*, Tübingen, 1876. Zijn *Ueber die ökonomischen Anschauungen der mittelalterlichen Theologen* in het *Zeitschrift für die gesammte Staatswissenschaft*, 25ste jaargang, Tübingen, 1869, blz. 125—175, geeft op dit punt weinig.

1) Zie hiervoor J. J. Esser, *De pauperum cura apud Romanos*, Kampen, 1902. In Cap. II, op de blz. 101—128, vindt men verscheidene uitspraken van de klassieke schrijvers. Op de wetgeving der Romeinen wordt niet diep ingegaan, maar daarvoor verwezen naar het werk van Gustav Billeter, *Geschichte des Zinsfusses im griechisch-römischen Altertum, bis auf Justinian*, Leipzig, 1898.

Uitvoerige gegevens vindt men in een artikel van J. Beloch in het *Handwörterbuch der Staatswissenschaft*, band VI, blz. 954—960, handelende over de *Geschichte des Zinsfusses im Altertum*.

werd dit besluit uitgevaardigd: "Si quis clericorum detectus fuerit usuras accipere, placuit, eum degradari et abstinere. Si quis etiam laïcus accepisse probatur usuras et promiserit correctus, iam se cessaturum, nec ulterius exacturum; placuit, ei veniam tribui. Si vero in ea iniquitate duraverit, ab ecclesia esse proiiciendum". Door ettelijke schrijvers, o.a. door Endemann en Weiske, is twijfel geopperd aan de echtheid der redactie van dit besluit, en door hen wordt de meening voorgestaan, dat uitbreiding van het verbod tot de leeken hier niet mag worden aangenomen.

Endemann verdedigt niet beslist het onaannemelijke der redactie, maar spreekt slechts het vermoeden van hare onjuistheid uit, omdat het bestraffen van leeken voor het trekken van rente "nach dem ganzen Verlaufe der Entwicklung sehr unglaubhaft ist" [1]. Verder verwijst hij naar Weiske [2], die echter evenmin stellige bewijsgronden aanvoert. Grond voor zijnen twijfel aan de juistheid der redactie vindt Weiske allereerst in het feit, dat het *Corpus juris canonici* alleen het gedeelte opneemt, dat over de geestelijken handelt, maar niet spreekt over een verbod aan leeken. Zijn tweede argument ontleent hij aan het geheel op zich zelf staan van het voorschrift, daar toch alle spoedig daarop volgende concilies het verbod tot de geestelijken beperken. Met dit argument gaat Max Neumann mede, die het besluit van het concilium Eliberitanum als "durchaus vereinzelt in dieser Zeit und darum von zweifelhafter Glaubwürdigkeit" betitelt [3]. Geen dezer beide bewijsgronden schijnt ons steekhoudend toe. Wat het eerste argument aangaat, zoo komt het toch

---

[1] *Grundsätze*, blz. 8 noot 2.
[2] *Rechtslexicon*, Leipzig, 1861, bd. 15, blz. 55.
[3] *Geschichte des Wuchers in Deutschland*, Halle, 1865, Einleitung, blz. 7.

herhaaldelijk voor, dat concilie-besluiten of uitspraken der Kerkvaders slechts gedeeltelijk in het *C. j. c.* worden opgenomen, zonder dat daarmede in iets tegen hunne echtheid wordt getuigd.

Even weinig afdoende is de tweede bewijsgrond. Zeer zeker is de Kerk, vooral in den aanvang, veel strenger tegen de geestelijken dan tegen de leeken opgetreden, omdat dezen de herders en leiders van het volk zijn, maar daaruit volgt allerminst het onaannemelijke van het betwiste besluit. Veeleer ligt ook dit decreet volkomen in die lijn, daar het clerus en leeken allerminst over ééne kam scheert. Terwijl toch een geestelijke, die zich bezondigt aan het nemen van rente, onmiddellijk moet worden afgezet, moet bij eenen leek op teruggaaf van de rente en belofte van beterschap worden aangedrongen. Eerst wanneer hij hiertoe ongenegen is, kan verbanning uit de Kerk niet achterwege blijven. Goede gronden, om eenigen twijfel te koesteren aan het bestaan van dit besluit, dat geheel in overeenstemming is met de strekking van het verbod, zijn dus niet aanwezig.

Toch staat ongetwijfeld vast, dat de kerkelijke rentewetgeving van de 4de eeuw zich bijna uitsluitend met de geestelijken bezighield. Zoo is op het concilie van Arles in 314, de eerste van de reeks gewichtige kerkvergaderingen aldaar gehouden, bekend om haar positie nemen tegen de Donatisten, slechts sprake van geestelijken: „De ministris, qui foenerant, placuit eos, iuxta formam divinitus datam, a communione abstineri". Van grooter bekendheid is het eerste oecumenisch concilie te Nicea in 325, waar de bepaling werd vastgesteld, dat de geestelijke, die betrapt werd „post hanc definitionem usuras accipere, vel ex quolibet tali negotio turpia lucra sectari, vel etiam species frumentorum ad sescuplum dare . . . deiiciatur a clero et alienus ab ecclesiastico habeatur gradu" [1]). Gelijke strekking heeft een besluit van het derde concilie te Carthago, in 397 gehouden [2]). Toch bleef uitbreiding van het verbod tot de leeken niet lang achterwege. In het jaar 443 verscheen eene uitspraak van Paus Leo, die een algemeen verbod gaf, waarvan de korte inhoud in het *C. j. c.* aldus wordt weergegeven: „Etiam laïcis usura damnabilis est" [3]).

Ook in de geschriften der kerkvaders van die dagen is de veroordeeling der rente algemeen. Cyprianus (200—258), Ambrosius (340—397), Hieronymus (350—420), Chrysostomus (347—407), Augustinus (353—430) trekken in zeer scherpe bewoordingen tegen het nemen van rente te velde. Niet slechts tegen het eischen van woeker, maar tegen het trekken van iedere, ook matige rente. Ambrosius vooral kenmerkt zich door felheid van veroordeeling, wanneer hij zegt: „Si quis usuram acceperit, rapinam facit, vitam non vivit" [4]). Bekend is zijne uitspraak: „Ab hoc usuram exige, quem non sit crimen occidere. Sine ferro dimicat, qui usuram flagitat: sine gladio se de hoste ulciscitur, qui fuerit usurarius exactor inimici. Ergo ubi ius belli ibi etiam ius usurae" [5]). Augustinus heeft zich verdienstelijk gemaakt door de zeer duidelijke omschrijving, die hij van de rente geeft: „Si foeneraveris homini, id est, mutuam pecuniam tuam dederis, a quo aliquid plus, quam dedisti expectes accipere, non pecuniam solam, sed aliquid plus quam dedisti, sive illud triticum sit, sive vinum, sive oleum, sive quodlibet aliud, si plus, quam dedisti, expectas

---

[1] c. 2 dist. 47 en c. 8 C. 14 qu. 4.
[2] c. 6 C. 14 qu. 4.
[3] c. 7 C. 14 qu. 4.
[4] c. 10 C. 14 qu. 4.
[5] c. 12 C. 14 qu. 4. Zie eveneens Ambrosius' uitspraak in c. 3 C. 14 qu. 3.

accipere, foenerator es, et in hoc improbandus, non laudandus" 1). Chrysostomus uit zijne bitterheid tegen de rente in c. 11 dist. 88, waar hij eerst betoogt, dat geen christen koopman kan zijn, maar om er dan, met aanvoering van vele gronden, aan toe te voegen: Unde super omnes mercatores plus maledictus est usurarius".

Hieronymus doet in afkeuring van het euvel niet onder voor zijne tijdgenooten; telkens waarschuwt hij tegen het wanbegrip, alsof rente slechts ongeoorloofde winst van geld zou zijn, terwijl deze altijd aanwezig is, „si ab eo, quod dederint, plus acceperint" 2).

Waar de geschriften der kerkvaders overvloeien van aanvallen op de rente, daar moest noodzakelijkerwijze in de besluiten der conciliën de weerklank daarvan worden gevonden. Op talrijke kerkvergaderingen, algemeene en particuliere, werd het doemvonnis over de rente uitgesproken. Het concilie van Constanz (814) beslist: „ne usuram accipientibus sacramenta elargiantur nec cum perseverantibus in iniquitate communiter cibus sumatur". In 829 wordt op het concilie van Parijs de doctrine herhaald, en met aanvoering van vele bijbelplaatsen de rente betiteld als een „execrabile Deoque detestabile avaritiæ genus". Nog talrijke besluiten, op de rente betrekking hebbende, die echter niet in het *C. j. c.* zijn opgenomen, zouden door ons aangevoerd kunnen worden, maar liever wenden wij ons onmiddellijk tot Paus Alexander III, den eersten van eene reeks Pausen, die met groote beslistheid en taaie volharding den strijd aanbond voor het steeds moeilijker te handhaven renteverbod. In de 12e en de 13e eeuw bereikte de Pauselijke wetgeving op de rente haar hoogtepunt. De oorzaken daarvan zijn niet ver te zoe-

---

1) c. 1 C. 14 qu. 8. Eene scherp omlijnde definitie geeft ook c. 2 C. 14 qu. 1.
2) c. 2 C. 14 qu. 3.

ken. Die ijver vindt niet zijnen oorsprong in de meerdere beslistheid, waarmede het renteverbod werd bestreden, want grooter dan in de voorafgaande eeuwen kon de afschuw van rente bezwaarlijk zijn, maar toen bestond voor een krachtig optreden in de wetgeving geen reden, daar het verbod zonder inspannende moeilijkheid in de praktijk kon worden gehandhaafd. Al stond het economisch leven in die dagen bij lange na niet op zoo lagen trap, als door vele schrijvers wordt voorgesteld, toch waren de maatschappelijke omstandigheden van dien aard, dat het verbod niet al te zeer in botsing kwam met het werkelijke leven, en dus was er aan eene telkens weer met kracht ingrijpende wetgeving geen behoefte. Geheel anders werd het in de 12e eeuw, toen met de opkomst der steden handel en verkeer steeds meer in bloei toenamen. Daarbij kwam nog de herleving van het Romeinsche recht, welks vermeerderende invloed afbreuk moest doen aan de werking van een verbod, door dit recht feitelijk nimmer gekend of geeerbiedigd [1]. Deze belangrijke factor — door Endemann en velen met hem geheel verwaarloosd — mag niet uit het oog worden verloren tot goed begrip van den strijd, die de Kerk wachtte [2]. Die strijd werd steeds heftiger. Eene bange worsteling moest door de Kerk worden volstreden, om te waken voor een verbod, welks overtreding zij als eene doodzonde beschouwde. Straf na straf werd bedreigd, banvloek na banvloek geslingerd. Het begon in 1179 op het derde concilie van Lateranen, toen Alexander III de *usurarii manifesti* bedreigde met: ten 1e excommunicatie, ten 2e

---

[1] Over de beteekenis, aan de lex Genucia te hechten, handelt Esser, t. a. p., blz. 118 en 119.
[2] Ashley heeft terecht op de beteekenis van het Romeinsch recht ten deze gewezen. Zie deel I, blz. 152, vlg.

het niet-ontvangen van kerkelijke begrafenis, en ten 3e het verbod, om schenkingen te maken. Verder bepaalde hij, dat, uitgezonderd bij strenge armoede, de rente moest worden teruggegeven aan hen, van wie men ze had getrokken, of aan hunne erfgenamen en, bij gebreke van dezen, aan de armen. Bezittingen, welke men uit de opbrengst der rente had verworven, moesten worden verkocht. Zoo ver ging deze Paus in zijn ijveren tegen de rente, dat, hoewel bij een delict de erfgenamen alleen dan tot teruggave van het onrechtmatig verworvene verplicht waren, wanneer zij hierdoor rijker waren geworden, zij hier ten allen tijde gehouden waren tot restitutie van de door den erflater genoten rente. Zelfs geheel vrijwillig betaalde rente, zonder dat eenige overeenkomst getroffen was, mocht, naar bevel van Urbanus III, niet worden teruggehouden, omdat Christus' woord gold: *mutuum date, nihil inde sperantes.*

Eene scherpe omlijning der grenzen was noodig. Op het in 1163 onder Alexander gehouden concilie van Avignon werd ook de antichresis veroordeeld, en in 1186 verklaarde Urbanus III het voor woeker „si licet omni conventione cessante quis mutuam pecuniam credit ut plus sorte recipiat, si merces longe majore pretio distrahit ratione dilatae solutionis". In de 13e eeuw wordt het beslist optreden tegen de rente voortgezet. Wat Alexander III in de 12e eeuw deed, verrichtte Innocentius III (1198—1216) in de 13e. Deze beroemde, ook als uitnemend jurist bekende Paus had zich het uitroeien van de rente tot levensdoel gesteld. Op het in 1209 te Avignon gehouden concilie werd opnieuw het nemen van rente met excommunicatie bedreigd, en aan de Joden trachtte men het woekeren onmogelijk te maken door den Christenen, die op eenige wijze met hen in verbinding stonden, den ban voor oogen te stellen. Diezelfde straf wachtte hen, die zich onder eede betaling van de rente hadden laten toezeggen, maar daarvan in het contract geen melding hadden gemaakt.

Een belangrijk besluit van hem is de bepaling, dat, indien de *clamor publicus* iemand als *usurarius manifestus* aanwees, niet slechts accusatief maar ook inquisitief kon worden opgetreden.

De wetgeving stond niet stil. Besluit op besluit verscheen, en niet slechts werden steeds harder straffen bedreigd, maar ook zag de Kerk met nauwgezetheid toe, dat in de verschillende verkeersvormen alles, wat naar *usura* zweemde, geweerd werd. Uit de elkander telkens met korte tusschenpoozen opvolgende decreten blijkt eerst recht duidelijk, hoe moeilijk het dogma in de praktijk was te handhaven. Slechts een paar grepen uit de aangroeiende reeks van verscherpingen van het renteverbod.

Gregorius IX (1227—1241) veroordeelde als woeker alles wat iemand, ook ter vergoeding van het gevaar, *ultra sortem* bedong, en het *foenus nauticum* mocht dan ook niet geduld. Het tweede concilie van Lyon, in 1274 gehouden, verplichtte steden, dorpen en vereenigingen op zware straffen tot uitbanning der woekeraars, en bovendien nam het een besluit van ver strekkende gevolgen, door aan de *usurarii manifesti* de *testamenti factio* te ontzeggen.

De constitutie, door het derde concilie van Lateranen uitgevaardigd, werd bovendien uitdrukkelijk gehandhaafd.

Nog tal van uitspraken uit de 13e eeuw zouden zijn aan te halen, die het duidelijkst bewijs leveren van de ontzaggelijke worsteling, welke tusschen Kerk en toenemend verkeer gevoerd werd. Eene worsteling, die niet rustte, maar eene gansch andere gestalte aannam in de 14e eeuw.

Tot nu toe toch was de verdediging van het renteverbod bijna uitsluitend het werk geweest van de canonisten. Al gaat het niet aan, om, met de Boeck [1]), den strijd tusschen voor- en tegenstanders van het renteverbod te noemen een kamp tusschen canonisten en legisten, toch kan niet worden ontkend, dat in de rijen der laatsten de minste sympathie voor het dogma werd gevonden. Het dogma, dat alle rente uit den booze achtte, vond tot nu toe slechts onder de theologen onbeperkte instemming. In de wereldlijke wetgeving oefende het nog geenen directen invloed. Maar thans, in de 14e eeuw, traden theoloog en jurist vol vuur gezamenlijk tegen de rente ten strijde op. Nu werd het renteverbod een dogma der Kerk, dat ook in de wereldlijke wetgeving werd ingelijfd. Geene wet, geene rechterlijke uitspraak mocht met dat dogma strijden. Op het oecumenisch concilie te Vienne [2]), in 1311 onder Clemens V gehouden, werd deze besliste uitspraak gegeven: „Statuimus, ut quicunque communitatum ipsarum potestates, capitaneï, rectores, consules, iudices, consiliarii et alii quivis officialis statuta huiusmodi de cetero facere, scribere, vel dictare, aut quod solvantur usurae, vel quod solutæ, cum repetuntur, non restituantur plene ac libere, scienter iudicare præsumpserint, sententiam excommunicationis

---

1) *L'économie politique moderne et le protestantisme.*
Een opstel geplaatst in Nos. 15, 16, 17 van den 8den jaargang van *La Foi et La Vie*. Het 1ste artikel, handelend over *La doctrine catholique de l'usure*, geeft deze voorstelling. Hij zegt daarin o. a.: „Mais, lorsque vers la fin du XIIe siècle l'état social se modifia graduellement sous l'influence de multiples causes économiques et politiques, la prohibition de l'usure fut battue en brèche, et la polémique s'engagea avec ardeur, au XIIIe siècle, entre les légistes élevés à l'école du droit romain qui admettait la légitimité de l'intérêt, tout en limitant le taux, et les théologiens qui maintenaient les prescriptions canoniques" (blz. 227).

2) Ten onrechte zegt Ashley, t. a. p., dl. II, blz. 411, dat dit concilie in Weenen werd gehouden.

incurrant [1])". Dit besluit is van het hoogste gewicht, en de verdere wetgeving in deze eeuw heeft bijna zonder uitzondering ten doel de positie van het renteverbod als wereldlijke wet te versterken [2]). Nieuwe gezichtspunten opent deze echter na het concilie van Vienne niet, en van meer belang is de groote ijver, waarmede in de geschriften der juristen het renteverbod wordt verdedigd. Uit de werken van Bartolus, het hoofd der postglossatoren, is eene groote reeks plaatsen aan te halen, waarin op ondubbelzinnige wijze de heerschappij van het kerkelijk dogma in het wereldlijk recht wordt gehuldigd. Wat ongekende versterking dit optreden van Bartolus aan de partij der verdedigers van het renteverbod aanbracht, springt in het oog, wanneer men denkt aan de invloedrijke plaats, die Bartolus onder de juristen van zijnen tijd innam. Door geen zijner tijdgenooten werd hij geevenaard. v. Savigny getuigt van hem: „Die meisten seiner Zeitgenossen und Nachfolger erwähnen ihn und seine einzelne Meinungen mit groszem Lobe, ja selbst mit Bewunderung. Noch Alciat behandelt ihn als den Ersten aller Interpreten, so dass er wegen aller Stellen, die er selbst in den Vorlesungen nicht erklärte, lediglich auf Bartolus verweist... Das ungemeine Ansehen des Bartolus beschränkte sich auch nicht auf die Schule und auf das Lob der Schrift-

---

[1] Clementina L. v. T. v.
[2] Het is niet juist gezien van den heer J. D. J. Aengenent, dat hij in een opstel over *Christendom en rente* in de *Katholiek* van Juni 1903 (123e deel, blz. 524—544) op blz. 528 wel over het concilie van Vienne spreekt en een ander besluit aangeeft, maar de belangrijke constitutie tegen de wereldlijke machten, waaraan deze kerkvergadering op dit punt al haar gewicht ontleent, met geen woord vermeldt. Het historisch gedeelte van zijne overigens belangrijke studie munt over het geheel niet uit door nauwkeurigheid. Zoo spreekt hij b. v. ook van het tweede concilie van Lyon, in 1274 onder Gregorius IX gehouden, terwijl deze Paus reeds in 1241 overleed.

steller, sondern es wurde vorzüglich in Gerichten ja oft selbst in der Gesetzgebung anerkannt" [1]). Zoo was b.v. in Spanje en Portugal door de wet aan zijne meening verbindende kracht bijgezet. De groote eer, waarmede zijne tijdgenooten hem bejegenden, heeft sommige schrijvers tot de bewering gebracht, dat Bartolus eene nieuwe methode bij zijne wetenschappelijke verhandelingen gevolgd heeft, terwijl anderen hem beschouwen als den man, die het eerst commentaren op de rechtsbronnen schreef. De onjuistheid dezer beide meeningen is door von Savigny in het licht gesteld, die aantoont, dat zijn roem alleen is te danken aan de frissche gedachten, die hij in zijne werken wist te leggen.

Toen een man als Bartolus met kracht voor het renteverbod partij koos, moest dit in de juridische wereld eenen geheelen omkeer teweegbrengen, en wij zien dan ook eene reeks epigonen voor de handhaving van het dogma den strijd aanbinden. Met name maakte zich hierin Baldus (1327—1400) [2]) verdienstelijk, die wel niet de wetenschappelijke hoogte van zijnen grooten meester bereikte, maar toch eene gewichtvolle positie innam, zoowel door de onderscheidene aanzienlijke betrekkingen, die hij bekleedde, als door de veelzijdigheid zijner rechtskennis. Niet slechts als beoefenaar van het Romeinsche, maar ook als voortreffelijk kenner van het kanonieke recht wordt hij met eere genoemd, terwijl hij tevens bekend staat als een leeraar in het handelsrecht bij uitnemendheid. Met zulke meesters tot verdedigers was de heerschappij van het dogma verzekerd, en in de 14e eeuw is de-

---

[1]) *Geschichte des Römischen Rechts im Mittelalter*, Heidelberg, 2e dr., 1850, band VI, blz. 153/54.

[2]) Zie over Baldus v. Savigny, t. a. p., 2e dr., band VI, blz. 208—248.

verplichting om renteloos te leenen axioma geworden in theologie en rechtswetenschap.

In de 15e eeuw bepaalde de wetgeving zich niet meer tot eene bestrijding van de rente in het algemeen. Op de meest verschillende wijzen had de Kerk reeds hare afkeuring te kennen gegeven, en nieuwe gezichtspunten konden niet meer worden geopend. De literatuur hield zich nu met de nadere ontwikkeling van het dogma bezig, en ook de wetgeving daalde meer in bijzonderheden af. De bijzondere instituten, welke groote overeenkomst met het leencontract vertoonden, en die het opkomend verkeer gebruikte ter ontduiking van het renteverbod, werden aan kritiek onderworpen. Zoo schonk de wetgeving in het bijzonder haar aandacht aan het instituut van den rentekoop. Bekend is de constitutie van Martinus V van het jaar 1425 [1]), waarin de vereischten voor de geldigheid dezer overeenkomst werden vastgesteld, terwijl die door verordeningen van Nicolaas V (1452) en Calixtus III (1455) [2]) nader werden verduidelijkt en aangevuld. Al die bijzondere overeenkomsten, waartoe de rentewetgeving haren invloed uitstrekte, keeren echter terug in de volgende paragraaf, waar wij den omvang van het renteverbod behandelen, en mitsdien kan hier ons kort verhaal van de historie gevoegelijk worden afgebroken.

---

1) De constitutie is in haar geheel opgenomen in het *C. j. c.*, Extravag. comm. 3, 5 C. 1.

Schmoller miskent de beteekenis van dit besluit geheel, wanneer hij zegt: „Schon 1425 hatte Martin V das Kirchliche Zinsverbot aufgehoben" (*Zeitschrift für die gesammte Staatswissenschaft*, 16er band, 1860, blz. 556).

2) Extravag. comm. 3, 5 c. 2.

§ 2.

De Omvang van het Renteverbod.

In deze paragraaf wordt geene poging gewaagd tot het nauwkeurig en volledig weergeven van den invloed, dien het renteverbod op het verkeersleven heeft uitgeoefend. Zoover reikt onze bedoeling niet, daar wij slechts zeer kort willen doen zien, hoe het *mutuum date nihil, inde sperantes* niet beperkt bleef tot het leencontract, maar van onberekenbaar veel gewicht was voor de ontwikkeling van het geheele verkeersleven en de daarop betrekking hebbende instituten.

Enkele grepen slechts, om een flauw beeld te geven van de vèrreikende gevolgen, die het proclameeren der renteloosheid van het geld met zich sleepte. Voorzichtigheid is echter bij die uiteenzetting geboden, om niet met schrijvers als Endemann en Neumann den invloed te overschatten, en werkingen aan het verbod toe te schrijven, die het nimmer heeft uitgeoefend. Aan den anderen kant vervallen onderscheidene auteurs — hier mag in de eerste plaats Ashley worden genoemd — in de fout, dat zij veel te weinig gewicht hechten aan de werking van het kanonieke dogma.

Het juiste standpunt wordt hier ingenomen door Knies, die in zijn *Der Credit* van een doorzicht in deze materie blijk geeft, dat ook bij tal van andere punten schitterend uitkomt.

Het spreekt van zelf, dat onder *usura* niet alleen verstaan werd het trekken van percenten voor het gedurende zekeren tijd in leen geven van eene bepaalde geldsom. Dit was slechts het meest voorkomend geval, waartegen het verbod in de eerste plaats gericht was. Toch lag in *usura* veel meer opgesloten. *Usura est quidquid sorti accedit. Usura est ubi amplius requiritur quam datur.* Als woeker moest worden veroordeeld alles, geld of koren, onverschillig welke waar ook, wat wordt genomen voor het uitleenen van geld of eenige andere zaak. Iedere belooning, met het oog op den tijd bedongen, was ongeoorloofd. Elk contract, waarin iets *ultra justum debitum* verschuldigd heette, was woekerachtig. Van hoe ver strekkende gevolgen eene dergelijke opvatting voor het geheele verkeersleven moest zijn, ligt voor de hand. Bij nagenoeg alle contracten is dan ook de invloed duidelijk waar te nemen.

Allereerst stond de opvatting omtrent het koopcontract geheel in het teeken van het renteverbod. Dit instituut onderging daardoor eene groote verandering. De overeenkomst, waarbij een hoogere prijs werd bedongen, omdat eerst later betaald werd, kon niet worden geduld. En evenmin mocht worden goedgekeurd de betaling eener lagere som, omdat de levering nog werd opgeschort. Uitdrukkelijk wordt dit gezegd in het *Corpus juris canonici*. Het bevat in de Decretalenverzameling eene uitspraak van Alexander III, dateerende van 1176: „In civitate tua dicis saepe contingere, quod cum quidam piper, seu cinnamomum, seu alias merces comparant, quæ tunc ultra quinque libras non valent et promittunt se illis, a quibus illas merces accipiunt, sex libras statuto termino soluturos. Licet autem contractus huiusmodi ex tali forma non possit censeri nomine usurarum, nihilominus tamen venditores peccatum incurrunt, nisi dubium sit merces illas plus minusve solutionis tempore valituras: et ideo cives tui saluti suae bene consulerent, si a tali contractu cessarent: cum cogitationes hominum omnipotenti Deo nequeunt occultari" [1]. Nog strenger drukt zich Urbanus III in een decreet van 1186 uit, waarin met den *usurarius* op ééne lijn wordt gesteld: „negociator, qui merces suas longe maiori pretio distrahit, si ad solutionem faciendam prolixioris temporis dilatio prorogetur, quam si ei incontinenti pretium persolvatur". Er wordt nog bovendien aan toegevoegd dat het zondige hiervan „ex evangelio Lucae manifeste cognoscitur, in quo dicitur: Date mutuum, nihil inde sperantes" [2].

In de uitspraken, welke men verder in de titels *de usuris* en *de emtione* vindt, wordt telkens dezelfde gedachte aangetroffen. Steeds werd echter eene uitzondering gemaakt voor het geval, dat men in volkomen onzekerheid verkeerde, of de waren ten tijde van het sluiten van het contract, van de levering of de betaling goedkooper of duurder zouden zijn. Immers het karakteristieke van den woeker bestond juist in den *wil*, om iets boven de gegeven zaak te ontvangen, en in het genoemde geval werd die bedoeling gemist, en daarmede was ook de afwezigheid van *usura* vastgesteld.

Dat de koop op crediet en op levering door het verbod geheel vernietigd werd, springt in het oog. Het was ongeoorloofd, om,

---

[1] C. 6 de usur. 5, 19.
[2] C. 10 de usur. 5, 19.

met betrekking tot vroegere of latere levering, goedkooper of duurder te verkoopen. De tijd mocht niet den minsten invloed op den prijs uitoefenen. Het eerder of later overgaan der waren was louter toeval of liefdedienst, dat in geenerlei verband met de betaling mocht staan. Niets mocht boven of onder den juisten prijs verkocht worden. Dit moest eene ontzaggelijke werking op het koopcontract hebben, daar toch, om zekerheid te verkrijgen, die juiste prijs moest vaststaan. En wie zou hier den prijs bepalen? De kooper en de verkooper? Aan hen kon en mocht het niet worden overgelaten. De zaak was van te veel gewicht en de overtreding van het verbod te ernstig, dan dat men hier de bepaling van de willekeur van particulieren kon afhankelijk stellen. Zoo moest het renteverbod leiden tot de leer van het *justum pretium*, en lag het geheel in de lijn van dit voorschrift, om dien prijs van staatswege vast te stellen, en daardoor ieder zweempje van *usura* voor goed te verbannen. Het *pretium legitimum* was het konsekwente gevolg van de woekerleer.

Moest uit het koopcontract iedere belooning voor verleend crediet worden geweerd, in geen enkele overeenkomst kon deze worden geduld. En zooals het streven, om *usura* te voorkomen, eenen onmiskenbaar grooten invloed oefende op de gedaante van het koopcontract, zoo moest de renteleer eveneens aanleiding geven tot vorming en vervorming van onderscheidene andere overeenkomsten. Het ligt in den aard der zaak, dat bij het vermeerderd geldbezit en het toenemend geldverkeer gezocht werd naar eene gelegenheid, om het geld te beleggen, zonder dat men daarbij in botsing geraakte met het renteverbod. Uitnemend leende zich daartoe het contract, dat algemeen met den naam van *rentekoop* wordt aangeduid. Over de geschiedenis en het ontstaan van dit instituut loopen de gevoelens op belangrijke punten uiteen, maar toch staat met volkomen zekerheid vast, dat moet worden verworpen de vroeger dikwijls verkondigde meening, die in den rentekoop eene schepping der woekerleer zag, een contract, alleen ter ontduiking van het renteverbod in het leven geroepen. Zelfs schrijvers als Endemann en Neumann, die in hunne geschriften den invloed van het renteverbod het breedst uitmeten, erkennen onomwonden, dat van een proclameeren van de renteleer tot uitvindster van den rentekoop geen sprake kan zijn.

Hoe weinig overeenstemming er omtrent den oorsprong van deze overeenkomst bestaat, blijkt uit het bekende *Handwörterbuch der Staatswissenschaften*, dat in een tweetal artikelen gegevens over den rentekoop bevat. Het eene is van de hand van E. Loening [1]), en geeft eene gansch andere voorstelling omtrent zijn ontstaan, dan te vinden is in de beschouwing van Theo Sommerlad, die onder het hoofd: *Zinsfuss im Mittelalter* [2]) ook eene verhandeling aan den rentekoop wijdt. Endemann, die in zijn *Grundsätze* op blz. 54 verband zoekt tusschen den rentekoop en de Romeinsche emphyteusis, noemt deze verklaring in zijne *Studiën* „von vorn herein verwerflich" [3]). De meest uiteenloopende meeningen alzoo worden verkondigd, en het ligt geheel buiten het bestek van onzen arbeid, om een uitvoerig relaas van al deze theoriën te geven en hieruit eene keuze te doen.

Stobbe geeft in zijn *Handbuch des deutschen Privat-*

---

[1] Band VI, blz. 415—416.
[2] Band VII, blz. 962—963.
[3] Deel II, blz. 104.

rechts 1) naast eene rijke bronnenopgave de meest aannemelijke voorstelling. Intusschen is dit voor onze studie zonder belang. Doel is slechts om, na te hebben geconstateerd, dat hoewel aan de renteleer ten opzichte van den „rentekoop" geene scheppende kracht kan worden toegekend, kort aan te toonen, dat toch die leer zeer veel heeft bijgedragen tot de verbreiding en vervorming van dit contract.

Waarin nu bestond de aard dezer overeenkomst? In haren meest gebruikelijken vorm kwam zij hierop neer: De eigenaar van een stuk land of huis (de renteverkooper), die geld behoefde ter verbetering of bebouwing van zijn goed, verkocht het altijddurend recht op een deel van de vruchten zijner bezitting aan den rentekooper, die hem hiervoor eene som ineens betaalde. Toen later de last, om een deel der vruchten af te dragen, zich oploste in eene verplichting, om een bepaald bedrag in geld te voldoen, was de overeenkomst met het leenen tegen rente, gedekt door zakelijke zekerheid, onmiskenbaar, en het kon niet anders, of in eenen tijd van steeds meer opbloeiend geldverkeer, waarin het voor rente leenen met alle kracht werd tegengegaan, moest deze gelegenheid, om het geld productief te beleggen, gretig worden aangegrepen. Een ongekend groot aantal overeenkomsten van dien

---

1) Band II, 3e druk, Berlijn, 1897, § 142, blz. 89—111. Op blz. 95 omschrijft hij den rentekoop aldus: „Der Rentenkauf ist ein selbständiges Rechtsgeschäft und unterscheidet sich wesentlich vom Darlehn mit Hypothek des Grundstücks: denn 1. wird das Geld nicht als zurückzuzahlendes Darlehn, sondern als definitiv aufgegebener Kaufpreis bezahlt; 2. ist für die Rente nicht der Empfänger des Geldes und sein Erbe, sondern der jedesmalige Besitzer des Grundstücks verpflichtet; 3. haftet der Verpflichtete, wenigstens ursprünglich, nur mit dem Grundstück, nicht mit seinem übrigen Vermögen; 4. durften bei einem Darlehn mit Hypothek des Grundstücks (neuere Satzung) keine Zinsen versprochen werden".

aard werd gesloten, en als bewijs van den opgang, dien de rentekoop ook in ons land maakte, kan dienen, wat Fruin mededeelt in zijn opstel: *Oudheid van Rotterdam* [1]). Hij stelt daar de vraag, hoe kan worden verklaard de in die dagen zoo veelvuldig plaats hebbende verdeeling en overdracht van grondeigendom, en hij geeft daarvoor de volgende oplossing: „Ik twijfel niet, of dit rentezoekend kapitaal heeft bij de bedeeling en vervreemding der uitgestrekte landgoederen in de 13de en 14de eeuwen eene groote rol gespeeld. Menigeen is waarschijnlijk eigenaar geworden met geleend geld en heeft zijn pas gekocht goed al aanstonds met eene erfrente belast" [2]).

Was zoo de rentekoop van het hoogste gewicht ter vergemakkelijking van den overgang van den grondeigendom, van nog veel meer beteekenis zijn de diensten, die dit contract aan het rentezoekend kapitaal in het toenemend geld- en handelsverkeer bewees. Wie op zijne ontwikkeling let, moet daarin bespeuren de werking van een rusteloos streven, om den rentekoop, die oorspronkelijk geheel was gebaseerd op de behoeften van de grond- en huiseigenaars, ook dienstbaar te maken aan de belangen van de andere standen. Een voornaam beletsel daarvoor was, dat de vergoeding niet bestond in de betaling eener geldsom, maar in de levering van een gedeelte der vruchten. Dit vereischte werd daarom losgelaten, en voortaan zou een bedrag in geld als rente moeten worden voldaan. Er bestond echter nog een zeer gewichtig bezwaar. De rente moest op een stuk land of huis worden gevestigd, maar natuurlijk was een groot gedeelte van de geldopnemers geen land-

---

1) *Verspreide geschriften*, uitgegeven door Dr. P. J. Blok, Dr. P. L. Muller en Mr. S. Muller Fzn., deel VI, 's Gravenhage, 1902, blz. 1—74.
2) t. a. p., blz. 20.

of huiseigenaar, en mitsdien moest ook een middel tot wegneming van deze grief worden bedacht. Niet slechts een vruchtdragend stuk land bood voldoend onderpand, maar alle onroerende goederen, onverschillig of deze in landerijen, huizen of wat ook bestonden, of zij al dan niet vruchtdragend waren, konden met eene rente bezwaard worden. Men ging nog verder; alle inkomsten uit onroerende goederen, als tolgelden enz., leverden voldoend onderpand, en meer en meer werd het vereischte van onroerend goed losgelaten. Zelfs reikte de utiliteitspolitiek zoover, dat ook de persoonlijke inkomsten van iemand als voldoende zekerheid werden aangenomen, en naast den *census realis* deed al spoedig de *census personalis* zijne intrede.

Niettegenstaande al deze concessies was het contract toch als gewone, in het dagelijksche leven gezochte overeenkomst nog ongeschikt. De rente, die op het goed rustte, was erfelijk, en van een recht tot aflossing aan de zijde van beide partijen geen sprake. Ook deze hinderpaal moest uit den weg geruimd worden, en allereerst werd het recht van aflossing aan den leener, den renteverkooper, gewaarborgd. Zelfs werden stemmen vernomen, die dit recht ook aan den uitleener, den rentekooper, wenschten te zien toegekend. Zoo kon dan het leenen op interest vrijelijk geschieden, en werd langs eenen omweg feitelijk hetzelfde bereikt, wat direct te doen verboden was. Botsing met de renteleer kon niet uitblijven en de autoriteit, die op handhaving van het renteverbod ernstig bedacht was, kon een' dergelijken gang van zaken onmogelijk lijdelijk aanzien. Allerlei sofistische redeneeringen, de meest gezochte constructies, werden gebezigd, om dit contract te rechtvaardigen, en te doen uitkomen, wat ernstig verschil er bestond tusschen het gewone leenen tegen rente en deze overeenkomst.

Zoo trachtte men het uit kanoniek oogpunt ongeoorloofd teruggeven van kapitaal, na voldoening van het aan rente verschuldigde, te verklaren door de voorstelling, dat niet de werkelijke rente, maar het *jus census* object van den koop was. De geldrente werd gemotiveerd met de voorstelling, dat eigenlijk vruchten werden opgebracht, die door den leener direct werden teruggekocht, en zoo diende de koopprijs dier vruchten als rente.

Maar toch het nauwgezette geweten van hen, voor wie de handhaving van het Evangelisch verbod ernst was, kon door dergelijke uitvluchten niet worden gerustgesteld. De prior Roland van Keulen gaf op het concilie van Constanz uiting aan hetgeen in de bezwaarde gemoederen omging. De kerkelijke wetgeving moest partij kiezen, en merkwaardig is het, hoe in de uitspraken, die de officieele erkenning en goedkeuring bevatten — met name moeten hier worden genoemd de decreten van Martinus V van 1425 en van Kalixtus III van 1455 [1] — wordt verwezen naar de talrijke kerkelijke instellingen, die uit de rente der door haar uitgeleende kapitalen hare inkomsten trokken, en die, zoo het bezwaar dergenen, welke betaling der rente weigerden, werd geëerbiedigd, onherstelbare schade moesten lijden.

Toch kwam men eenigermate aan de geopperde bedenkingen tegemoet. Tal van beperkende maatregelen als de vereischten van een vruchtdragend stuk land, een maximum der rente, onaflosbaarheid aan de zijde van den rentekooper, werden gesteld, om daardoor het contract van alle woekerachtige smetten te zuiveren. Wie echter onbevangen al deze bepalingen gadeslaat, kan onmogelijk tot eenen anderen indruk komen, dan,

---

[1] Extravag. comm. 3, 5 C. 1 en 8, 5 C 2.

dat de rentekoop in wezen niet noemenswaard verschilde van het gewone *mutuum*, en dat al de fijn uitgesponnen verschilpunten, die men zocht vast te stellen, niets anders waren dan uitingen van een streven, dat, bezwijkend voor de behoeften van het practische verkeer, door allerlei uitwendige eischen nog beproefde recht te laten wedervaren aan de beginselen, die met voeten werden vertreden.

Bood de rentekoop eene uitnemende gelegenheid aan het rentezoekend kapitaal, om langs eenen omweg te verkrijgen, wat rechtstreeks niet kon worden erlangd, ook de wissel leende zich daartoe bij uitstek.

In de verhouding van deze beide instituten tegenover de renteleer bestaan vele punten van overeenkomst. Mag het ontstaan van den rentekoop niet worden verklaard uit het streven, om aan de werkingen van het renteverbod te ontkomen, ook de oorsprong van den wissel mag daaraan niet worden toegeschreven.

Men heeft ter verklaring van den wissel menigerlei oplossing beproefd. Sommigen noemen hem eene ontdekking van de Joden, anderen zien hem reeds bij de oude Romeinen in zwang, terwijl zelfs de meening is verkondigd, dat de bakermat van den wissel in Arabië ligt, waar een tweetal instellingen de *Suftaga* en de *Hawâla* den grondslag van den wissel vormden. Het woord *aval* zou dan van *Hawâla* afgeleid zijn [1]).

Velen echter zijn langen tijd van oordeel geweest, dat verzet tegen het renteverbod aan den wissel het aanzijn schonk. Evenmin als de vorige kan deze verklaring worden

---

1) Zie een artikel van Karl Adler sub voce *Wechsel* in het *Handwörterbuch der Staatswissenschaften*, deel VII, blz. 684—697.

aanvaard. Terecht is dit ingezien door Endemann, die, na eerst in zijn *Grundsätze* [1]) ontduiking van het renteverbod als eene der voornaamste oorzaken voor het ontstaan van den wissel te hebben genoemd, in zijn *Studiën* zoo beslist mogelijk zegt: „Die Erfindung des Wechsels aus bewussten Tendenz wider das Zinsverbot zu erklären, wäre ein thörichter Gedanke" [2]). Maar ook even waar is, wat hij daarop onmiddellijk laat volgen: „Wohl aber ist der Wechsel unter der Herrschaft des Wucherdogmas aufgewachsen".

Het gaat toch niet aan te beweren, dat de wissel op eene bepaalde plaats of op een bepaald nauwkeurig aan te geven tijdstip is ontstaan. Niet de geniale gedachte van een schrander brein of eene bijzonder schokkende gebeurtenis hebben hem in het leven geroepen. Hij is langzamerhand onder de samenwerking van talrijke factoren ontstaan. Onder die factoren is zeker de behoefte van het verkeer wel de voornaamste. Toen in de 11e en de 12e eeuw bij den opbloeienden handel tusschen verschillende landstreken finantieele betrekkingen ontstonden, was overzenden van geld aan de orde van den dag.

Bij de groote onveiligheid, welke toen heerschte, en bij het verschil in muntsoorten bracht dit vele bezwaren met zich. Het zenden van baar geld was daardoor hoogst gevaarlijk, en een middel moest mitsdien gezocht worden, dat zonder werkelijk transport toch de uitbetaling ter bestemder plaatse mogelijk maakte. De wissel bood daartoe bij uitstek goede diensten, en het ligt in den aard der zaak, dat tegen zijnen oorspronkelijken vorm als middel ter vergemakkelijking

---

[1]) Zie blz. 89.
[2]) Deel 1, blz. 79.

van het transport, zelfs door den meest nauwgezetten aanhanger van het kanonieke dogma, geen bezwaren konden worden ingebracht. Dat men meer betaalde dan de valutaclausule vermeldde, kon niet worden gelaakt, want de kosten voor het vervoer en de vergoeding voor eventueel gevaar waren hierin begrepen.

Zoo onschuldig als de wissel was bij zijn optreden, zoo verderfelijk werd hij later door het doel, dat er toen aan werd gegeven. Niet langer bleef hij zijne secundaire rol vervullen van te zijn hulpmiddel voor transport. Hij ging eene geheel zelfstandige plaats innemen. Hij bedoelde niet meer den handel te ondersteunen, maar werd geheel om zich zelf gebruikt. Niet handelsbehoeften alleen motiveerden hem, maar wie geld noodig had zocht dit door middel van den wissel te verkrijgen. Wat uitnemende gelegenheid de wissel bood aan hen, die rente wilden kweeken van het door hen geleend geld, springt in het oog. Wat was gemakkelijker dan eenen wissel op zich zelf uit te geven, waarbij eene grootere wisselsom werd uitbetaald dan men zelf ontvangen had? Rente kon zoo veilig getrokken worden, want onder den vorm der verhooging, die voor transport, risico enz. werd berekend, hief men in waarheid rente. Langs allerlei omwegen en met behulp van de meest gewaagde ficties zocht men den wissel dienstbaar te maken aan het leenen van geld op interest. De wissel werd als surrogaat van het leencontract gebruikt. Ontduiking van het renteverbod was het doel, dat men op allerlei wijze zocht te bewerken. Het kanoniek geweten zocht men door de meest gekunstelde redeneeringen gerust te stellen. Alles was gered, indien voldoende verklaring kon worden gevonden voor de verhooging van de betalingssom. Belooning voor het transport was daarbij een belangrijke factor, en mitsdien.

was verschil in plaats van trekking en plaats van betaling een wezenlijk element, dat tot iederen prijs moest aanwezig zijn, en alle middelen werden dan ook te baat genomen, om op zulk een plaatsverschil te kunnen wijzen. Aan ficties natuurlijk geen gebrek. Men leende geld, dat men aannam terug te betalen in den wisselkoers van eene andere plaats, om zoo den schijn te wekken, dat inderdaad een transport had plaats gevonden. Het toppunt dier ficties werd zeker wel in den herwissel bereikt. In ons recht is de herwissel „eene hertrekking van den houder eens wisselbriefs op den trekker of op eenen der endossanten wegens de hoofdsom van den geprotesteerden wisselbrief en de kosten volgens den wisselkoers ten tijde der hertrekking" (art. 187 Wetboek van Koophandel). Eene geheel andere strekking had het *recambium* van vroeger dagen. Nu is de herwissel iets abnormaals, en kan alleen vergoeding van de werkelijk geleden schade door hem worden gevraagd. Maar in den tijd van het kanonieke dogma was veelal het *recambium* het normale en de wissel niets anders dan een voorbereidende maatregel om tot den in waarheid bedoelden herwissel te komen. Allerminst was het *recambium* een maatregel, welke bedoelde, rechtvaardige vergoeding te erlangen voor de werkelijke schade, uit niet-betaling voortvloeiende. Men taxeerde vooruit de som, welke, bij niet-betaling, als schadevergoeding moest worden voldaan, en het was uiterst voordeelig voor den trekker, indien deze kon worden geeischt. Zoo werd de schadevergoeding gebruikt, om de daarin schuilende rente te kunnen trekken, en het *recambium*, dat de oorspronkelijke schuld van den wissel met de schadevergoeding bevatte, werd het doel, dat het rentezoekend kapitaal najaagde. Dat daarbij eerst bij den wissel moest worden aangeland, zonder welken geen herwissel mogelijk was, baarde wel is waar moeilijkheden, maar de post „schadevergoeding" bood daarvoor menigerlei vertroosting. Nog een ander, niet minder gewichtig voordeel viel met het *recambium* te behalen. Betaling op de plaats der trekking door den wisselschuldenaar kon zonder woeker eerst plaats hebben, indien een wissel op eene vreemde plaats betaalbaar was gesteld, en vandaar als nieuwe wissel terugkeerde. Zoo kreeg men twee wissels, *cambium* en *recambium*, beide onmisbaar, om aldus het onontbeerlijk plaatsverschil te kunnen constateeren.

Tot welke sofistische redeneeringen men zijne toevlucht moest nemen om de hooge vergoeding, welke voor het transport berekend werd, te kunnen motiveeren, blijke nog uit dit eene. Het feit, dat tusschen den dag van trekking en dien van betaling eenige tijd verliep, kon niet als argument ten gunste van de verhooging worden aangevoerd; immers de tijd mocht niet den minsten invloed op de betaling uitoefenen, en dus kon het tijdsverschil niet worden gebezigd ter verklaring van deze verhooging. Toch stond men daardoor niet hulpeloos. Men nam aan, dat de betaling van koopwaren plaats vond; in den wissel was eene *scutus marcharum* vervat, en nu bestond de mogelijkheid, dat zich in den tijd, die verliep tusschen den dag van trekking en dien der betaling, een kooper aanbood, die hooger som wilde besteden dan nu zou worden voldaan. De hoog berekende transportkosten kwamen in deze gedorven winst tegemoet.

Deze en meer andere listige kunstgrepen werden te baat genomen, om den wissel toch vooral dienstbaar te kunnen maken aan het uitleenen van geld op interest. De misbruiken waren te talrijk dan dat de Kerk eene lijdelijke houding kon aannemen. Zou de wissel uit kanoniek oogpunt te rechtvaardigen zijn, dan moest deze blijven beantwoorden aan het doel, waarmede hij oorspronkelijk was ingesteld, namelijk vergemakkelijking van het transport. Voornaamste vereischte, waarmede de goedkeuring van den wissel stond of viel, was dan ook, dat de plaats der betaling eene andere was dan die der trekking. Plaatsverschil was de *conditio sine qua non*, en alle andere vereischten, als onderscheid in muntsoort en in tijdstip van trekking en betaling, waren niets dan aanhangsels van dezen eisch, en lagen daarin eigenlijk reeds besloten. Wissels, die dit plaatsverschil niet bevatten, konden niet worden geduld, en niet slechts de literatuur streek daarover vonnis, maar ook de Kerk als wetgeefster zocht ze met nadruk te weren. Reeds Pius IV bond den strijd aan tegen de *cambia sicca*. Eene principieele beslissing gaf Pius V in 1575, die den werkelijken wissel geoorloofd verklaarde, maar een veroordeelend vonnis uitsprak over „omnia cambia, quae sicca nominantur". Wissels, die men zelf voor eigen schuld uitgaf, en die, waarbij het plaatsverschil werd gefingeerd, konden niet worden geduld. Behalve het stellen van het vereischte van plaatsverschil werden nog meer maatregelen genomen om alle *usura* uit den wissel te weren. In geen geval mocht eene vooraf bepaalde schadevergoeding worden vastgesteld, die bij niet-betaling van den wissel moest worden voldaan. Verboden was het laten loopen van den wissel op langen termijn. Op de eerstkomende mis of na een kort uso moest hij worden gesteld.

Uit al deze bepalingen, welke door de kerkelijke wetgeving werden vastgesteld, blijkt duidelijk van hoe groot belang het renteverbod voor de ontwikkeling van den wissel geweest is. Hij moge aan dit dogma al niet zijn ontstaan te danken hebben, tot de groote uitbreiding, welke het gebruik van den wissel onderging, droeg zeker het renteverbod niet het minst bij. Het sterkst sprekend bewijs voor den machtigen invloed, dien het renteverbod op de vervorming van den wissel heeft uitgeoefend, is wel de omschrijving van den wissel in art. 100 van ons Wetboek van Koophandel, dat aanvangt met de woorden: „Een wisselbrief is een geschrift, uit eene plaats gedagteekend, waarbij de onderteekenaar iemand last geeft, om eene daarin uitgedrukte geldsom, *in eene andere plaats* ....[1]) te betalen". Zelfs op onzen hedendaagschen wissel heeft nog het renteverbod zijn stempel gezet, en de geheel ongemotiveerde bepaling, die plaatsverschil eischt, dankt aan het kanoniek dogma haren oorsprong.

Dezelfde opmerkingen, welke wij omtrent de drie genoemde contracten ten beste gaven, kunnen nog ten opzichte van talrijke overeenkomsten [2]) gemaakt worden. Slechts ééne willen wij nog met enkele woorden bespreken, omdat de aanrakingspunten met het renteverbod hier duidelijk aan het licht komen. Wij bedoelen de maatschap. Ook hier weer dezelfde ontwikkelingsgang: niet voor het *ont*staan was de woekerleer het beslissend moment, maar op het verder *bestaan* oefende zij eenen alles overheerschenden invloed uit. Zoo deed zij al aanstonds de vraag rijzen, of eene maatschap kon worden geduld, waarbij de een arbeid en de ander geld inbracht. Immers wanneer hier dividend werd getrokken, dan bestond groote overeenkomst met het leenen op rente. Toch werd hier de geoorloofdheid staande gehouden met een beroep op dit kar-

---

[1] Wij cursiveeren.
[2] Endemann heeft in de twee lijvige deelen zijner *Studien* den invloed van het renteverbod breedvoerig geschetst. Ook Ashley geeft in het laatste hoofdstuk van het tweede deel zijner *Englische Wirtschaftsgeschichte* behartigenswaardige opmerkingen.

dinale verschilpunt, dat bij het *mutuum* het *periculum* overging op den leener, terwijl dit bij de *societas* door den inlegger werd gedragen.

Waar het contract juist op dezen grond moest worden erkend, kon natuurlijk worden verwacht, dat het *absit* werd uitgesproken over de overeenkomst, die het risico van den inlegger afschoof, en werkelijk werd dan ook na langen strijd deze conclusie aanvaard.

Eveneens kwam het kanonieke dogma ter sprake bij de veelbesprokene vraag, of, na het eindigen van de maatschap, de inleg door ieder der vennooten moest worden teruggenomen, dan wel verdeeling in gelijke porties moest plaats vinden. Natuurlijk leidde de woekerleer tot eene beslissing in eerstgenoemden zin. Dezelfde en dergelijke kwesties deden zich eveneens voor bij de verdeeling van winst en verlies.

Het duidelijkst komt wel de invloed uit bij den bekenden *contractus trinus*. Een hevige strijd is over het al of niet geoorloofde van deze overeenkomst gevoerd, en zelfs bestaat thans nog groot verschil van gevoelen, of het veroordeelend vonnis der Kerk ook dit instituut heeft getroffen. Dat inderdaad de bekende bul van Sixtus V *Detestabilis avaritiae* van 1586 den *contractus trinus* veroordeelde, lijkt ons op grond van de duidelijke woorden dezer encycliek onbetwistbaar. Hoofdzaak is echter voor ons niet de beslissing van dit geschilpunt, maar wel het onloochenbaar bewijs, dat door den gekunstelden vorm van dit contract voor den machtigen invloed van het renteverbod geleverd wordt. Hier trad de woekerleer inderdaad scheppend op, en zij deed dit op meer andere punten van dit terrein. Er zijn vormen van maatschap in de leer der *societas* binnengedrongen, van wier bestaan bij het ontbreken van het renteverbod geen sprake zou geweest zijn. Slechts eene enkele verwijzing naar het wangedrochtelijke instituut der *societas sacri officii* spreekt hier meer dan boekdeelen.

Gerust kan worden beweerd, dat bij geen enkele overeenkomst de woekerleer zoo zeer haren invloed deed gevoelen als bij de *societas*. Max Weber maakt zich dan ook aan schromelijke overdrijving schuldig, wanneer hij aan het renteverbod allen invloed bij de ontwikkeling van de maatschap ontzegt. „Als die Wucherdoctrin, wenn man eine solche als bestehend anerkennen will, auf dem wirtschaftlichen Kampfplatz erschien, war die Entwickelung der Societätsformen — das hat Lastig gegen Endemann scharf betont — längst vollendet" [1] — zoo roept hij uit, en gaat dan verder met eene bestrijding van Endemann, die, volgens hem, door zijne overschatting van den invloed der woekerleer eene karikatuur van de ontwikkeling der *societas* geleverd heeft. Onnoodig scherp trekt hij tegen Endemann te velde, die eene zeer juiste schets over de maatschap gegeven heeft, en zich op dit punt aan alle overdrijving heeft weten te spenen.

Trouwens Weber zelf werpt zijne denigreerende opvatting omtrent den invloed der woekerleer geheel omver, wanneer hij moet erkennen: „Die Rolle, welche das kanonische Verbot alsdann gespielt hat, ist auch in Italien *keine kleine* gewesen" [2].

Inderdaad de rol, welke de woekerleer in het geheele verkeersleven gespeeld heeft, is geene kleine geweest, en het bovenstaande toont duidelijk aan, welke verstrekkende gevolgen zij had.

---

[1] *Zur Geschichte der Handelsgesellschaften im Mittelalter*, Stuttgart, 1889, blz. 118.
[2] T. a. p., blz. 118. Wij cursiveeren.

§ 3.

De Gronden van het Renteverbod.

Het weergeven van de gronden, waarop het renteverbod rustte, dient met behoedzaamheid te geschieden. Onder de schrijvers toch, die zich op eene uiteenzetting van de argumenten, waarmede het werd verdedigd, hebben toegelegd, heerscht eene hopelooze verdeeldheid. Eene verdeeldheid, die haren oorsprong niet te wijten heeft aan een geschil over de meerdere of mindere juistheid in de waardeering van eenig feit of dogma, maar zulk eene, die het bestaan van het renteverbod in zijne hartader aantast. En hoe vreemd het wellicht moge schijnen, toch is de waardeering van Calvijn's invloed ten deze geheel afhankelijk van de resultaten, waartoe het onderzoek in deze materie zal leiden. Indien de juistheid blijkt van de opvatting, welke vooral door sommige Roomsche geleerden met klem van redenen verdedigd wordt, kan niet anders worden erkend, dan dat de waarde van Calvijn's arbeid in dit opzicht vrijwel tot niets moet worden teruggebracht. Een grondig onderzoek echter zal leeren, met hoe weinig recht eene dergelijke bekentenis, die eene vernietigende kritiek in zich bevat, kan worden afgelegd.

Wij willen ons in deze paragraaf eerst bepalen tot een blootleggen van de fundamenteele stellingen, waarop het renteverbod werd verdedigd, om daarna voor te stellen of te bestrijden de beschouwing van de schrijvers, wier stem als gezaghebbend kan worden aangehaald.

Aan de spits der argumenten staat het beroep op den Bijbel. Dat was de hoofdgrond. De eerbied voor dat Woord Gods gedoogde geen toegeven of schipperen, en riep op tot eenen heiligen kamp tegen het verleenen van rente onder iederen vorm. In de Bergrede stond het: *Leent, zonder iets weder te hopen.* Tegen alle beroep op praktische moeilijkheden, tegen elk aanwijzen van maatschappelijke omstandigheden, die het verbod onhoudbaar maakten, werd met koninklijke minachting het *Mutuum date, nihil inde sperantes* aangevoerd. Dat woord gaf houvast; daarop kwam men telkens weer terug; en alle verdedigingen, canones en interpretaties werden hieruit afgeleid. Slechts een enkel voorbeeld om te doen zien, met hoeveel beslistheid de konsekwenties uit Lukas 6 : 35 werden getrokken. Het betreft eene uitspraak van Paus Urbanus III. Hem was namelijk de vraag gesteld, of veroordeeling moest volgen voor dengene, die, hoewel hij bij het geven van zijn geld geen formeel leencontract met beding van rente sluit, toch uitleent met de bedoeling, om meer te ontvangen dan gegeven is, en of gelijke straf ook den verkooper treft, die zijne waren duurder op crediet verkoopt dan tegen contante betaling. De zaak is voor hem glashelder, als hij antwoordt: „Verum quia, quid in his casibus tenendum sit, ex euangelio Lucæ manifeste cognoscitur, in quo dicitur: Date mutuum, nihil inde sperantes: huiusmodi homines pro intentione lucri, quam habent, iudicandi sunt male agere, et ad ea, quæ taliter sunt accepta, restituenda; in animarum iudicio efficaciter inducendi" [1]).

En waarlijk ter verdediging van het renteverbod behoefde men naar kanonieke opvatting allerminst bij de plaats uit Lukas' Evangelie te blijven staan. De H. S. gaf talrijke uitspraken, die van haren onverholen afkeer tegen alle rente getuigden. In den Pentateuch wordt het verbod herhaaldelijk gegeven. In Exodus 22 : 25 en Leviticus 25 : 35 en volgg. wordt het verbod nog beperkt tot de armen, maar in Deuteronomium 23 : 19 heet het zonder eenig voorbehoud: „Gij zult aan uwen broeder niet woekeren met woeker van geld, met woeker van spijze, met woeker van eenig ding, waarmede men woekert". Zoo gaat het den geheelen Bijbel door. Als David in Psalm 15 den rechten burger van Zion teekent, ontbreekt niet deze karaktertrek: „Die zijn geld niet geeft op woeker" (vers 5). De wijze Spreukendichter geeft zijn afkeuring van de rente aldus weer: „Die zijn goed vermeerdert met woeker en overwinst, vergadert dat voor dengene, die zich des armen ontfermt" (Spreuken 28 : 8). Als Jeremia, na zijn vurige smeeking en roerende worsteling om genade voor Juda, toch den last ontvangt, om aan het volk schrikkelijke plagen aan te zeggen, beklaagt hij zich bitter, dat ieder hem vervloeken zal om dezen last, en zulks niettegenstaande hij kan verklaren: „ik heb hun niet op woeker gegeven; ook hebben zij mij niet op woeker gegeven" (Jeremia 15 : 10). In hoofdstuk 18 : 8 van Ezechiël, dat de persoonlijke verantwoordelijkheid der kinderen zeer streng handhaaft, wordt onder de vereischten, die iemand rechtvaardig maken, ook

---

[1] C. 10 de usur. 5, 19.

vermeld: „niet geeft op woeker, noch overwinst neemt".

Met Lukas 6 : 35 tot grondslag, en bovendien nog door talrijke andere uitspraken uit den Bijbel gesterkt, moest een heilige oorlog tegen ieder nemen van rente gevoerd worden. Al legde het verkeer iederen dag meer moeilijkheden aan de handhaving van dit beginsel in den weg, toch mocht geen duim breeds van dit onveranderlijk principe worden afgeweken. Oogenschijnlijk ligt er eenige overdrijving in de schildering van den verdediger van het renteverbod, dien Turgot in zijne bekende *Mémoire sur les prêts d'argent* [1]) aldus doet spreken: „Il vous est libre de prêter, ou de ne pas prêter; mais si vous prêtez, gardez-vous bien de retirer aucun intérêt de votre argent; et quand même un négociant vous en demanderait pour une entreprise, dans laquelle il espère faire de grands profits, ce serait un crime à vous d'accepter l'intérêt qu'il vous offre. Il faut absolument ou lui prêter gratuitement, ou ne lui prêter point du tout. Vous avez, à la vérité, un moyen de rendre l'intérêt légitime; c'est de prêter votre capital pour un temps indéfini, et de renoncer à en exiger le remboursement, que votre débiteur vous fera, quand il voudra, ou quand il pourra. Si vous y trouvez de l'inconvénient du côté de la sûreté, ou si vous prévoyez que vouz aurez besoin de votre argent dans un certain nombre d'années, vous n'avez pas d'autre parti à prendre que celui de ne point prêter. Il vaut mieux laisser manquer à ce négociant l'occasion la plus précieuse, que de commettre un péché pour la lui faciliter".

---

1) Wij gebruiken de Fransche uitgave der werken van Bentham. Deze *mémoire* toch is geplaatst achter Bentham's beroemde *Defence of usury*, en zag het licht naar aanleiding van allerlei misstanden, die voortsproten uit eene aanklacht wegens woeker te Angoulême.

Deze uitgave verscheen in 1830 te Brussel; men vindt de aangehaalde woorden op blz. 298 en 299 van het derde deel.

Al wordt hier de tegenstelling wat schril geteekend, en al werd bij het weinig ontwikkeld verkeer in den eersten tijd van het opkomen van het renteverbod dit dilemma weinig gesteld, — toch stond in werkelijkheid principieel de zaak, zooals zij door Turgot wordt aangegeven. Het Woord Gods sprak hier onherroepelijk en absoluut, en daarvoor zweeg alles. Dien alles overheerschenden invloed van het Bijbelwoord in het oog te houden zal voor menige verkeerde opvatting behoeden. Het houdt allereerst terug van eene miskenning van den arbeid der Kerk en hare verdedigers, die hier eene heilige roeping hadden te vervullen. Het maakt verder duidelijk de onmogelijkheid der bewering van hen, die het hebben bestaan van een absoluut renteverbod ontkennen. En ten slotte leidt dit tot eene juistere waardeering der overige argumenten, die ter verdediging van het verbod werden aangevoerd, welke evenwel slechts als eigenlijk overbodig hulpmateriaal met een beroep op de *naturalis ratio* nog duidelijker maakte, wat uit de H. S. reeds overduidelijk was.

Bij de overdenking van deze groep bewijsgronden, met wier uiteenzetting wij ons thans zullen bezighouden, mag niet uit het oog worden verloren, dat, al zou hunne onjuistheid worden aangetoond, toch handhaving van het verbod noodzakelijk was met het oog op den Bijbel. De besliste uitspraak van Gods Woord werd nog, hoewel geheel overbodig, versterkt door een beroep op het gevoel, het gezond verstand, zooals dit zich ook in de uitspraken van de heidensche schrijvers openbaarde.

Hier behoefde men niet verlegen te staan. Eene groote reeks uitingen der beroemde oude denkers wees zoo uitdrukkelijk mogelijk op het ongeoorloofde der rente. Vooral deed dienst de bekende plaats uit Aristoteles' *Politica* [1]), waar deze zijne uitvoerige beschouwing over het geld eindigt met de volgende besliste veroordeeling van de rente: ... „ὁ δὲ τόκος γίνεται νόμισμα νομίσματος. ὥστε καὶ μάλιστα παρὰ φύσιν οὗτος τῶν χρηματισμῶν ἐστίν". Dat tegennatuurlijke der rente vinden wij telkens als eenen gewichtigen grond voor hare verkeerdheid aangevoerd.

En als dan tegenover deze uitspraken werd gewezen op de zonderlinge konsekwenties, waartoe deze opvatting moest leiden, daar toch ook huizen en akkers niet uit zich zelve produceeren, en dus huur eveneens uit den booze is, dan verwerpt Chrysostomus die vergelijking zoo beslist mogelijk met een: „Absit...... quoniam agrum habens arando accipit ex eo fructum, habens domum, usum mansionis capit ex ea. Ideo qui locat agrum, vel domum suum usum dare videtur, et pecuniam accipere, et quodammodo quasi commutare videtur cum lucro lucrum: ex pecunia reposita nullum usum capis [2]).

Herhaaldelijk vinden wij in de geschriften der kerkvaders de onvruchtbaarheid van het geld verdedigd. Basilius de Groote herinnert met een beroep op Aristoteles de geloovigen er ernstig aan, hoe goud, koper en alle metalen niets voortbrengen, en uit zich zelve geen vrucht dragen. Zijn broeder Gregorius van Nyssa gaat nog verder, en is zoo gelukkig, te kunnen constateeren, dat de Schepper het „Gaat henen en

---

1) Zie *Politica* I, X, 1258, 38 seqq.
Verdere uitspraken zie men bij Esser, t. a. p.; blz. 101 en volgg. Dikwijls werden Cato's woorden aangehaald, die Cicero geeft in *De officiis*, II, 25, 89: „Ex quo genere comparationis illud est Catonis senis; a quo cum quaereretur, quid maxime in re familiari expediret, respondit; „Bene pascere"; quid secundum: „Satis bene pascere"; quid tertium: „Male pascere"; quid quartum: „Arare"; et cum ille, qui quaesierat, dixisset: „Quid foenerari", tum Cato: „Quid hominem", inquit, „occidere."
2) C. 11 dist. 88.

vermenigvuldigt u" alleen heeft gesproken tot de bezielde schepselen en niet tot het onbezield geschapene, dus ook niet tot het geld, en mitsdien is het nemen van rente ongeoorloofd. Ook Thomas Aquinas huldigt de steriliteit van het geld. In zijn *Summa theologica* [1]) wordt uitvoerig over de rente gehandeld en ook de bovenstaande uitspraak van Aristoteles met instemming begroet. „Et Philosophus, naturali ratione ductus, dicit in 1 Politic. (Cap. 7): „usuraria acquisitio pecuniarum est maxime praeter naturam", zoo luidt eene der opmerkingen, waarmede de bewijsgronden, voor de rente aangevoerd, worden ontzenuwd.

Dit argument kon zich in buitengewone populariteit verheugen. Hoezeer en hoe lang de publieke opinie het geld onvruchtbaar achtte, blijkt uit eene passage van Shakespeare's *De koopman van Venetië*, in het laatste gedeelte der 16e eeuw verschenen. Het is het bekende gesprek tusschen den rijken Jood Shylock en den koopman Antonio. Als Antonio, om Bassiano, zijnen vriend, uit grooten nood te helpen, Shylock geld ter leen vraagt, tracht deze laatste het nemen van rente te rechtvaardigen door een beroep op de afspraak omtrent Jacobs loon, dat bestaan zou uit een zeker deel van de vruchten der schapen, maar Antonio wijst aanstonds die vergelijking af met de hoonende woorden:

„Meldt dit de Schrift, om woeker te rechtvaardigen,
   Of is uw *goud* en *zilver*, *ooi* en *ram?*" [2]),
om hem straks nog hooghartig toe te voegen:

---

1) Zijne breedvoerige beschouwingen vindt men in het tweede stuk van deel II, *Quaestio* LXXVIII. In vier articuli is zij verdeeld: *Utrum accipere usuram pro pecunia mutuata sit peccatum; Utrum liceat pro pecunia mutuata aliquam aliam commoditatem expetere; Utrum quidquid de pecunia usuraria quis lucratus fuerit, reddere teneatur; Utrum liceat pecuniam accipere mutuo sub usura.*

2) Wij cursiveeren.

„Wilt gij dit geld ons leenen, leen het niet
Als aan uw vrienden — vriendschap zou *geen vrucht*
Van dood metaal ooit eischen van zijn vriend" [1]).

Die gedachte, geen vrucht van dood metaal te mogen eischen, was vrijwel *communis opinio*. Het lang in stand blijven van die meening moet worden verklaard, eensdeels uit den economischen toestand dier dagen, toen, vooral in den aanvang, het leenen veelal voor consumptieve doeleinden geschiedde, en handel en nijverheid zich nog weinig hadden ontwikkeld, maar anderzijds niet het minst uit het feit, dat het *pecunia pecuniam parere non potest* slechts eene aanwijzing te meer was voor hen, die door het *mutuum date, nihil inde sperantes* reeds van het ongeoorloofde der rente overtuigd waren.

Het overdenken dier twee oorzaken zal weerhouden om spottend, zooals Bentham in den tienden van zijne *Brieven over de rente*, den ontwikkelingsgang aldus te omschrijven: „Il arriva, on ne saurait dire comment, que ce grand philosophe, avec tout son talent et toute sa pénétration, malgré le grand nombre de pièces d'argent qui avaient passé par ses mains (nombre plus grand peut-être que celui qui ait jamais passé avant ou depuis dans les mains d' aucun philosophe), et malgré les peines toutes particulières qu'il s'était données pour éclaircir la question de la génération, ne put jamais parvenir à découvrir dans aucune pièce de monnaie quelque organe qui la rendit propre à engendrer une autre. Enhardi par une preuve négative de cette force, il s'aventura à donner au monde le résultat de ses observations sous la forme de cette proposition universelle, *que, de sa nature, tout argent est stérile* [2]).

---

[1] De werken van William Shakespeare. Vertaald door L. A. J. Burgersdijk. Leiden, blz. 315. Wij cursiveeren.
[2] *Oeuvres*, deel 3, blz. 269.

Behalve in de natuurlijke onvruchtbaarheid van het geld vond men eenen machtigen factor ter bestrijding van de rente in den aard van het gebruik van het geld. Het eigenlijke gebruik van het geld toch bestaat daarin dat het verteerd, uitgegeven wordt.

Het geld, dat geleend wordt, beantwoordt volkomen aan zijnen aard en bedoeling, en wie dat geleende geld teruggeeft, heeft daarmede zijne volle „Schuldigkeit" afgedaan. Interest uit het leenen en huur van huizen en landerijen mochten niet op ééne lijn gesteld worden. In de bekende uitspraak van Chrysostomus, die wij ook bij de uiteenzetting van het vorige argument aanhaalden, wordt het verschil aldus geformuleerd: „. . . quoniam pecunia non ad aliquem usum disposita est, nisi ad emendum . . . Ager vel domus utendo veterascit. Pecunia autem, cum fuerit mutata, nec minuitur, nec veterascit" [1]).

Thomas Aquinas heeft dit argument breedvoerig ontwikkeld. Zijne redeneering komt op het volgende neer: Men moet wel bedenken, dat er sommige zaken zijn, wier eenig *gebruik* in hun *verbruik* bestaat, zooals wij bijvoorbeeld wijn verbruiken door dien te drinken, en koren door dat te eten. Bij deze voorwerpen kan het gebruik niet afzonderlijk van het ding zelf in rekening gebracht worden; staat men het gebruik af, dan is daarmede de zaak zelve gegeven. Indien iemand wijn en het gebruik van dien wijn zou willen verkoopen, dan zou op die wijze hetzelfde voorwerp tweemaal verkocht worden. Daarmede zou hij ongetwijfeld eene onrechtvaardigheid en zonde begaan. En op precies denzelfden grond nu zondigt ook hij, die wijn, koren of eenige andere dergelijke

---

1) C. 11. dist. 88.

zaak tegen dubbele vergoeding wil leenen, namelijk tegen teruggave der waar en vergoeding voor het gebruik hiervan. Nu zijn er echter ook sommige zaken, wier gebruik niet tegelijk haar verbruik beteekent. Zoo bestaat het gebruik van een huis in zijne bewoning en niet in zijne verwoesting. In zulke gevallen kunnen gebruiks- en verbruiksrecht afzonderlijk gevestigd worden; bijvoorbeeld in het geval, dat iemand het eigendomsrecht van een huis op een ander overdraagt, maar zich het gebruik er van voorbehoudt, of omgekeerd. Dan kan er geld gevorderd worden èn voor het gebruik van het huis, èn na bepaalden tijd ook teruggave van het huis.

Het geld echter is, zooals Aristoteles in het 5e boek van zijn *Ethica* en in het 1ste boek van zijn *Politica* zegt, uitgedacht als ruilmiddel, zoodat het eerste en voornaamste gebruik in het verbruiken of verteren bestaat. En daarom is het een groot onrecht, om, naast de teruggave van het geld, ook nog eene vergoeding voor het gebruik aan te nemen.

Door allerlei sofistische redeneeringen werd zoo de rente veroordeeld op grond van eene scheiding tusschen *res consumptibiles* en *non-consumptibiles*.

Het geld werd ingelijfd bij de *res consumptibiles* en volkomen gelijkgesteld met koren, wijn enz. En zooals het zou strijden met de gerechtigheid, om iemand te laten betalen voor den wijn en nog bovendien voor het drinken van den wijn, zoo werd de *justitia commutativa* niet minder aangerand door teruggave van geleend geld en vergoeding voor het leenen. Zoodoende verrijkte men zich ten koste van hem, die leent, „quod per naturam fieri non potest".

Een beroep op die gerechtigheid gaf kracht en sterkte aan de positie, tegen het nemen van rente ingenomen. Het „in strijd met de gerechtigheid" werd het machtwoord ter veroordeeling van de rente. Ging ook niet bij het uitleenen de volle eigendom der geldstukken over op den leener, die er onbeperkt over kon beschikken? En al nam men nu een oogenblik aan, dat het geld vruchten kon opbrengen, was het dan toch niet in strijd met de eerste beginselen van rechtvaardigheid, dat die vruchten toevielen niet aan den *tegenwoordigen*, den *waren*, maar aan den *vroegeren* eigenaar? Had die vroegere eigenaar nog niet genoeg voordeel uit het ter leen geven? Door den overgang van eigendom was de leener aansprakelijk voor alle schade en verliezen, die aan het geleende werden toegebracht. Ging het geld te loor, het ontsloeg hem niet van de verplichting, om het ten volle terug te geven. De uitleener kon geen schade lijden door een ongelukkig toeval, dat den leener trof. Zou het dan niet vertrappen van alle gerechtigheid wezen, indien de man, die niet aansprakelijk was voor het verlies, recht had op de winst?

Met deze drie argumenten was de reeks van bezwaren nog niet ten einde.

De overdracht van het geld aan den leener werd door velen voorgesteld als een koop, waarbij de betaling van den prijs werd uitgesteld. Eenige vergoeding voor dat uitstel kon niet worden toegestaan. Op echt scholastieke wijze werd beweerd, dat de tijd een *commune omnium* was, en daarom niet kon worden verkocht. Dit nu zou geschieden, indien rente werd geheven op grond van tijdsverschil. Heeft von Böhm-Bawerk rente juist op grond van het verschil in tijd tusschen het oogenblik van uitgeven en dat van terugontvangen zoeken te rechtvaardigen, in het kanonieke recht werd ditzelfde argument met kracht ter veroordeeling van de rente aangevoerd. Tijd was toen geen geld. Bovendien bij toelating van het rente nemen stond allerlei ellende te wachten. Tegenover de praestatie van den leener, om rente te betalen, stond geene verplichting van den uitleener. Deze exploiteert slechts den arbeid van anderen, verrijkt zich onrechtmatig met hun goed. Wanneer dit in beginsel werd goedgekeurd, dan werd daarmede de deur geopend voor alle mogelijke misstanden. Niet langer zou men zich op den landbouw toeleggen, en de lof van den arbeid worden verkondigd, maar de schandelijke geldhandel zou zich ontwikkelen, en daarmede zouden haat, nijd en geldgierigheid in verdubbelde mate hunne intrede doen. Dante heeft zijn afkeer tegen de rente in wijsgeerig-dichterlijken vorm aldus weergegeven:

„Hun, die op de eêd'le Wijsbegeerte denken,
Doet zij op meerder plaatsen duid'lijk weten,
Hoe Gods verstand en kunst den oorsprong schenken
Aan gansch Natuur, in grootschheid nooit te meten.
En wilt ge uw Fysika zorgvuldig lezen
Dan zal 't bij haar, na weinig bladen, heten,
Dat uwe kunst, ten hoogsten top gerezen,
Natuur volgt, als de leerling 's meesters wegen,
Zoodat uw kunst schier kleinkind Gods zal wezen.
Is Genesis u voor den geest gestegen,
Dan weet gij, hoe 't betaamt, dat 's menschen leven
En rijkdom door dat tweetal word' verkregen.
De woek'raar nu, op and're baan gedreven,
Staat èn Natuur èn hare volgster tegen,
Daar hem zijn hoop iets anders na doet streven" [1].

---

1) Dante Alighieri. *De Goddelijke Komedie*. In Nederlandsche terzinen vertaald door Mr. Joan Bohl, Eerste Lied, *De Hel*, Haarlem, 1876, 11e Zang, vers 97—112 op blz. 150 en 151.

De uitleggers van Dante verklaren deze plaats zoo, dat hier gesproken wordt van twee manieren, waarop alle rijkdom moet worden verkregen. De natuur doet die ontstaan door het schenken van vruchtbaarheid aan

Bij deze principieele bezwaren, welke tegen het nemen van rente ontwikkeld werden, mag niet uit het oog worden verloren, dat de maatschappelijke omstandigheden in vroeger dagen handhaving van het verbod niet bovenmatig moeilijk maakten. De juiste invloed van den economischen toestand in de verschillende tijdvakken zal kort worden aangegeven bij de bespreking der onderscheidene schrijvers, die zich op dit gebied meerdere of mindere bekendheid hebben verworven en meer bepaaldelijk bij de bestrijding van hen, die aan de maatschappelijke factoren allen of den meesten invloed toekennen. Het getal schrijvers, dat in deze fout vervalt, is allerminst gering. Een kort overzicht van de literatuur omtrent dit onderwerp toont dit duidelijk.

Eene opsomming van de gronden, zooals wij die in deze paragraaf hebben gegeven, wordt, — zij het ook met niet onbelangrijk verschil in juistheid en volledigheid, — gevonden bij Endemann, Neumann, Ashley, de Boeck, Coquelin et Guillaumin, Oncken, Knies, Böhm-Bawerk, e. a.

Enkele opmerkingen mogen tot betere waardeering dezer schrijvers en tot orienteering in dit vraagstuk niet achterwege blijven.

Dr. W. Endemann heeft in zijne reeds vroeger door ons aangehaalde geschriften: *Die nationalökonomischen Grundsätze der canonistischen Lehre* en *Studiën in der Romanisch-Kanonistischen Wirthschafts—und Rechtslehre* eenen rijkdom van materiaal gegeven over de ontwikkeling van het renteverbod en den invloed der geheele woekerleer, dat door hem, die zich met de his-

---

dieren en planten, terwijl de arbeid op kunstmatige wijze medewerkt. Nu kan het optreden van den woekeraar onder geen van beide worden gebracht, en mitsdien is zijne handelwijze afkeurenswaardig.

torie der economische theoriën bezig houdt, niet straffeloos kan worden ongebruikt gelaten. Zijne werken vormen monumenten van nauwkeurig onderzoek, grondige bestudeering en ongewone belezenheid. Toch mag niet worden ontkend, dat zijne antipathie tegen de Roomsche Kerk hier en daar de voorstelling omtrent haar optreden minder juist maakt. Er moge groote overdrijving liggen in de scherpe uitvallen van sommige Roomsche schrijvers, die hem smalend den „protestantschen, aan de kerk vijandigen econoom bij uitnemendheid" noemen, en aan zijne geschriften om hunne hatelijke partijdigheid alle waarde ontzeggen, toch ligt er waarheid in Ashley's opmerking: „es mangelt ihm an Teilnahme für die mittelalterliche Kirche". Dat belet hem te waardeeren den geest, waardoor de Kerk bij haar optreden geleid werd, en bij deze miskenning van diepere motieven moet de gedachte aan heerschzucht ontstaan.

Wanneer hij zich echter niet aan bespiegelingen overgeeft, maar zich beperkt tot een historisch onderzoek van de bronnen, kunnen zijne resultaten bijna zonder bedenking worden overgenomen. Merkwaardig is het getuigenis van den streng Roomsch-Katholieken von Vogelsang, die zegt: „Dr. W. Endemann, der erbitterste Feind der kirchlichen Wirthschaftsgesetzgebung, der sich unfreiwillig das hohe Verdienst erworben hat, gegen kleinmüthige Vertuschungsversuche die kirchliche Wucherlehre nach den Quellen klar und rein herauszuarbeiten....." [1]). „Klar und rein" is ook de wijze, waarop hij de gronden in § 3 van zijn *Grundsätze* vermeldt. Zeer juist worden deze door hem gegroepeerd, en aan den alles overheerschenden invloed van het Bijbelwoord laat hij alle recht

---

[1] *Zins und Wucher*, Weenen, 1884, blz. 21.

wedervaren, maar opmerkelijk is zijne onkunde omtrent den geest der H. S., wanneer hij betoogt, dat deze „consequenter Weise zur Gemeinschaft aller Güter und zur Aufhebung jeden Privatbesitzes" [1]) moet voeren. Van groote bekendheid op het door ons betreden terrein is Max Neumann's geschiedwerk [2]). Vindt Endemann zijne bronnen in de kerkelijke wetgeving en in de kerkelijke geschriften, Neumann put uit de wereldlijke wetten en besluiten, en tracht daaruit de historie te construeeren. Al heeft hij ook in het vijfde hoofdstuk van zijn boek over enkele instituten als *Pfandvertrag* en *Rentenkauf* belangrijke inlichtingen verschaft, toch staat zijn werk verre beneden den arbeid van Endemann. De opzet van zijn boek is, aan te toonen, dat het renteverbod in Duitschland eenen geheel bijzonderen ontwikkelingsgang gevolgd heeft, en die foutieve opzet wreekt zich op bijna iedere bladzijde. In de *Einleitung,* welke tot titel draagt: *der Ursprung des kanonischen Zinsverbotes* [3]), geeft hij eene korte uiteenzetting van de gronden, welke echter tot geene bijzondere opmerkingen aanleiding geeft.

Eene juiste en vooral heldere ontwikkeling van de gronden vinden wij bij Ashley [4]). Alle recht laat hij wedervaren aan Lukas 6 : 35, dat hij „der wichtigste der Beweisgründe" noemt. Een nieuw gezichtspunt opent hij met de bewering, dat de aandacht, welke later aan de rente gewijd werd, voor een goed deel is te danken aan het opbloeien van het Romeinsche recht, dat het nemen van rente toeliet. Zeker heeft de receptie van het

---

1) *Grundsätze*, blz. 14.
2) *Geschichte des Wuchers in Deutschland bis 1654*, Halle, 1865.
3) t. a. p., blz. 11.
4) In de reeds door ons genoemde *Englische Wirtschaftsgeschichte*, deel I, blz. 155 en volgg.

Romeinsche recht ten deze geinfluenceerd, maar toch mag die invloed niet te hoog worden aangeslagen. Van een nauw verband tusschen de economische toestanden en het opbloeien van het Romeinsch recht mag niet te spoedig worden gewaagd. Dr. Bruder maakt zich dan ook aan schromelijke overdrijving schuldig, wanneer hij handelend over *Das Receptionsphänomen in ökonomischer Hinsicht* voor den samenhang van het Romeinsche recht met de meer ontwikkelde maatschappelijke omstandigheden vooral deze twee bewijzen aanvoert: „Die Parteinahme der Romanisten (im Ganzen) für den freien Verkehr, für die der Reihe nach-auftauchenden kapitalistischen Gewohnheiten und deren Sanktion im römischen Recht" en verder „die römischrechtliche Färbung der im sog. Wucherstreit vorgebrachten Argumente zu Gunsten der kapitalistischen Wirthschaftsweise resp. ihrer akutesten Consequenz, des Zinses" [1]).

De oorzaak van de velerlei bemoeiingen met de handhaving van het renteverbod mag niet bijna uitsluitend aan het opkomen van het Romeinsche recht worden toegeschreven, maar moet in de eerste plaats gezocht in de moeilijkheden, welke door het steeds toenemend verkeer aan het renteverbod in den weg werden gelegd. En het is eene fout van Ashley, dat hij die tegenstelling van het rentedogma en de feitelijke toestanden niet voldoende tot haar recht laat komen.

In vele opzichten prijzenswaardig is wat Ch. de Boeck schrijft in het eerste hoofdstuk, *la doctrine catholique de l'usure*,

---

1) In een opstel *Zur ökonomischen Charakteristik des Römischen Rechts*, waarvan het laatste gedeelte werd geplaatst in het *Zeitschrift für die gesammte Staatswissenschaft*, band 83, blz. 684—724. De hier geciteerde argumenten vindt men op blz. 710 en 717.

van zijne verhandeling over *la question du prêt à intérêt et de sa légitimité*. Al vermeldt hij bij de opsomming van de argumenten niet het beroep op den Bijbel, en al noemt hij het argument, dat uitgaat van het onderscheid tusschen *res consumptibiles* en *non-consumptibiles* het voornaamste, toch erkent hij wel degelijk het aan Gods Woord ontleende, als de eigenlijke drijfveer van het beslist optreden der Kerk: „Si l'Eglise chrétienne des premiers siècles a condamné le prêt à intérêt, c'est avant tout parcequ'elle a cru obéir à la parole du Christ: „Prêtez, sans en rien espérer" [1]).

Gelijke opmerking moet worden gemaakt ten aanzien van het opstel over rente in de *Dictionnaire de l'économie politique* van Ch. Coquelin et Guillaumin [2]). In de paragraaf, die tot opschrift heeft *Arguments employés contre l'usure*, wordt het Evangeliewoord niet aangehaald, maar in de daaraan voorafgaande paragraaf *historique* wordt op den alles overheerschenden invloed van O. en N. Testament gewezen.

Theo Sommerlad heeft in het *Handwörterbuch der Staatswissenschaften* sub voce *Zinsfuss im Mittelalter* eene korte verhandeling aan *das Kanonische Zinsdogma* gewijd [3]). Hij erkent, dat de Kerk het verbod heeft verdedigd „in äusserer Anlehnung an die alte aristotelische Verkennung der Fruchtbarkeit des Geldes und an die Bibelstelle Lukas 6, 34" (sic.). Zoowel hier als in andere geschriften van zijne hand [4]) bestrijdt hij echter de gedachte, dat aan het verkeer moeilijkheden van beteekenis in den weg

---

1) *La Foi et la Vie*, 3e jaargang, blz. 225.
2) Brussel, 1854, deel 2, blz. 867—872.
3) Band VII, blz. 960—965.
4) Zoo b. v. in zijn *Die wirtschaftliche und sociale Bedeutung der Reformation*, opgenomen in de *Deutsch evangelische Blätter*, 20e jaargang, Halle, 1895, 5e aflevering.

werden gelegd; het verbod was „der rechtliche Ausdruck wirtschaftlicher Zustände", en, toen productieve kapitaalbelegging mogelijk was, kon dit ongehinderd geschieden.

Dr. August Oncken gaf in zijn in 1902 verschenen *Geschichte der Nationalökonomie* zeer juist den grondslag weer, toen hij zeide, sprekend over het renteverbod: „Es basiert auf zwei Wurzeln. Einmal auf dem Satze des Evangeliums Lukas: „mutuum date, nihil inde sperantes" und sodann auf der Stelle in Aristoteles' Politik beziehungsweise Oekonomik: „pecunia pecuniam parere non potest" [1]. Ook bij hem is het dogma voor een goed deel weerspiegeling der maatschappelijke omstandigheden, en bij de verandering hiervan wijzigde de Kerk ook vrijwillig hare houding tegenover het leenen op interest. Het bekende woord van Ratzinger: „Niemals hat die Kirche wirklich notwendige und innerlich berechtigte wirtschaftliche Formen des Darlehensverkehrs verhindert", neemt hij „mit einigen Vorbehalten" over [2].

Het maakt eenen eenigszins zonderlingen indruk hem tot deze conclusie te zien komen, daar hij in het aan deze uitspraak voorafgaande gedeelte breed uitweidt over de groote bezwaren en velerlei reserves, welke de kerk tegenover de erkenning van instituten als de societas, rentekoop enz. maakte.

Diezelfde onbeslistheid vinden wij bij Brants. Ook bij hem treft ons de poging om de verkondigde doctrine aan te passen aan den heerschenden toestand. Het kan niet worden ontkend, dat op onderscheidene plaatsen duidelijk blijkt, hoe hij uitgaat van de meening, dat aan het verbod theoretische motieven ten grondslag lagen. Zoo wanneer hij zegt:

---

[1] T. a. p., blz. 132.
[2] T. a. p., blz. 134.

„Non seulement, ce qui n'est pas douteux, le prêt à intérêt direct était interdit par la loi canonique, mais on démontre qu'il l'est par le droit naturel". Bij de opsomming van de argumenten geeft hij deze inleiding: „Ces arguments soit de droit divin, de droit canonique, de droit civil, nous croyons inutile à notre plan d'examiner ceux de droit divin positif uk de droit civil, nous exposerons ceux qui sont intrinsèques ou absolus" [1]). Nu is zeker de tegenstelling van „arguments de droit divin positif" en „ceux qui sont absolus" allesbehalve duidelijk, maar toch spreekt daaruit zijne erkenning van het bestaan van argumenten, die hunne rechtvaardiging in zichzelve hebben, en dan ook, onafhankelijk van allerlei maatschappelijke factoren, hunne kracht behouden. Maar geheel daarmede in strijd is, wat hij dan verder zegt: „Cet exposé nous préserve d'attribuer, comme on l'a fait souvent, la doctrine du moyen-âge à l'ignorance des théories économiques; cette doctrine n'est au contraire qu'une adaptation d'idées générales très justes à une situation économique déterminée [2]).

Dat verwijt van onbeslistheid en niet ruiterlijk partij kiezen, kan zeker allerminst Boehmer treffen. Bij hem is geen sprake van een op den voorgrond plaatsen van den economischen toestand, die het renteverbod, zoo al niet rechtvaardigde, dan toch begrijpelijk maakte. De oorzaak ligt geheel ergens anders. Het ontstaan van het verbod wordt door hem aldus verklaard: „Postquam vero episcopi cum pontifice in *communionem* imperii assumti sunt, in id unice incubuerunt, ut principatum suum magis magisque extenderent, iura imperii legitima minuerent, ac eo praetextu uterentur, quod iudicum ecclesiasticorum esset, praecavere, ne *peccatum* in *negotiis secularibus*

---

[1]) *L'oeconomie politique au Moyenâge*, blz. 139 en 140.
T. a. p., blz. 138.

committeretur.... Inde vero facile colligebant imperantes, pontificem episcoposque id unice agere, ut, prohibendo sub severissimis poenis usuras, *secularibus nogotiis* sese inmiscerent, et callido consilio sese in possessione vel quasi *imperii universalis,* quam tamen *vi, clam,* vel *precario* obtinuerant, sese defenderent, licet facile praeviderent fulmina sua frustranea fore" [1]. Ongebreidelde heerschzucht, tiranny der Kerk, dat is voor hem het alles beheerschend moment.

Aan de Joden, die vereenigd waren in de *respublica iudaïca theocratica,* was het nemen van rente onderling verboden, en nu moest de Roomsche Kerk, die zich inbeeldde als *respublica ecclesiastica theocratica* eene afschaduwing van de Joodsche theocratie te zijn, de rente ook wel tegenstaan. Natuurlijk dat, bij de veronderstelling van dergelijke weinig edele motieven, luttele eerbied gevoeld wordt voor de aangevoerde argumenten. Hij onderzoekt die dan ook niet verder, en spreekt minachtend van „frivolae et inanes rationes" en „lepida argumenta".

Wie de gedachte loslaat, dat de Kerk bij haren strijd werd gedreven door hare roeping, die zij in Gods Woord meende omschreven te zien, moet tot eene laatdunkende opvatting van de door haar bijgebrachte gronden komen. Maar wie inziet, dat zij met de voor haar duidelijke openbaring van Gods wil tot heilige taak had, den strijd tegen de rente te voeren, die betreurt deze foutieve opvatting, maar gevoelt tegelijkertijd ongeveinsden eerbied voor de taaie volharding en schier bovenmenschelijke onbuigzaamheid, waarmede zij tegenover de bij den dag toenemende moeilijkheden het haars inziens booze zocht te weerstaan.

Knies heeft dit voortreffelijk geteekend. Hij vermaant tegen

---

[1] *Jus ecclesiasticum protestantium,* deel V, blz. 336 en 337.

het overmatig gewicht hechten aan de argumenten, welke aan de zoogenaamde „naturalis ratio" ontleend zijn. „Ungeschichtlich und ungerecht ist es jedoch, hiernach die Ansichten und Entschliessungen der Kirchenväter, der Concilien und der Päbste in jener früheren Zeit zu bemessen, da die Kirche unwiderruflich den Kampf gegen die Darlehnszinsen als ihre Mission aufnahm. Für sie bestanden die einfachen starken Gründe darin, dass sie ein Verbot der Zinsen in der Bibel fanden und dass die „Consumtiv"-Darlehen wegen nothwendigen Lebensbedarfs und aus Armennoth so weithin vorherrschend waren". Wie hieraan indachtig is, stemt in met de woorden van denzelfden schrijver: „Gleichwohl gehört die Aufnahme des Kampfes gegen den „Wucher", d. h. damals gegen *das Nehmen irgendwelcher Zinsen*, und eine längere Zeit der Führung dieses Kampfes, auch Einzelnes aus späterer Zeit, m. E. zu dem Rühmlichsten, was über die *Sinnesrichtung* und *Absicht* von der Kirche des Mittelalters zu berichten ist" [1]).

En last not least heeft Eugen von Böhm-Bawerk in zijn standaardwerk *Capital und Capitalzins* eene korte schets van het renteverbod gegeven, die in voortreffelijkheid voor geen der door ons genoemde geschriften behoeft onder te doen. Al is in verhouding tot de uitvoerigheid, waarmede de verschillende rentetheoriën in zijn omvangrijk werk behandeld worden, een veel te beperkte plaats gegund aan *Die antik-philosophische und canonistische Gegnerschaft des Leihzinses,* toch geeft de paragraaf, die dit opschrift draagt, in al

---

[1]) *Der Credit*, in twee deelen verschenen te Berlijn in 1876 en 1879. Men vindt de aangehaalde woorden respectievelijk op blz. 333 en 332 van het eerste deel. Dit boek vormt de tweede afdeeling van zijn *Geld und Credit*. Het eerste deel van dit werk verscheen in 1873 met den titel: *Das Geld*.

hare beknoptheid eene uitmuntende opsomming van de argumenten, die met treffende juistheid zijn gegroepeerd om den Bijbel, „der eigentlich wirkende Ueberzeugungsgrund". „Die Vernunftgründe, die man in derselben Richtung ausfindig zu machen wusste, waren nicht viel mehr als eine wünschenswerte Verbrämung jenes Hauptgrundes, die, weil sie nicht die Hauptlast der Ueberzeugung zu tragen hatte, auch leichteren Schlages sein durfte" [1]).

Alleen wie aldus met Knies en von Böhm-Bawerk allen nadruk legt op het argument, aan den Bijbel ontleend, kan de kanonieke leer naar waarde schatten. Doet men dit niet, dan komt men bij de behandeling van het dogma tot eene voorstelling die, alleen verklaring zoekend in de maatschappelijke toestanden, òf blijft vasthouden aan het vroeger bestaan van een absoluut renteverbod, maar dan allerlei onovertkomelijke tegenstrijdigheden ontmoet, òf loochent, dat door de Kerk ooit een voor alle tijden en omstandigheden geldend verbod is uitgevaardigd.

In de eerste fout vervalt Girard, die wel het absoluut karakter van het verbod erkent, maar dit niet ontleent aan de H. S. Hoe weinig hij voor de historische ontwikkeling van dit voornaamste argument gevoelt, blijkt uit zijne woorden: „Sans trancher la question controversée de savoir si le Talmud se montre vraiment plus sévère que le Pentateuque, à l'égard du prêt à intérêt, ou bien si quelque texte des sentences de Rab Jouda ou des commentaires de la Ghemara, autorise ce genre d' opération d'une manière illimitée, on est

---

[1]) *Capital und Capitalzins*, deel I, 2e druk, Insbruck, 1900, blz. 22. Dit eerste deel behandelt *Geschichte und Kritik der Capitalzinstheorien*, terwijl het tweede, waarvan de 2e druk in 1902 het licht zag, zijn *Positive Theorie des Capitales* geeft.

forcé de reconnaître que ce sont, en premier lieu, les agissements des Juifs, monopolisant pour ainsi dire alors le commerce de l'argent, qui ont donné naissance aux interdictions canoniques" [1]. De geheele theorie omtrent de rente "se base sur le fait de *l'improductivité intrinsèque de l'argent*" [2]. Eene inproductiviteit, zooals die met het oog op de tijdsomstandigheden terecht verdedigd werd.

Ook Roscher en Schmoller letten niet voldoende op de hooge beteekenis van het ernstigst bezwaar. Roscher schetst, hoe het weinig ontwikkeld verkeer bij op lagen trap van beschaving staande volken den afkeer tegen de rente noodzakelijk maakt. Dan zijn de meeste godsdiensten "auf den früheren Kulturstufen des zu ihnen gehörigen Volkes gestiftet worden", en zoo ontvangt de afkeer tegen de rente een godsdienstig kleed.

Het Christendom is wel is waar geen nationale godsdienst, maar toch veroordeelen de kerkvaders de rente "zum Theil gestützt auf die bekannten stellen des A. T., zum Theil auf missverstandene neutestamentliche Aeusserungen" [3].

Schmoller neemt deze voorstelling van den economischen toestand, van Roscher woordelijk over, en spreekt dan nog geheel *en bagatelle* over "einige mehr oder weniger missverstandene Stellen des neuen Testamentes" [4].

Ook Bücher, welke in *Die Entstehung der Volkswirthschaft* het renteverbod geheel terloops bespreekt, maakt van die gelegenheid gebruik, om de maatschappelijke factoren als de eigenlijk ontstaansoorzaak voor te stellen: "Das kanoni-

---

[1] *Histoire de l'économie sociale jusqu' à la fin du XVIe siècle*, Parijs-Genève, 1900, blz. 65 en 66.
[2] T. a. p., blz. 68.
[3] *System der Volkswirthschaft*, deel I, blz. 462.
[4] *Zeitschrift für die gesammte Staatswissenschaft*, band 16, blz. 555.

sche Zinsverbot entsprang darum nicht moraltheologischer Beliebung, sondern ökonomischer Notwendigkeit" [1]).

Hoe weinig deze schrijvers ook acht slaan op de godsdienstige en andere theoretische motieven, welke handhaving van het verbod tot plicht maakten, toch houden zij nog vast aan het denkbeeld, dat in werkelijkheid een absoluut renteverbod bestaan heeft, — althans loochenen zij dit niet uitdrukkelijk [2]).

Zoo beslist mogelijk echter wordt het bestaan van een volstrekt renteverbod ontkend door schrijvers, die in Roomsche kringen zeer veel gezag bezitten. Funk, Lehmkuhl en Ratzinger [3]) zijn in die ontkenning eenstemmig, en daar

---

[1] Aldaar, 8e druk, Tübingen, 1901, blz. 134. Het boek geeft eene reeks losse monographiën, waarvan de derde over „die Entstehung der Volkswirtschaft" handelt. Zij vormen eene Wirtschaftsgeschichte, die onderscheidene nieuwe gezichtspunten opent.

[2] De voornaamste literatuur is hiermede vermeld.
Heinrich Contzen, in wiens *Geschichte der volkswirthschaftlichen Literatur im Mittelalter* (2e druk, Berlijn, 1872) men eene uitvoerige behandeling dezer kwestie zou verwachten, bespreekt het renteverbod slechts zeer kort en gaat dan meer bepaaldelijk in op de houding, die Thomas er tegenover innam. Zie blz. 70 en volgg. In de aanteekeningen (blz. 237 en volgg.) wordt Neumann's uiteenzetting overgenomen.
De tweede afdeeling van het zesde boek van Laspeyres' *Geschichte der volkswirthschaftlichen Anschauungen der Niederländer und ihrer Litteratur zur Zeit der Republik* (Leipzig, 1863) draagt tot opschrift *Zins oder Wucher*, en hierin wordt, bij de vermelding der argumenten tegen de rente, het Bijbelsche als het voornaamste genoemd. Alleen is minder juist zijne bewering, dat men vooral op het *Oude* Testament steunde. (blz. 260).

[3] Veel beter is wat Victor Cathrein geeft in zijn *Moralphilosophie*, 4e druk, Freiburg, 1904, deel II, blz. 351—355. Het standpunt, door de Roomsche Kerk ingenomen, schetst hij aldus: „Die katholische Kirche hat sich seit den ältesten Zeiten bis zum Anfang des 19. Jahrhunderts stets gegen das Zinsnehmen ausgesprochen. Bei den älteren Kirchenvätern tritt es allerdings nicht mehr klar zu Tage, ob sie unter Wucher jeden Zins oder nur den übertriebenen, ungerechten verstehen, aber um so unzweideutiger verurteilen viele Kirchenversammlungen jedes Zinsnehmen auf Grund des blossen Darlehens. Um von älteren Entscheidungen zu schweigen, verurteilt das Konzil von Vienne (1811) die Behauptung als häretisch, das Zinsnehmen (exercere usuras) sei erlaubt. Das fünfte Lateronkonzil, welches die früheren kirchlichen

zij in hunne verschillende schakeeringen kunnen worden aangemerkt als de vertegenwoordigers van de meeningen, welke door het meerendeel der Roomschen worden aangehangen, is het van belang bij hunne redeneering kort stil te staan. Welke geschilpunten zich ook bij de ontwikkeling van hunne meening openbaren, toch loopt aller beweren hierop uit, dat de kerk nimmer de rente heeft veroordeeld om redenen, aan de rente zelve ontleend; redenen, die ten allen tijde kracht behielden.

Aan het einde van zijn geschrift vat Funk het door hem geschrevene samen in een vijftiental stellingen, waarvan de negende aldus aanvangt: „Es ist falsch, das kirchliche Zinsverbot in dem Sinne aufzufassen, als sei es ein Verbot, die Nutzung fremden Capitales zu vergüten. Dasselbe bedeutet in Wahrheit nichts Anderes als ein Verbot des Wuchers" [1]).

Zinsverbote erneuert, gibt zugleich eine genaue Begriffsbestimmung des Wuchers. „Darin besteht das eigentliche Wesen des Wuchers, dass „man aus dem Gebrauch einer unfruchtbaren Sache ohne Arbeit, ohne „kosten und ohne Gefahr Gewinn und Frucht zu ziehen sucht." Die letzte grössere Entscheidung gegen das Zinsnehmen erging im Jahre 1745 von Benedikt XIV, die zwar die äusseren Zinstitel anerkennt, aber den Zins auf Grund des blossen Darlehens als solchen mit Entschiedenheit verwirft.

Erst im 19 Jahrhundert hat die Kirche eine Milderung in ihrem Verfahren eintreten lassen. Eine förmliche kirchliche Entscheidung zu Gunsten der Erlaubtheit des Zinsnehmens ist zwar noch nicht erfolgt, aber die römischen Kongregationen haben doch zu wiederholten Malen erklärt, man solle diejenigen, welche einen mässigen Zins nehmen, nicht im Gewissen beunruhigen, wofern sie nur bereit seien, sich den etwaigen kirchlichen Entscheidungen zu unterwerfen. Anfänglich wurden diese Erklärungen durch den Beisatz eingeschränkt, es sei erlaubt den Zins zu nehmen, welchen die Landesgesetze erlauben; in späteren Antworten fiel dieser Zusatz fort. Diese Entscheidungen der kirchlichen Behörde haben nach der Erklärung der Moraltheologen nicht den Sinn einer blossen *Duldung* sondern den einer wirklichen Erlaubnis" (blz. 352 en 353). Bij de opsomming der argumenten in de daarop volgende paragraaf vermeldt hij niet de Bijbelsche bezwaren tegen de rente.

1) *Zins und Wucher*, Tübingen, 1868, blz. 268.

Niet minder beslist is de verklaring van Lehmkuhl: „Die anscheinend schroffen Bestimmungen damit zu rechtfertigen, dass man nachzuweisen versucht, die natürlichen Gerechtigkeits- und Sittlichkeitsnormen verdammten alles und jedes Zinsennehmen, kann und musz daher als ein falsches Extrem bezeichnet werden, das weder der Kirche noch dem Gewissen der Einzelnen frommt" [1]), en het eerste gedeelte van zijn betoog draagt zelfs tot opschrift: *Ein absolutes Zinsverbot hat die Kirche nie erlassen.* Ook Ratzinger uit zich allerminst dubbelzinnig, wanneer hij, na breede schildering van de maatschappelijke omstandigheden, zegt: „In Misskennung dieser thatsächlichen Verhältnisse hat man von einem Verbote, Zinsen zu nehmen, gesprochen, welches thatsächlich gar nicht existiert" [2]).

In een tweetal artikelen in *De Katholiek* [3]) heeft de heer J. D. J. Aengenent op duidelijke wijze aangetoond, langs welke redeneeringen men in gezaghebbende Roomsche kringen tot deze conclusie komt, die het bestaan van een absoluut renteverbod ontkent, het optreden van de Kerk volkomen rechtvaardigt, en in hare vroegere handelwijze niet de minste tegenstrijdigheid ziet met de positie, welke zij thans tegenover de rente inneemt. Zijn betoog is eene samenvoeging van de beweringen van Lehmkuhl, Funk en Ratzinger. Wij willen dit eerst in korte trekken weergeven, om daarna nog enkele uitingen van Funk en Ratzinger aan kritiek te onderwerpen.

Grondslag van zijne beschouwing is voor Aengenent een

---

[1]) *Zins und Wucher vor dem Richterstuhle der Kirche und der Vernunft*, een drietal artikelen in de *Stimmen aus Maria Laach*, Freiburg, 1879, Jaargang XVI, aflevering 3, 4, 5. De geciteerde plaats vindt men op blz. 228.

[2]) *Die Volkswirthschaft in ihren sittlichen Grundlagen*, Freiburg, 1881, blz. 249.

[3]) In het honderd drie en twintigste deel, blz. 524—544 en in het daaropvolgend deel, blz. 7—21.

onderzoek naar den waren aard van het leencontract [1]). Het kenmerkende, waardoor dit contract zich van andere onderscheidt, bestaat vooral daarin, dat men hier steeds eene zaak overgeeft, die bij het eerste gebruik verbruikt wordt, en waarbij men dies niet kan aannemen eene waarde van het gebruik tegenover hare waarde op zich zelve, zooals dit bij *res non fungibiles* het geval is. Vervolgens wordt bij het leencontract de eigendom van de geleende zaak geheel overgedragen, en waar geldt het *res fructificat domino*, moet, zoo *per accidens* de in zich onvruchtbare zaak winst opbrengt, deze vrucht den eigenaar toevallen en niet den uitleener. „De regel der oude canonisten, dat degenen, die zich uit het leencontract winst toeëigenen, onrechtvaardigheid plegen, is dus geheel en al in overeenstemming met het gezond verstand, en geldt *in hare algemeenheid* ongetwijfeld ook in onze dagen" (blz. 533).

De allesbeslissende vraag is dus, of het geld al dan niet eene *res sterilis* is. Blijkt, dat het geld vroeger wel eene onvruchtbare zaak was, maar in den tegenwoordigen tijd geheel van karakter veranderd is, dan is daarmede ook bewezen, dat niet de Kerk haar optreden gewijzigd heeft, maar dat, door de gedaanteverwisseling van het geld, bepalingen, welke vroeger alleszins rechtvaardig waren, nu geen toe-

---

[1]) Uitgangspunt is hierbij voor hem de definitie, in de bul *Vix pervenit* § 8, 11 gegeven: „Peccati genus illud, quod usura vocatur, quodque in contractu mutui propriam suam sedem, et locum habet, in eo est repositum, quod quis ex ipsomet mutuo, quod suapte natura tantumdem dumtaxat reddi postulat, quantum receptum est, plus sibi reddi velit, quam est receptum; ideoque ultra sortem, lucrum aliquod, ipsius ratione mutui, sibi deberi contendat. Omne propterea hujusmodi lucrum, quod sortem superet, illicitum, et usurarium est". Deze encycliek is te vinden bij F. C. R. Billuart, *Summa Sancti Thomae hodiernis accademiarum moribus accommodata*. Editio nova, tomi octavi pars altera, appendices, Parijs, blz. 16—19.

passing meer kunnen vinden. „De geheele quaestie is dus eene oeconomische" (blz. 534).

Aengenent zoekt dan het bewijs te leveren, dat het geld in de middeleeuwen inderdaad steriel was. Veel gronden worden daarvoor niet aangevoerd. Dienst doet een beroep op heidensche schrijvers als Plato, Aristoteles enz., die de onvruchtbaarheid van het geld verkondigden, terwijl „*zelfs* [1]) de Hervormers" die overtuiging deelden. Bovendien springt het alleszins begrijpelijke van het optreden der Kerk nog meer in het oog, wanneer men bedenkt, dat er in die dagen vele Joden waren, die schrikkelijken woeker eischten. Een viertal *tituli externi (lucrum cesssans, damnum emergens, periculum sortis, poena conventionalis)* maakte in buitengewone gevallen vergoeding voor het leenen mogelijk.

De tegenwerping dat, al was geld zelf niet productief, het toch ten allen tijde de representant geweest is van andere zaken, en dus in dien zin vruchtbaar kan worden genoemd, wordt afgeslagen met een beroep op den economischen toestand der middeleeuwen. Door het leenstelsel was de grondeigendom geen koopwaar, terwijl op het gebied van den arbeid de regelen van het gildewezen uitbreiding van het bedrijf door middel van geld verhinderden. De gebondenheid van den grondeigendom door het leenstelsel en de gildenreglementen maakten dus, dat het geld niet de representant kon zijn van vruchtbare zaken, zooals het dat is in onze dagen.

Bij de schildering van den maatschappelijken toestand kan echter niet worden ontkend, dat in sommige streken, b.v. in de Hanzesteden, een meer ontwikkeld verkeer bestond. Wanneer echter ook in vroeger eeuwen geld productief kon zijn,

---

1) Wij cursiveeren.

keurde de Kerk speciale contracten goed. Een beroep op den rentekoop en het „gezelschapsverdrag" verduidelijkt dit nader.

Zijne conclusie is dus, dat de Kerk, wanneer geld productief kon worden aangewend, steeds rente billijkte, en dus haar tegenwoordig standpunt, dat de rente gerechtvaardigd acht voor een tijd, waarin door de mobiliteit van grond en arbeid geld algemeen productief is, volkomen in overeenstemming is met hare houding in vroeger dagen.

Ten slotte wordt nog het argument, geput uit het *res fructificat domino*, weersproken door de bewering, dat het leencontract thans meer het karakter eener huurovereenkomst draagt.

Tot zoover de beschouwing van den heer Aengenent, die volmaakt de zienswijze van Lehmkuhl en in hoofdzaak ook de opvatting van Funk weergeeft. Het ligt buiten het bestek van deze verhandeling, om op hunne geschriften in alle onderdeelen kritiek te leveren. Daarom zij slechts kort tegen de hoofdstrekking van hun betoog in het algemeen opgekomen. Allereerst zouden wij uitvoerig protest kunnen aanteekenen tegen de verminking van de historie, waaraan zij zich schuldig maken door de voorstelling, alsof, toen de toestand intrad, waarin het geld productieve kracht kreeg, de Kerk bereidwillig en zonder aarzelen deze verandering aanvaardde. Funk durft beweren, dat tot op het einde der 18o eeuw de toestand heerschte, zooals die door Aengenent is geschilderd, en deze laatste rekent het der Kerk tot eere, „dat *reeds* [1]) in de 18e eeuw verschillende schrijvers hunne opinies ongestoord konden verkondigen" (bladz. 17). Wie eenige studie van de „Wirthschaftsgeschichte" gemaakt heeft, weet, dat reeds in de 12e en vooral in de 13e eeuw een

---

1) Wij cursiveeren.

toestand intrad, waarmede het renteverbod in flagranten strijd was, en dat in de 16e eeuw de maatschappelijke verhoudingen van dien aard waren, dat verdediging van de steriliteit van het geld even ongerijmd was, als zij dit in onzen tijd zou wezen.

Trouwens Aengenent zelve voelt, dat aan zijne bewering iets hapert, wanneer hij zegt: „Het is dan ook licht te begrijpen, dat sommige moralisten in het overgangstijdperk gedwaald hebben en de rente bleven veroordeelen, ofschoon de omstandigheden reeds waren ingetreden, waarin het nemen van rente wel degelijk als geoorloofd mocht worden beschouwd" (blz. 17).

Aan den publicist in *De Katholiek* zou bij zijne eenzijdige schildering van den economischen toestand verder kunnen worden gevraagd, of hem niets bekend is van den handel, waardoor ook ons land is groot geworden, die toch reeds lang vóór de 18e eeuw hoogen trap van bloei bereikt had. Ten slotte zou tegenover de valsche voorstelling, die beweert, dat, wanneer zich in het verkeer de behoefte deed gevoelen aan eenen of anderen vorm, waarin zich de productiviteit van het geld kon openbaren, de Kerk gereed stond, om vol bereidwilligheid aan dien wensch tegemoet te komen, met kracht als de ware toedracht kunnen worden verdedigd dat de Kerk eerst dan eene overeenkomst billijkte, die in werkelijkheid slechts een surrogaat van het leencontract was, wanneer zij na heftige bekamping het onmogelijke van den weerstand inzag.

Dieper kunnen wij hierop echter niet ingaan, omdat dit geenszins de hoofdkwestie raakt. Het uitgangspunt toch van alle schrijvers, die de uniformiteit in het optreden hunner Kerk ten deze verdedigen, is geheel foutief, wanneer zij het voorstellen, alsof de alles beslissende vraag deze is: heeft de Kerk, wanneer op zeker tijdstip de behoefte zich daaraan openbaarde, vrijwillig mogelijk gemaakt, dat het geld op de eene of andere wijze productief kon worden belegd. Wij antwoorden op die vraag volmondig „neen", maar van belang is dit niet, omdat niet allereerst daarom ons protest zich tegen de Roomsche Kerk en haar aanhangers richt. Ons hoofdbezwaar tegen hare houding bestaat hierin, dat zij, uitgaande van beginselen, die aan de rente den dood hadden gezworen, met allerlei sofistische redeneeringen en langs allerlei gedrochtelijke wegen contracten billijkte, die feitelijk datgene toelieten, waartegenover zij zoo vijandig mogelijk stond. En daarmede juist hebben hare aanhangers eenen noodlottigen invloed uitgeoefend. Nooit heeft de Kerk openlijk en ruiterlijk de rente voor productieve doeleinden gewettigd. Integendeel bij sterke veroordeeling van de rente keurde zij contracten en misvormingen van overeenkomsten goed, die, zooal niet formeel, dan toch materieel, lijnrecht tegen haar principe ingingen.

Een beroep op instituten als den rentekoop, de *societas*, den *contractus trinus* enz., eene verwijzing naar de verschillende *tituli externi* bewijzen dan ook niets. Toch hebben de door ons besproken schrijvers zich met vuur op die contracten geworpen, om daardoor het bewijs te leveren, dat voor de geldbelegging tot verbetering van grondbezit en in den handel, voor productieve doeleinden dus, nimmer renteloosheid als onverbiddelijke eisch is gesteld. Aan de historie wordt geweld aangedaan, en allerlei gekunstelde redeneeringen worden opgezet, om bepalingen, welke die bewering omverwerpen, toch zoo te misvormen, dat deze in hun kader passen. Die goocheltoer wordt o.a. beproefd bij den rentekoop, om vereischten als vestiging op een nauwkeurig omschreven, vruchtbaar grondstuk en onaflosbaarheid aan de zijde van den rentekooper te loochenen. En in hunnen ijver vergeten zij, dat, al konden die bezwarende bepalingen worden opgeruimd, toch niet de minste waarborg bestond, noch bij den rentekoop, noch bij de *societas*, dat het geld inderdaad voor productieve doeleinden zou worden gebruikt. Zij vergeten, dat juist de instelling van den *contractus trinus* zoo scherp mogelijk tegen hunne bewering ingaat. Want van tweëen één: òf de Kerk heeft dit contract verboden, en dan is daarmede zonneklaar bewezen, dat leenen voor productieve doeleinden niet het trekken van rente rechtvaardigde, òf zij heeft deze overeenkomst goedgekeurd, maar dan rust op hen de plicht der verklaring, waarom de Kerk zoo onnatuurlijk omslachtigen vorm vereischte voor wat zij hier, evenals bij den rentekoop, direct zonder omwegen had kunnen toestaan.

Uit al die tegenstrijdigheden kunnen zij zich niet redden, omdat zij loochenen, dat de Kerk bij haar optreden geleid werd door de absolute gronden, die wij in het begin dezer paragraaf hebben uiteengezet. In hunnen gedachtengang is geen plaats voor argumenten, aan den Bijbel ontleend, die de rente zoo volstrekt mogelijk veroordeelden en geen speelruimte lieten voor gewijzigde toestanden, maar onverbiddellijk als eeuwige wet der gerechtigheid het nemen van rente zondig oordeelden. En dat de Kerk bij haar optreden allereerst door de uitspraken van Gods Woord geleid werd, hebben wij, naar wij meenen, in het voorgaande genoegzaam uiteengezet. Het blijkt ook uit de beroemde Encycliek *Vix pervenit* [1]) van 1745, wier ont-

---

1) Zie over het ontstaan dezer Encycliek o. a. Funk, *Zur Geschichte des Wucherstreites*, Tübingen, 1901.

Dit boekje verscheen in de *Festgaben für Albert Schäffle zur siebenzigsten Wiederkehr seines Geburtstages* en zag ook afzonderlijk het licht. Het handelt bijna geheel over het ontstaan der bul *Vix pervenit*, naar aanleiding van eene geldleening, door de stad Verona uitgeschreven, en de daarop gevolgde strijdschriften, waarin het leenen op rente goed- of afgekeurd werd.

staanshistorie zoo beslist mogelijk getuigt tegen de opvatting, alsof de Kerk het leenen voor productieve doeleinden onvoorwaardelijk heeft gebillijkt, en waarin naar den Bijbel en de uitspraken der kerkvaders wordt verwezen. Wel ligt deze bul geheel buiten het door ons behandelde tijdvak, maar bij voor- en tegenstanders van de hier verdedigde opvatting is *in confesso,* dat het in die encycliek voorgestelde volmaakt weergeeft wat in vroeger dagen werd verkondigd, en mitsdien is een beroep er op alleszins geoorloofd. In hun zucht om het optreden van hunne Kerk te rechtvaardigen roeren noch Funk, noch Lehmkuhl, noch Aengenent dit hoofdargument dan ook aan, en evenmin weten zij verklaring te geven voor de overige argumenten, waarop het dogma rustte.

Ter ontzenuwing van de gevolgtrekking, uit het *res fructificat domino* getrokken, moet hetzelfde „gezonde verstand", dat op blz. 533 van het 123ste deel van *De Katholiek* het leencontract beschouwt als eene overeenkomst, waarbij de eigendom wordt overgedragen, dit op blz. 20 van het 124ste deel als een huurcontract aanmerken.

Wat buiten dit alles nog door Funk is aangevoerd, versterkt de positie onzer tegenstanders zeker allerminst. Het zou eene dankbare taak wezen, om al die apodictische uitspraken in het licht te stellen, welke zonder eenige nadere motiveering worden neergeschreven, en om te hekelen al die plompe uitvallen, waarmede hij wetenschappelijke tegenstanders bejegent. Zijn boek loopt over van valsche voorstellingen. Slechts enkele grepen, om het weinig doordachte zijner redeneeringen te doen zien. Op blz. 43 van zijn *Zins und Wucher* uit hij de verkeerde gedachte, alsof de erkenning van het vroeger bestaan hebben van een absoluut renteverbod loopt over het antwoord op de vraag, of „in der grösseren oder geringeren Ausbeutung der Noth des Nächsten ein sittliches Verhalten zu erkennen ist". En hij voegt er aan toe: „Die Alten haben das zur Genüge erkannt und es zeugt unseres Erachtens keineswegs ‚von einem besonderen Rechts- und Sittlichkeitsgefühl, wenn in der Gegenwart einzelne Gelehrte hier einen anderen Standpunkt einzunehmen versuchen". Evenmin is het juist, wanneer hij zegt: „Es kann denselben doch wohl schwerlich zur Unehre angerechnet werden, wenn sie in einer Zeit, da sich Niemand mit ökonomischen Studien ernstlich beschäftigte, in die Läuterung der Wirthschaftsbegriffe nicht ihre Hauptaufgabe setzten" [1]).

Allereerst maakt deze *captatio benevolentiae* reeds eenen zonderlingen indruk tegenover de stoute beweringen, vol blijmoedig zelfvertrouwen neergeschreven, maar ook gaat het niet voornamelijk om de appreciatie van de handhaving van het renteverbod, doch om de vraag, of het als een absoluut dogma bestaan heeft, en dit wordt juist door Funk geloochend. In hooge mate ongerijmd is ook wat hij schrijft op blz. 48, waar hij de onmogelijkheid van een op zedelijke motieven gegrond verbod bewezen acht, omdat ook de Koran een dergelijk verbod bevat. Daaruit volgt, dat de verklaring van het renteverbod niet in het *wezen* der kerkelijke leer, maar in bepaalde uitwendige omstandigheden moet worden gezocht. „Wenn es sich anders verhielte, so wäre kaum zu begreifen, wie auch die Muhamedaner ursprünglich zu einem Zinsverbot gelangt sind; denn wenn zwei so verschiedene religiöse Systeme, wie das christliche und islamitische, in diesem Punkte zusammentreffen, so spricht sicherlich die Voraussetzung dafür, dasz nicht in ihrem innern Wesen, sondern in

---

1) T. a. p., blz. 60.

einem auszer ihnen liegenden gemeinsamen Dritten die tiefste Ursache dieser Erscheinung zu suchen ist" [1]). Èn Koran èn Bijbel verbieden moord. Wij mogen dus, waar twee lijnrecht tegenover elkander staande stelsels op dit punt samenloopen, niet aannemen, dat het verbod van moord in de beginselen der Christelijke leer is gelegen, maar moeten tot een afgeleid zijn uit maatschappelijke omstandigheden besluiten!

Veel hooger dan Funk's werk staat het boek van Ratzinger, dat uitnemende gedachten bevat. In het begin van zijne verhandeling geeft hij een voortreffelijk protest tegen de voorstelling, alsof de Kerk scheiding maakte tusschen het leenen voor productieve en het leenen voor consumptieve doeleinden, waarmede hij eene scherpe bestrijding van Funk en Lehmkuhl levert. Een geheel afwijkend standpunt van dezen neemt hij in. Terwijl zij toch wel degelijk erkennen, dat de kerk een verbod van *alle* rente gaf, maar dit uit de tijdsomstandigheden zoeken te rechtvaardigen, bestrijdt Ratzinger, dat de Kerk ooit de onvruchtbaarheid en de renteloosheid van het geld voorgeschreven heeft. Integendeel altijd, in uitspraken van kerkvaders en in besluiten van conciliën, bedoelde zij slechts de bovenmatige rente, den woeker, te weren, en alleen de scolastici treft het verwijt, dat zij een absoluut renteverbod hebben willen invoeren. Slechts „der lucrative Erwerb" werd door de Kerk veroordeeld; die rente, welke getrokken werd uit anderer verlies, maar zij achtte volkomen gerechtvaardigd de rente, die geheven werd, zoo de leener winst behaalde.

De bestrijding van deze opvatting is in het voorafgaande reeds gegeven. De scheiding tusschen patristiek en scholastiek

---

[1]) T. a. p., blz. 48, noot 2. Aengenent neemt deze bewijsvoering met instemming over.

ten deze is zoo willekeurig mogelijk, en duidelijk blijkt uit de uitspraken der kerkvaders en den tekst der conciliënbesluiten, dat de Kerk haar banvloek tegen *alle* rente slingerde. Ratzinger staat dan ook vrijwel alleen in zijne opvatting, dat men hier slechts den oppressieven woeker trachtte tegen te gaan. En de hoofdstrekking van zijn betoog, dat de Kerk rente, geheven van hem, die met geleend geld winst behaalde, goedkeurde, wordt omvergeworpen door een beroep op het onwraakbaar getuigenis van de Encycliek *Vix pervenit:* „Neque vero ad istam labem purgandam, ullum accersiri subsidium poterit, vel ex eo, quod id lucrum non excedens et nimium, sed moderatum; non magnum, sed exiguum sit; vel ex eo, quod is, a quo id lucrum solius causa mutui deposcitur, non pauper, sed dives existat; nec datam sibi mutuo summam relicturus otiosam, sed ad fortunas suas ampliandas, vel novis coëmendis praediis, vel quaestuosis agitandis negotiis, utilissime sit impensurus" [1]).

De ongerijmdheid van de opvatting, die het bestaan van een absoluut renteverbod ontkent, meenen wij hiermede voldoende in het licht gesteld te hebben. Dat zij in Roomsche kringen met hand en tand wordt vastgehouden, en door vele gezaghebbende Roomsche schrijvers wordt verdedigd, is gemakkelijk te verklaren uit de zucht, om de Kerk tegen iederen blaam in dit opzicht te vrijwaren. Zal de continuiteit in het optreden van de Kerk en de voortreffelijkheid harer wetgeving kunnen worden staande gehouden, dan moet de maatschappelijke toestand als de *causa causans* van het renteverbod worden voorgesteld en het denkbeeld verdedigd, alsof de Kerk in haar optreden, dat steeds door dezelfde onveran-

---

1) Billuart, t. a. p., blz. 17.

derlijke beginselen beheerscht werd, slechts eene weerkaatsing van die materieele omstandigheden gaf. Eene onmiskenbare overschatting van den invloed der destijds heerschende economische gesteldheid en eene geheele loochening van dieper liggende beginselen is daarmede aan het woord. Flornoy voelde reeds de onwaarheid van de hier bestreden opvatting, toen hij sprak: „Il faut voir dans cette prohibition plus qu'une mesure dictée par les circonstances" [1]. Toch is dit nog te euphemistisch uitgedrukt, en met meer kracht is de grondslag van de kerkelijke wetgeving aangegeven door A. M. Weisz, die, wanneer hij op wederinvoering van het renteverbod aandringt, dit baseert op „die ewig unveränderliche Grundlage der göttlichen Offenbarung und des Naturrechtes und die vom philosophischen, juridischen und theologischen Standpunkte aus einzig zulässige Auffassung von Kapital und Werthbildung" [2].

Eene geheel verkeerde beschouwing van sommige plaatsen der H. S. en een onjuist inzicht in het wezen van het geld en het leencontract leidden tot het uitvaardigen van het renteverbod, en daardoor ook tot een reeks casuïstische en sofistische redeneeringen, die op het verkeer eenen heilloozen invloed moesten uitoefenen. En in de volgende paragraaf zal worden aangetoond, dat het Calvijn's eere is de onjuiste kanonieke leer in hare hartader te hebben getroffen, en denkbeelden op dit punt te hebben verkondigd, die *toen* van onberekenbaar nut waren, en ook *thans* nog der overdenking ten volle waardig zijn.

---

[1] *Le Bienheureux Bernardin de Feltre*, Parijs, 1897, blz. 174. Verschenen in de bekende uitgave van *Les Saints* bij Victor Lecoffre.
[2] *Sociale Frage und Sociale Ordnung*, 3e druk, Freiburg, 1896, deel II, blz. 684.

§ 4.

Het Renteverbod in de 16e Eeuw.

In deze eeuw van ongekende geestelijke ontwikkeling en bloei kan met recht eene geheele kentering in de opvatting omtrent het renteverbod worden verwacht. Waar zij den strijd aanbond voor het herstel en de ongerepte eer van hetgeen door Rome's Kerk was misvormd en verduisterd, daar moest die worsteling mede aan het maatschappelijk leven en de economische leer ten goede komen.

Geen wonder dan ook, dat onderscheidene schrijvers zich ten taak hebben gesteld om den invloed der Reformatie op de economie te boek te stellen. In 1860 verscheen over dit punt een tweetal geschriften, welke ook nu nog hunne waarde bezitten. Het eene is het bekroonde antwoord op de over dit onderwerp uitgeschreven prijsvraag door de, in 1768 te Leipzig gestichte *Fürstlich Jablonowskische Gesellschaft der Wissenschaften* [1]). In den zelfden tijd verlangde de

---

1) H. Wiskemann *Darstellung der in Deutschland zur Zeit der Reformation herrschenden nationalökonomischen Ansichten*, 1861, Leipzig.
Dit werk verscheen als no. X der *Preisschriften gekrönt und herausgegeben von der Fürstlich Jablonowskischen Gesellschaft zü Leipzig.*

staathuishoudkundige faculteit van Tübingen eene beantwoording derzelfde prijsvraag, en hier droeg Gustav Schmoller [1] den lauwerkrans weg. Overbodig maken deze werken elkaar niet, want het eerste, dat ongetwijfeld in diepte van opvatting en historische nauwkeurigheid het hoogst staat, behandelt ieder der figuren uit het Reformatietijdperk als een afgesloten geheel, terwijl bij Schmoller geen groepeering naar personen wordt gegeven, maar beschrijving van elk dogma op zich zelf. Roscher achtte, dat een belangrijk punt door beiden uit het oog was verloren, nl. de strijd tegen de muntvervalsching, zooals die in het optreden der Albertinische tegen de Ernestinische linie zijn hoogtepunt bereikte, en hij wees hierop in zijn *Die Blüthe deutscher Nationalökonomik im Zeitalter der Reformation* [2]. Sinds verflauwde de belangstelling niet. In de geschiedboeken werd eene vrij ruime plaats aan de behandeling van de verhouding der Reformatie tot de economie ingeruimd. Girard schreef in 1900 zijn *Histoire de l'économie sociale jusqu'à la fin du XVIe siècle*, en de geschiedenis der 16e eeuw beslaat de helft van zijn geschrift. Afzonderlijke monographiën bleven evenmin uit. Krause schildert in de *Protestantische Kirchenzeitung* van 1863, onder den weidschen titel van *Die Reformation und die Volkswirthschaft*, den ethischen invloed, dien de Reformatie op de economie uitoefende. Sommerlad [3] en von Nathu-

---

[1] *Zur geschichte der nationalökonomischen Ansichten in Deutschland während der Reformationsperiode.* Opgenomen in het *Zeitschrift für die gesammte Staatswissenschaft*, band XVI, blz. 461—716.

[2] Verschenen in *Berichte über die Verhandlungen der Königlich Sächsische Gesellschaft der Wissenschaften zu Leipzig. Philologische Historische Classe*, band XIII, 1861, blz. 141—175.

[3] *Die wirtschaftliche und sociale Bedeutung der deutschen Reformation.* Opgenomen in *Deutsch-evangelische Blätter*, 1895, 20e jaargang, 5e aflevering.

sius [1]) deden dit na hem op veel breeder grondslag [2]).

Hoe verleidelijk het ook moge zijn, om bij dit onderwerp stil te staan, en den veredelenden invloed te schetsen, die van de Reformatie, gelijk op ieder gebied, zoo ook op economisch terrein uitging, dit is thans niet aan de orde. Hier hebben wij ons slechts bezig te houden met de vraag, of ten aanzien van het rentedogma nieuwe gezichtspunten werden geopend, ook op dit terrein met eene misvormde opvatting werd gebroken en eene juiste theorie omtrent de rente verkondigd. En wanneer wij die vraag toestemmend beantwoorden, en aan Calvijn de eer toekennen van als baanbreker te zijn opgetreden, zoo kan zijne verdienste niet beter in het licht worden gesteld dan door hem te plaatsen in de lijst van zijnen tijd. Resultaat zal dan wezen, dat noch het Humanisme, noch de Reformatie, — de twee hoofdstroomingen der beweging, die in Rome's streven geen bevrediging meer vonden — kan wijzen op iemand, die Calvijn evenaart; ja, dat, terwijl bij de voornaamste vertegenwoordigers dezer beide richtingen alle recht inzicht ontbreekt, Calvijn het wezen der rente ten volle doorziet.

---

1) *Die Christlich Socialen Ideeen der Reformationszeit und ihre Herkunft*. Verschenen als 2de deel van den 1sten jaargang der *Beiträge zur Förderung Christlichen Theologie*, 1897, Gütersloh.

2) Het werk van Baudrillart, *Jean Bodin et son temps, tableau des théories politiques et des idées économiques du XVIe Siècle*. (Parijs, 1853) beantwoordt niet geheel aan de verwachtingen, welke door den titel worden opgewekt. Aan de *idées économiques* wordt slechts eene kleine plaats gegund.

Meer eene *Wirthschaftsgeschichte* is wat Ehrenberg geeft in zijn *Das Zeitalter der Fugger*, Jena, 1896. Het eerste deel behandelt *Die Geldmächte des 16. Jahrhunderts*, terwijl in het tweede *Die Weltbörsen und Finanzkrisen des 16. Jahrhunderts* worden besproken.

Wij mochten geene inzage krijgen van een opstel van G. Winter, *Soziale Bewegungen und Theorien im Zeitalter der Reformation und in der Gegenwart* in het *Vierteljahrschrift für Volkswirtschaft*, 28e jaargang, 4e band, Berlijn, 1891.

Wenden wij ons eerst tot het Humanisme. De oogst is hier uiterst schraal. Nieuwe gezichtspunten treft men niet aan. De algemeene beschouwing, welke Ludwig Stein over het humanisme ten beste geeft, wanneer hij zegt, dat „die sozialphilosophische Ausbeute in der humanistischen Literatur eine recht dürftige (ist). So unverkennbar auch die politischen Kämpfe der Zeit ihre literarischen Vertretungen unter den Humanisten hatten, so winzig ist der Gehalt dieser politischen Literatur an sozialphilosophischen Einsichten" [1]), geldt in volle kracht ten aanzien der rente. Er is geen sprake van een breken met de oude scholastieke banden; het Humanisme heeft in geen enkel opzicht ook maar iets bijgedragen tot eene *Aufklärung* der geesten in zake het renteverbod.

Erasmus, van de Humanisten *facile princeps*, vaart nog geheel in het oude zog. Er zijn van rationalistische zijde buitengemeene pogingen in het werk gesteld, om de verdiensten van het Humanisme ten deze breed uit te meten. Girard, die zijn boek schreef *ad maiorem gloriam Humanismi*, geeft hier den toon aan. In Erasmus' geschriften vindt men geene enkele plaats, die aan de bestrijding van het renteverbod gewijd is. Allen erkennen dit, maar toch wordt nu gepoogd, om in dat zwijgen het innemen van een geheel nieuw standpunt te leggen.

Dat nieuwe standpunt bestaat dan daarin, dat hij geen scherpe en felle veroordeeling van de rente geeft, maar die in het geheel niet aanroert. Dit zwijgen brengt Girard in verrukking, en dit voornamelijk leidt hem aan het slot van zijn boek tot de conclusie, dat het Humanisme het geoorloofde der rente heeft uitgesproken. Ook Roscher acht Eras-

---

1) *Die Sociale Frage im Lichte der Philosophie*, blz. 214.

mus' optreden van groot gewicht. In zijn reeds aangehaald opstel meldt hij, dat Erasmus zich niet tegen de rente verzette, en elders [1]) stelt hij hem op ééne lijn met Zwingli en Calvijn. O. i. echter geheel ten onrechte. Om toch in Erasmus' meening ten deze eenige verdienste te zien, is een sterk rationalistisch gekleurde bril onmisbaar. Dat deze bij de behandeling van Lukas 6 : 35 en volgg. niet uitdrukkelijk het renteverbod in den breede verdedigt, en zich van die verdediging eveneens onthoudt bij de bespreking der *usurae nauticae* kan toch bezwaarlijk als het innemen van een gewijzigd standpunt worden gekwalificeerd. De plaatsing der *usurae nauticae* onder het hoofd *Lucrum ex scelere* [2]) bewijst, hoe weinig sympathiek hij dezen gezind was. Dat hij in eenen tijd, waarin de veroordeeling der rente algemeen was, en bestrijding er van gelijk stond met water naar de zee dragen, zich van deze waterputtersdiensten onthield, bewijst allerminst, dat zijne opvatting verschilt van die zijner tijdgenooten, en, onbevooroordeeld overwogen, kan aan Erasmus met den besten wil in dit opzicht geen lof worden toegezwaaid.

Kenmerkte Erasmus' optreden zich niet door een vurig partij kiezen voor het renteverbod, ook was scherpe veroordeeling der rente in humanistische kringen allerminst zeldzaam. Ulrich von Hutten toornt zonder ophouden tegen alle rente, en in eenen zijner meest bekende dialogen, *Praedones*, rangschikt hij de kooplieden onder de niet het minst gevaarlijke klasse, en hekelt hij dan verder op zeer scherpe wijze het nemen van rente. Zelfs Girard moet erkennen: „Enfin,

---

1) *System der Volkswirthschaft*, deel I, blz. 466.
2) *Adagia*, Amsterdam, 1663, sub voce: *usurae nauticae*.

même dans les rangs de *l'Humanisme,* qui était cependant le foyer des idées nouvelles, il se trouvait l'un ou l'autre esprit, comme *Hütten,* restant fidèle à la tradition scolastique" [1]).

Dat Hutten zich niet aan de scholastieke traditie kon ontworstelen, is volkomen juist, maar het is foutief, om dien voor te stellen als den eenigen wanklank in het humanistisch concert, dat zich in zijn geheel ten gunste van de rente deed hooren. In werkelijkheid zoekt men in de geschriften der Humanisten tevergeefs naar uitingen, die wijzen op een forsch breken met de scholastieke opvatting. Men behoeft tot handhaving van deze bewering volstrekt niet uitsluitend of grootendeels te letten op de producten van het meer radicale Humanisme, waaruit zoo duidelijk mogelijk de afkeer van alle rente blijkt. Klaar kwam deze ook aan den dag b.v. in het optreden van den bekenden Jacob Straus, die in het jaar 1524 te Eisenach in 51 stellingen alle rente verwierp, en vooral in eene door deze richting uitgegeven samenspraak: *Von der Gült,* waarin een boer op populaire wijze de verschillende argumenten tegen het trekken van rente doet hooren.

Maar ook de geschriften der meer bezadigde en wetenschappelijke Humanisten, als Wilibald Pirkheimer en Macchiavelli, rechtvaardigen ten volle ons ongunstig oordeel. Pirkheimer, de fijn beschaafde patricier uit Neurenberg, heeft eenen grooten naam. Wiskemann getuigt zelfs van hem, dat zijne meening over economische onderwerpen „für die aufgeklärteste zu halten (ist), die überhaupt in der ersten Hälfte des sechzehnten Jahrhunderts anzutreffen war. Nur Peutinger und Macchiavelli, zu denen wir uns sogleich wenden werden,

---

[1] T. a. p., blz. 220.

unter den Reformatoren aber Zwingli und Calvin können einigermassen mit ihm verglichen werden" [1]). Maar toch, wat luttele verdienste heeft deze humanistische baanbreker op het door ons betreden terrein! Geene enkele oorspronkelijke, of ook maar eenigszins van de gewone opvatting afwijkende gedachte wordt bij hem gevonden. Wiskemann en Girard kunnen hem dan ook alleen prijzen om de juiste en levendige schildering, welke hij geeft van zijne vaderstad Neurenberg, die aan den handel haren bloei dankt. Uit die lofspraak op zijne stad wordt dan eene goedkeuring van het nemen der rente afgeleid, zonder dat echter ook maar ééne besliste uitspraak ten gunste der rente kan worden aangehaald.

Op dezelfde wijze handelt men ten aanzien van Macchiavelli.[2]) In zijn *Dell istoria Fiorentina* schildert hij den rijkdom der Florentijnsche families en hunne operaties met groote kapitalen. Billijking der rente wordt hieruit afgeleid. Een oordeel, dat wederom met geene enkele bewijsplaats kan worden gestaafd.

Lichtvaardig zijn deze conclusies in allen gevalle zeker, wanneer men denkt aan de vele ontduikingen van het renteverbod, die het trekken van rente langs allerlei omwegen mogelijk maakten, terwijl daarmede toch de theorie van het renteverbod volstrekt niet werd prijsgegeven. Maar bovendien, al waren deze gevolgtrekkingen juist, wat voor nut zouden die platonische betuigingen dan nog hebben in eenen tijd, waarin de wettigheid der rente van alle zijden en op ieder gebied werd bestreden? Verdienste zou bij dezen stand van zaken alleen

---

[1] T. a. p., blz. 27 en 28.
[2] Zie over Macchiavelli o. a., Knies, *Niccolo Macchiavelli als volkswirschaftlicher Schriftsteller*. Opgenomen in het *Zeitschrift für die gesammtet Staatswissenschaft*, band VIII, blz. 251, volgg.

kunnen worden toegekend aan eene geformuleerde verdediging van de rente, waarin de aangevoerde argumenten der tegenstanders aan kritiek onderworpen en bestreden worden. En hiervan nu is in geen enkel geschrift van een der Humanisten sprake; met geen woord wordt eene verdediging van de rente beproefd.

Ook van de Reformatie in het algemeen kan volstrekt niet worden getuigd, dat zij op dit punt eene nieuwe richting heeft aangegeven. Calvijn neemt onder de Reformatoren een geheel geisoleerd standpunt in, door met alle scholastieke opvattingen te breken, terwijl de andere Reformatoren zich geen van allen aan de oude kanonieke leer kunnen ontworstelen.

Vooral Luther staat nog geheel op het oude standpunt. Wij zullen hier eenigszins uitvoerig zijn standpunt weergeven, omdat hij in onderscheidene geschriften zich in den breede met de rente bezighoudt, en eene leer verkondigt, welke in die dagen, ook bij de zonen der Reformatie, vrijwel *communis opinio* was.

In een viertal geschriften heeft Luther[1] zijne opvatting omtrent de rente breedvoerig uiteengezet. De hoofdlijnen dezer geschriften willen wij vermelden.

---

[1] Over Luther's economische beteekenis verscheen o.a. een drietal monographiën: Dr. Erich Brandenburg, *Martin Luther's Anschauung vom Staate und der Gesellschaft*. Verschenen als no. 70 van de *Schriften des Vereins für Reformationsgeschichte*, Halle, 1901. Het is een weinig beteekenend boekje.
Verder: August Heinrich Braasch, *Martin Luthers Stellung zum Socialismus*, Brunswijk, 1897. Dit werk zag het licht naar aanleiding van een zestal voordrachten, door den bekenden Naumann te Jena gehouden. De titel is minder juist en zou beter luiden: „Enkele opmerkingen over Luther en over het socialisme". Het boek heeft eenige verdiensten door zijne bestrijding van het „Christelijk socialisme" van Naumann en Göhre.

Het toenemend handelsverkeer had ten gevolge, dat ook Luther zijne aandacht aan deze kwestie wijdde, en zijne meening hieromtrent in 1519 in een tweetal geschriften uiteenzette. *Sermon von dem Wucher* betitelde hij ze beide, maar, op voorbeeld van de bekende Jenaër uitgave zijner werken, noemt men het eerste tractaat, dat nog in 1519 verscheen: *Kleiner Sermon von dem Wucher*, in tegenstelling van het *Grosser Sermon von dem Wucher*, dat nog wel in 1519 werd opgesteld, maar eerst in '20 het licht zag. Dezelfde gedachten, die hij in zijn *Kleiner Sermon* ten beste geeft, worden in zijn *Groszer Sermon* veel breeder ontwikkeld en komen daarin alle terug.

Lang behoeven wij ons dus met het eerste geschrift niet bezig te houden; wij kunnen volstaan met de opmerking, dat in deze vrij korte verhandeling eerst eenige bladzijden aan de rente worden gewijd, terwijl daarna nog kort bij den rentekoop wordt stilgestaan. Hoe beslist zijn afkeurend oordeel luidt, blijke uit deze ééne aanhaling: „Nu sehen zu, wii die bleyben, die weyn, korn, gelt und was desz ist yhrm nehsten alszo leyhen, das sie ubir das jar ausz die selben zu zinszen vorpflichten odder besweren und ubir laden, das sie mehr odder eyn anders, das besser ist, widder geben müssen, dann sie

---

Veel hooger dan deze beide staat: Frank G. Ward, *Darstellung und Würdigung der Ansichten Luthers vom Staat und seinen wirtschaftlichen Aufgaben*, Jena, 1898. Het vormt de 21ste aflevering der *Sammlung nationalökonomischer und statistischer Abhandlungen des staatswissenschaftlichen Seminars zu Halle a. d. S.*, uitgegeven door Dr. Joh. Conrad. Bovendien behandelen nog enkele geschriften dit onderwerp, met welke wij echter niet persoonlijk konden kennismaken. Het zijn: W. Röhrich, *Dr. Martin Luthers „Von Kauffshandlung und Wucher"*, Frankfort a. M., 1896; L. Galimberti, *Lutero ed il socialismo*, Rome, 1879; J. Jaurès, *De primis socialismi germanici lineamentis apud Lutherum Kant, Fichte et Hegel*, Toulouse, 1891.

geborget haben: das seyn Juddische stucklein und tucklein, und ist eyn unchristenlich furnehmen widder das heylig Evangelium Christi, ja widder das naturlich gesetz und recht, das der her antzeygt Luce 6. das do sagt: Was du wilt, das dir die menschen thun und lassen sollen, das thu und las du auch yhnen" [1]).

Den rentekoop verwerpt hij niet beslist, mits hij maar blijve, wat hij naar zijn natuur moest wezen. Luther's scherpe blik zag echter maar al te goed, hoe hij in zijn wezen werd aangetast, om onder valschen schijn toe te staan, wat het renteverbod tegenging. En dan besluit hij geestig zijn geschrift met de woorden: „Summa, Ich acht, der zinss kauff sey nit wucher, mich dunckt aber, sein art sey, das yhm leyd ist, das er nit musz ein wucher sein, es gepricht am willen nit, und muss leyder frumm seyn" [2]).

Dit geschrift gaf in enkele kringen tot velerlei bedenkingen aanleiding, waarom Luther besloot het nogmaals uit te geven, niet om dien slechten indruk door wijziging van standpunt weg te nemen, maar „damit Christi reine Lehre noch mehr Anstosz errege". In 1520 verscheen het, uitgedijd tot twee deelen; het eerste behandelt in een twee en twintigtal hoofdstukken de rente, terwijl de twaalf kapittels van het laatste deel over den rentekoop handelen.

Hij vangt aan met de opmerking, dat, ten aanzien van de verhouding van den Christen tot de aardsche goederen, drieerlei standpunt mogelijk is. Het hoogste is, dat wij, indien iemand goederen van ons wegneemt, dit niet slechts zullen toelaten,

---

[1]) Wij citeeren uit de bekende *Kritische Gesammtausgabe von Dr. Martin Luthers Werke*, in 1883 te Weimar met medewerking van onderscheidene geleerden begonnen. Band 6, blz. 5.
[2]) T. a. p., band 6, blz 8.

maar hem nog meer zullen geven (Matthaeus 5 vers 40: „En zoo iemand met u rechten wil, en uwen rok nemen, laat hem ook den mantel"). De eerste negen capita zetten dit standpunt uiteen. De hoofdstukken 11 tot 17 spreken over den tweeden graad, daarin bestaande, dat wij aan ieder, die goederen behoeft, deze vrijwillig geven (Matthaeus 5 vers 42: Geeft dengene, die iets van u bidt), daarna vangt het 18e hoofdstuk aan met het laagste standpunt: „en keert u niet af van dengene, die van u leenen wil". Hoofdstuk 20 geeft al aanstonds deze scherpe veroordeeling van alle rente:

„Darausz folget, das die allesampt wucherer seynd, die weyn, korn, gelt, und wasz des ist, yhrem nesten also leyhen, das sie ubers jar odder benannte zeyt die selben zu zinszen vorpflichten, odder doch beschweren und ubir laden, das sie mehr odder eyn anders widder geben mussen, das besser ist, dan sie geporgett haben. Und das disze menschen selbs greiffen mugen, wie unrecht sie thun, wie woll es leyder gemeyn worden ist, setzen wir fur yhr augen dreyerley gesetz: Czum ersten disz gegenwertig Evangelium, das gepeut, Wir sollen leyhen. Nu ist leyhen nit leyhen, es geschech dan on allen auffsatz und eynigen vorteyll, wie gesagt ist. Und wie woll der tückisch geitz unterweylen yhm selb eyn farb an streycht, als nehme er das ubrige fur eyn geschenk, szo hilffts doch nit, szo das geschenck ein ursach ist des leyhen, odder szo der borger lieber nit schenckt, wo er mocht frey borgen, und besondern ist das geschenck vordechtig, szo der borger dem leyher odder der durfftige dem habenden schenckt, dan es natürlich nit zuvormuten is, das der durfftige ausz freyem willen dem habenden schencke, szondern die not dringt yhn. Czum andern ist das widder das naturlich gesetze,

Wilchs auch der herr Luce vi. [1]) und Matt. vij. [2]) antzeygt: Was yhr wolt, das euch die leut thun sollen, das thut auch yhn. Nu ist an allen zweyffell niemant, der do wolt, das yhm rocken auff korn, bösze muntze auff gutte, posze wahr auff gute wahr gelijhen wurd, Ja vill ehr wollt eyn yder, das yhm gute wahr auff bösze odder yhe gleijch gutte on auff satz geleyhen wurd, darumb ists klar, das solche leyher widder die natur handelnn, todlich sunden, wucherer seyn, und yhres nehsten schaden suchen ynn yhren gewinst, das sie doch nit widderumb wolten leyden von andernn, und alßo ungleych handellnn mit yhrem nehstenn. Zum Dritten ists auch widder das alte und new gesetz, das do gepeutt „du solt deynen nehisten lieben als dich selbs", aber solche leyher lieben sich alleyn, suchen das yhr alleijn, odder lieben und suchen noch meynen nit mit solchen trewen yhren nehsten alß sich selb" [3]).

Alle mogelijke tegenwerpingen, welke zich baseeren op de alom heerschende gewoonte en het voorbeeld van vele geestelijken, snijdt Luther af met deze krasse uitspraak: „Es sey sitt oder unsitte, szo ist es nit Christlich, noch gottlich, noch natürlich, und hilfft keyn exempell da widder, dan es stett geschrieben „du solt nit folgen dem hauffen böszes zu thun, szondern gott und seyne gepott uber alle dingk eeren" [4]).

Den rentekoop neemt hij in het tweede deel van dit tractaat scherp onder handen. Zijn vurig, rond en openhartig karakter kon geen behagen scheppen in een instituut, dat, al had het

---

1) Lukas 6, 31.
2) Matth. 7, 12.
3) T. a. p., band 6, blz. 48 en 49.
4) T. a. p., band 6, blz. 50.

oorspronkelijk een ander bestaan, en al was het niet met die bedoeling in het leven geroepen, toch onder den schijn van een koopcontract, feitelijk niets anders was dan een bedekt leenen op rente. Daarom sprak Luther ook van „eyn hubscher scheyn und gleyssen", en in den breede geeft het tweede hoofdstuk zijn bezwaren weer, die te karakteristiek zijn, om ze hier niet te vermelden:

„Czum andernn, Wie woll der selb zinszkauff nu ist bestetiget als eyn zimlicher und zu gelassener handell, szo ist er doch hessig und feyndselig ausz vielen ursachen: Czum ersten, das er ein newes behendes erfunden dingk ist, sonderlich yn diszer letztenn ferlichen zeytt, da keyn guts mehr erfunden wirt und aller menschen syn und gedancken zaumlosz nur auff gutt, ehr und wollust trachten, und wir in den alten diszes kauffs keyn exempell leszen. Und sanct Paulus disze zeyt auch beschreybt, die vil newer böszer stuck erfinden werde [1]). Czum andern, das, wie sie selb mussen bekennen, wie billich er sey, szo hab er doch eyn bösze ansehen und ergerliche gestalt, und sanct Pauel gepeutt, man soll meyden alle bösze ergerliche gestalt, ob sie auch sonst, an yhn selb, billich und zymlich weren: Ab omni specie mala abstinete vos i Tessal. ulti [2]). Vor aller böszen gestalt huttet euch. Nu ist in diszem kauff alzeyt des kauffers oder zinsz herrn vorteyl grösser, besser und yderman gefelliger angesehn, dann des vorkauffers odder zinsz mansz, des anzeychen ist, das man noch nie drob gehandelt hatt des vorkauffers, szondernn allein des kauffers halben, dan eynsz yder gewissen befurchtet, es mocht nit billich seyn zinsz zu kauffen, szo doch niemant dran zweyffelt, das ein yder das seine vorgebe odder

---

[1]) 1. Tim. 4, 1 ff. 2. Tim. 3, 1 ff.
[2]) 1. Thess. 5, 22.

vorkauffe, wie ferlich er wolt, szo gar nah und ferlich geht des kauffs handell an das gewissen. Czum dritten, das es schwerlich mag geseyn, das der selb kauff, ob er auch on wucher geschehe, nit wider das naturlich und der Christlichen lieb gesetz geschehe, dan zuvormuten ist, das der kauffer nymmer odder gar selten seynes nehsten, des vorkauffers, besserung und vorteyll yn dissem kauf mehr odder szovill suche und begere, als seyne eygene, szonderlich szo der kauffer reycher und solchs kauffs nit nott durfftig ist, So doch das naturlich gesetz sagt, was wir unsz wollen und gonnen, sollen wir auch unszerm nehsten wollen und gonnen. Und der lieb art ist (wie i. Corin. xiij. s. Paulus sagt) [1]). Das sie nit yhren eygen geniesz noch vorteyl, szondern der andern sucht: wer will aber glauben, das in dissem handell yderman zinsz kauffe (er sey dan gar nottdurfftig, zu gleycher pesserung und vorteyl seynes nehsten, des vorkauffers, als seyner eygen, szo es doch zubesorgen ist, der kauffer wolt nit gerne an des vorkauffers stat sein, wie in andern kauffen.

Czum vierden musz das yderman bekennen, das diszer kauff, er sey wucher oder nit, szo thut er doch eben dasselb werck, das der wucher thut, das ist, das er alle land, stett, herrn volck beschweret, auszseugt und yn vorterben bringt; wie wir das sehen offentlich yn vielen steten und furstenthummen, wilchs kein wucher hett mocht volnbringen. Nu hatt der herr geleret [2]), nit die frucht ausz den baumen, sondern die baum ausz den fruchten zu erkennen, szo ist mirs unmuglich, das ich dich soll achten eynen süssen feygen baum, wan du nit anderst dan scharffe dorn tregst, und will sich mit mir nit reymen, das der zinsz kauff solcher weisz billich sey, davon land

---

[1] 1. Cor. 13, 5.
[2] Matth. 7, 16 ff.

und leutt vorterben Czum funfften, wolan, last uns tichten, trewmen odder mit gewalt dencken, diszer kauff sey dermassen billich, wie er itzt gaht, Dennocht ist er wirdig, das pabst, bischoff, keyser, fursten und yderman dartzu thun, das er auff gehaben werde, und iglicher schuldig, wer ym weeren mag, das ers thu, umb seyner böszen vordampten frucht willen, die die gantz welt bschweeret und vorterbet" [1].

Alle schrijvers zonder uitzondering stellen het voor, alsof Luther ten opzichte van den rentekoop, in beide tractaten een verschillend standpunt inneemt; dat, terwijl hij dien in zijn *Kleiner Sermon* nog toelaat, in het *Groszer Sermon* het doodvonnis daarover wordt uitgesproken. Toch is dit niet juist. Van eene wijziging in standpunt is geen sprake. Zeer zeker, in zijn laatste tractaat worden de bezwaren tegen den rentekoop breeder ontwikkeld, wat samenhangt met den ruimeren opzet van dit geschrift, maar eene absolute veroordeeling van den rentekoop zoekt men er tevergeefs.

Dezelfde vereischten, welke hij in zijne eerste brochure stelt, worden ook hier weer herhaald. Wanneer de rente inderdaad is gevestigd op een nauwkeurig aangegeven vruchtdragend stuk grond, en zij verband houdt met de meerdere of mindere opbrengst van dit land, dan heeft hij niet het minste bezwaar. In zijne oorspronkelijke gestalte voldeed de rentekoop ook aan deze vereischten, en in beide geschriften dringt Luther aan op het zuiver houden van den rentekoop, die niet in een surrogaat van het leencontract mag ontaarden.

In 1524 gaf hij in eenen anderen vorm zijn *Groszer Sermon* nogmaals uit. Toen verscheen zijn [2] *Von Kaufshandlung*

---

[1] T. a. p., band 6, blz. 51 en 52.
[2] T. a. p., band 15, blz. 279—334.

und Wucher, waarvan het eerste deel zijn oordeel over den koophandel weergeeft, terwijl het tweede uit niets anders bestaat, dan eene letterlijke herhaling van den grootsten zijner *Sermone*, met een kort nawoord, waarin hij de schandelijke misbruiken van den rentekoop in Saksen, Luxemburg en Holstein hekelt, en van hen, die zich hieraan schuldig maken, zegt: „Es sind nicht leutte, sondern wolffe und unvernunfftige thier, die nicht gleuben, das eyn Gott sey" [1]).

Er gaat eene legende, dat Luther in lateren tijd van opvatting is veranderd, en veel milder standpunt ten aanzien der rente heeft ingenomen. Meer dan eene legende is dit niet. Zij dankt haar ontstaan voor een goed deel aan een beroep op Luther's *Brief an der Danziger Rath*. Daarin heeft — naar het heet — Luther zijn standpunt gewijzigd. Gaan wij het ontstaan en den inhoud van dit schrijven na, dan zien wij, dat voor deze bewering geen grond bestaat. In de eerste helft der 16e eeuw was, evenals in vele andere plaatsen in Duitschland, ook te Danzig eene machtige beweging tegen de rente ontstaan [2]). Onder den kreet: „Weg met de rente" werd niet slechts betaling van overeengekomen rente geweigerd, maar ook teruggaaf van het kapitaal, tenzij men het met de reeds vroeger betaalde renten mocht verminderen. De ontevredenen wendden zich ook met een program van wenschen tot den

---

1) T. a. p., band 15, blz. 321.
2) Zie over deze renteoproeren, welke vooral in Thüringen uitbraken: Bernhard Anemüller, *Schulprogramm*, Rudolstadt, 1861. Enkele bijzonderheden deelt Neumann mede.

Over den heftigen strijd die hier te land over de toelaatbaarheid der tafelhouders werd gevoerd, en die eigenlijk voor het grootste deel liep over de vraag, of rente al dan niet geoorloofd was, zie men: Laspeyres t. a. p., blz. 256 en volgg. Uitvoerige gegevens vindt men ook in het proefschrift van Mr. J. D. Veegens, *De banken van leening in Noord-Nederland tot het einde der achttiende eeuw*, Rotterdam, 1869.

kerkeraad, waarin o. m. deze eisch werd gesteld: „Und aller wucher szall abgethan werden". De meerderheid van den kerkeraad ging met dien eisch mede, en de geestelijken bonden eenen vurigen strijd aan tegen alle rente, onder welken vorm die ook gevorderd of betaald werd. De strijd liep hoog. Toen men voor de Marienkirche eenen anderen predikant behoefde, en men zich hiertoe tot Luther wendde, besloot het gematigd deel van Dantzig's Raad tot kalmeering van de gemoederen aan den Hervormer den stand van zaken uiteen te zetten, en hem te verzoeken eenen bedachtzamen en beleidvollen man te zenden, die de ontketende hartstochten zou breidelen.

Op den 5den Mei 1525 zond deze toen Michaël Hänlein met eenen brief van denzelfden datum, waarin hij verzocht, om goede nota te nemen van eene verklaring, welke daarbij gevoegd was, en waarin zijn standpunt tegenover de brandende quaestie werd uiteengezet [1]. Blijkt nu uit deze verklaring van een ander optreden? Ons dunkt, in geenen deele. Het eenige, wat Luther doet, is zijne waarschuwende stem verheffen tegen een dolzinnig optreden en tegen een bot weigeren van alle overeengekomen renten. Het Evangelie is eene geestelijke wet, en in geestelijke zaken moet men niet dwingen. „Und man kann und soll auch niemand dazu zwingen gleich als Zum glauben, den hie nicht das schwert, sondern der geist gottes lehren und regieren muss" [2].

Hij vermaant de billijkheid te betrachten, ook bij den rentekoop. En deze bestaat daarin, dat men niet kortweg geen rente meer betaalt, maar dit laat afhangen èn van de finantieele gesteldheid der personen (bij rijken is zelfs tegen

---

[1] Brief en verklaring zijn opgenomen in de Bijlagen, achter Neumann's *Geschichte des Wuchers*, blz. 615—620.
[2] T. a. p., blz. 618.

een aftrekken der betaalde rente van de hoofdsom geen bezwaar) èn van de opbrengst van het land. Dit laatste in dier voege, dat, bij verminderde opbrengst, ook vermindering der rente kan volgen. Hoe weinig echter uit dit kalmeerend optreden eene gunstiger stemming jegens de rente kan worden afgeleid, blijkt wel uit deze passage: „Der Zinsskauff oder der Zinspfennig ist gantz Unevangelisch da Christus lehret lyhet ohne wiedernehmen" [1]).

De andere bewijsgrond, die algemeen ter aanduiding van Luther's mildere opvatting wordt aangehaald, is eene plaats uit zijne vierde monographie over de rente, welke in 1540 verscheen, en tot titel draagt: „An die Pfarrherrn wider den Wucher zu predigen" [2]).

Het is zijn meest uitvoerig geschrift op dit punt, en staat op breederen grondslag dan de vorige verhandelingen. Aan de argumentatie tegen de rente wordt veel meer zorg besteed. Hoe weinig echter hier van eene toenadering sprake is, blijkt wel uit de titulatuur, welke hij hun, die rente nemen, toedenkt. Met instemming haalt hij Cato aan, die den woekeraar eenen moordenaar noemt. Zelf zegt hij: „Aber ein Wucherer ist ein Morder positive" [3]). Op eene andere plaats heet het: „Denn Wucherer ist ein gros ungeheur monstrum, wie ein Beer Wolff, der alles wüstet" [4]). Iedere bladzijde getuigt van zijnen onverholen afkeer van de rente. Zijne vermaning tot de predikers luidt, dat zij het volk moeten leeren: „das sie die Wucherer und Geitz wenste, ansehen als leibhafftige

---

[1] T. a. p., blz. 618.
[2] Wij gebruiken hier de oorspronkelijke uitgave: *An die Pfarrherrn wider den Wucher zu predigen*, Wittenberg, 1540.
[3] T. a. p., blz. 82.
[4] T. a. p., blz. 67.

Teuffel" 1), en aan het slot van zijn betoog heet het: „Lasset sie sterben wie die Hunde und den Teuffel fressen mit leib und seele" 2). Aan de schoolmeesters stelt hij ten taak, dat zij er de knapen aan moeten gewennen, „das sie erschrecken, und pfu dich sagen fur dem Namen Wucherer, als für dem ergesten Teuffel" 3). De roeping der predikanten wordt nog nader aldus omschreven: „Erstlich das wir den Wucher auff der Cantzel getrost schelten und verdammen, den text wie droben gesagt, vleissig und durre sagen, nemlich, wer ettwas leyhet und druber odder besers nimpt, der ist ein Wucherer und verdampt, als ein Dieb, Reuber und Morder. ut supra. Darnach wenn du einen solchen gewis weissest und kennest, das du im nicht reichest das Sacrament, noch die absolutio solange er nicht bussest, sonst machstu dich seines Wuchers und sunden teilhafftig und ferest mit im zum Teuffel umb frembder sunde willen, wenn du gleich deiner sunde halben, so rein und heilig werest, als S. Joannes der Teuffer, Denn so spricht S. Paulus zu Timotheo. Lege niemand bald die hende auff, und mache dich nicht teilhafftig frembdder sunden, Item Rom. j. Sie sind nicht allein des todes werd, die es thun, sondern die auch mit willigen, odder gefallen dran haben. Zum dritten, das du ihn im sterben lasset ligen, wie einen Heiden, und nicht unter andere Christen begrabest, noch mit zum grabe gehest, wo er nicht zuvor gebusset hat, Thustu es aber, so machestu dich seiner sunden teilhafftig, wie droben gesagt ist. Denn weil er ein Wucherer und abgotter ist. Der den Mammon dienet, so ist er ungleubig, kan die vergebung der Sunden, die gnade Christi und gemeinschafft

---

1) T. a. p., blz. 67.
2) T. a. p., blz. 90.
3) T. a. p., blz. 67.

der heiligen nicht haben noch der selben fehig sein, sondern hat sich selbs verdambt, abgesondert und verbannet, so lange er sich nicht erkennet und Buss thutt" [1]).

Nu zijn deze uitvallen zeker allereerst gericht tegen hen, die van het woekeren, van het nemen van overmatige rente hun beroep maken, maar wel degelijk wil hij daarmede ook *iedere* rente treffen. Let slechts op zijne definitie van *wucher* en *wucherer:* „Wo man Geld leyhet, und dafur mehr oder bessers fordert oder nimpt, das ist Wucher inn allen Reihten verdampt. Darumb alle die jenen, so funffe, sechs oder mehr auffs Hundert nemen, vom gelihen Gelde, die sind wucherer, darnach sie sich wissen zu richten und heissen des Geitzs oder Mammon abgottische Diener, und mugen nicht selig werden, sie thun denn busse. Also eben solt man von Korn, Gersten und ander mehr Wahr auch sagen, das wo man mehr odder bessers dafur fordert, das ist Wucher, gestolen und geraubt gut" [2]). Bovendien bindt hij thans veel uitvoeriger den strijd tegen de rente aan. Hij volstaat niet meer met een beroep op den Bijbel alleen, maar verwijst ook naar de *naturalis ratio:* „Auch alle weise vernunfftige Heiden haben den Wucher uber aus ubel gescholte" [3]). Met groote instemming beroept hij zich op Aristoteles, die het geld onvruchtbaar noemt; op Cicero, Cato en anderen. Over Solon en Alexander is hij in verrukking: „Gott gebe auch ein mal einen Solon oder Alexander, der dem Wucher steure und were, Amen" [4]). Op origineele en meesterlijke wijze weerlegt hij een viertal argumenten, waarmede men de rente zoekt

---

[1] T. a. p., bls. 36 en 37.
[2] T. a. p., bls. 2 en 3.
[3] T. a. p., bls. 28.
[4] T. a. p., bls. 27.

goed te praten [1]), terwijl hij nog zijn ernstig vermaan er aan toevoegt, om het met de uitlegging der *tituli externi*: *damnum emergens* en *lucrum cessans* zeer nauw te nemen.

Met nadruk wijst hij er op, dat deze dan alleen het trekken van rente wettigen, indien werkelijk een bepaald nadeel is geleden en beslist een voordeel gedorven. Uit dit alles ziet men, hoe ongemotiveerd het is, om dit geschrift te beschouwen als eene uiting van eene meer verzoenende stemming, die de rente ten deele rechtvaardigt.

Dat men toch vrij algemeen tot deze opvatting kwam, vindt zijnen oorsprong in eene passage van dit werkje, waarin Luther verklaart geen bezwaar te koesteren tegen eene rente van vijf à zes pCt., genoten door behoeftige personen, die geene andere bron van inkomsten hebben. In dit verband zegt hij zelfs iets te gevoelen voor de wetgeving van Justinianus, die aan edellieden vier pCt., kooplieden acht pCt., en anderen menschen zes pCt. te nemen toestond. Daarmee acht men dan Luther's standpunt prijsgegeven en de wettigheid der rente erkend.

Op de bladzijden 39 tot 43 wordt deze quaestie behandeld. Luther erkent, dat, zooals de zonde op deze aarde bestaan moet, ook het nemen van rente onvermijdelijk is. Er moeten ergernissen komen, maar wee den mensch, door wien ze komen: „Wucher mus sein, aber wehe den Wucherern" [2]). Maar nu stelt hij in het door ons genoemde gedeelte een geval, waar dat *wee* niet herhaald wordt. Verondersteld, — zoo zegt hij — dat oude menschen, arme weduwen, weezen of andere behoeftige personen, die volstrekt geen ander middel van bestaan hebben, een- of tweeduizend gulden bezitten,

---

[1]) T. a. p., blz. 4—8.
[2]) T. a. p., blz. 23.

als zij deze nu niet op rente mogen uitzetten, worden zij onherroepelijk tot den bedelstaf gebracht. Waar de zaken zoo staan, verzet hij zich tegen het nemen van rente niet, en wil hij eene rentewetgeving als van Justinianus aanvaarden, maar onder dit uitdrukkelijk beding: „wo es durfftige personen und ein not wucher odder Barmhertziger wucher were" [1]). Angstvallig wijst hij er telkens op, dat de verderfelijkheid der rente door hem nog ten volle erkend wordt, maar dat hij deze met het oog op de onverbiddelijke praktijk als eene soort aalmoes toestaat. Letterlijk zegt hij: „Die welt könne nicht on Wucher sein, doch das es nicht stracks ein wucher, auch nicht ein recht sondern ein not Wücherlin were, schier ein halb werck der barmhertzigheit, für die dürfftigen die sonst nichts hetten und den andern nicht sonderlich schadet" [2]).

Het springt in het oog, dat van eene wijziging van het beginsel, dat rente ongeoorloofd achtte, laat staan van eene ook maar zwakke poging, om een enkel argument te haren gunste aan te wenden, geen sprake is. Ten volle blijft Luther het zondige der rente handhaven, maar door den nood gedrongen staat hij, onder zeer beperkende voorwaarden, een *Nothwücherlein* toe, zonder dat hij daarmede het principe in eenig opzicht wil prijs geven. Wiskemann overschat dan ook de beteekenis dezer concessie, wanneer hij uitroept: Wir sehen, die Zeit des gänzlichen Zinsverbots ist überwunden" [3]). En evenmin is er plaats voor den onwaardigen uitval van G. Platon, die in zijn *La démocratie et le régime fiscal* [4]) zich

---
[1] T. a. p., blz. 41.
[2] T. a. p., blz. 40.
[3] T. a. p., blz. 58.
[4] Dit lijvig boekdeel van 347 bladzijden verscheen eerst in *Le devenir social*, het tijdschrift, waarin de coryphaeën van het socialisme onder-

principieel tegen de rente verzet, en vol bewondering is voor „l'armature économique et sociale" der middeleeuwen. Het is de schuld van het Protestantisme, dat dit wapentuig werd vernietigd. Van Luther schrijft hij: „Luther, qui a proclamé la légitimité du divorce c'est à dire la nécessité de faire sa part dans l'ordre social aux caprices de la chair, n'est pas loin de se faire aussi le théoricien du droit de la cupidité humaine à se donner carrière" [1]. „Le père de la Réforme reste donc bien le père de l'hérésie sociale par excellence: la proclamation de la légitimité de l'usure" [2].

Het mag niet worden ontkend, dat door Luther geen enkel oorspronkelijk denkbeeld is ontwikkeld, maar toch is de wijze, waarop hij zijn standpunt verdedigde, ons veel sympathieker dan de sofistische redeneeringen uit scholastieke kringen. Valsch is de voorstelling van Funk, die Luther's optreden tegen den rentekoop in het bijzonder reactionair noemt, vergeleken bij dat der scholastieken. „Doch sind wir der geschichtlichen Treue die Bemerkung schuldig, dasz der Reformator Deutschlands ein Verdammungsurtheil gefällt hat, das die Kirche auszusprechen sich immer scheute, nämlich über den Rentenkauf, jenes Rechtsinstitut, das für das mittelalterliche Wirthschaftsleben von so unermeszlicher Bedeutung war, und über dessen sittliche Zulässigkeit und Rechtmäszigkeit wohl kaum ein vernünftiger Zweifel bestehen dürfte" [3].

Funk vergeet den heftigen strijd, die over de toelaatbaarheid van den rentekoop is gestreden o.a. op het concilie van

---

scheidene belangrijke artikelen plaatsten. Het zag later afzonderlijk het licht onder den titel: *La démocratie et le régime fiscal à Athènes, à Rome et de nos jours*, Parijs, 1899.

1) T. a. p., blz. 234.
2) T. a. p., blz. 235.
3) *Zins und Wucher*, blz. 105.

Constanz, en stelt het onjuist voor, alsof Luther den rentekoop veroordeelde, terwijl wij in het voorgaande meenen te hebben aangetoond, dat hij van dezen volstrekt niet afkeerig was, maar slechts tegen zijne misvorming opkwam. En juist door dat fiere en openhartige optreden, waarin hij zich wars betoont van allerlei gekunstelde drogredenen en sofistische redeneeringen, is met zijne verschijning eene belangrijke schrede voorwaarts gezet. „Niemals war er ein Sophist wie die Scolastiker" [1]).

Wij mogen betreuren, dat Luther's originaliteit ten deze geheel ontbrak, en dat zijn blik was beneveld, toch brengen wij met de Boeck hulde aan „l' élévation de ses sentiments, à la sincérité de son indignation" [2]).

Nu wij Luther's opvatting, die het gevoelen van zijnen tijd vertolkt, zoo uitvoerig hebben behandeld, kunnen wij bij de bespreking der andere Reformatoren uiterst kort zijn. Èn Zwingli èn Melanchton toch staan op hetzelfde standpunt. Want al vlamt in hunne geschriften de toorn tegen de rente niet zoo heftig op als bij Luther, en al leidt hunne opvatting omtrent de verhouding van den Christen tegenover het practische leven, tot eenige matiging, in beginsel is hun afkeer van de rente niet minder sterk dan die van Luther. Afzonderlijke geschriften van hunne hand over dit onderwerp bestaan niet. Zwingli spreekt weinig over de rente. Het best blijkt zijne opvatting uit het laatste gedeelte van zijne verhandeling: *De duplici iustitia divina et humana*, waarin hij de verschillende contracten behandelt. Met een beroep op Paulus woord :

---

1) Ward, t. a. p., blz. 95.
2) T. a. p., blz. 245.

„Zoo geef dan een iegelijk, wat gij schuldig zijt: schatting, dien gij schatting, tol, dien gij den tol, vreeze, dien gij de vreeze, eer, dien gij de eer schuldig zijt," beweert hij, dat, waar de Overheid bij de wet het trekken van rente heeft toegelaten, zij, die, op conditie van interest te betalen, geld geleend hebben, deze ook moeten geven. Aan afkeuring van de rente ontbreekt het hem echter daarom geenszins. Zelfs de rentekoop deelt in die veroordeeling. Hij spreekt er aldus over: „Caeterum cum ea esset hominum malignitas, ut nemo citra lucrum et retributionem egenti opibus suis subvenire dignaretur, factum est, ut misera illa et infoelix (quam humanam vocamus) iustitia tandem permiserit tandem ut debitor creditori certam vel pecuniae vel proventuum summam pro sortis et proventus ratione exolveret" [1]. Na deze weinig vriendelijke inleiding beschrijft hij, hoe alleen die rentekoop recht van bestaan heeft, welke inderdaad in het allernauwste verband met de opbrengst staat: „Quod vero e praediis oppignoratis reditus requirunt (quos Iurisconsulti ususfructus nominant) etiamsi annus fallat et nullus frugum proventus sit, illud mihi ab omni aequitate et humanitate alienissimum esse videtur". Tegen de handelingen van de concilies te Constanz en Bazel, die op zulk eene breede basis den rentekoop geoorloofd achten, toornt hij aldus: „Nec satis mirari possum illorum amentiam et inconsideratam temeritatem, qui Constantiensi et Basiliensi concilio interfuere, quod vel humanae iustitiae in tantum obliti sunt, ut rem tam iniquam et absurdam statui permiserint, cuius iniquitas vel in incredulis principibus, et a fide nostra alienis iure reprehendi posset". Het oude kanonieke uitgangs-

---

[1] Wij citeeren uit *De duplici iustitia divina et humana*, opgenomen in *Opera D. Huldrychi Zuinglii* Zurich„ 1851. Dit citaat en de volgende zijn te vinden in deel I, blz. 521.

punt wordt door hem aanvaard, wanneer hij deze vraag stelt: „Cur non ad Christi potius verba respexerunt, dicentis, Mutuum date, nihil inde sperantes".

Melanchton's standpunt ten opzichte van de rente verschilt principieel in niets van dat van Luther en Zwingli. Zeker, zijn kalme geest verleidt hem niet tot de heftige uitvallen van Luther, maar toch, scholastiek aangelegd als hij is, sluit hij zich nog veel nauwer bij eenen Aristoteles en eenen Plato aan. Zijne scherpe dialectiek maakt, dat, waar de formeele bezwaren tegen het rente nemen uit het leencontract niet aanwezig zijn, hij tegen overeenkomsten als de rentekoop en eene ruime uitlegging der *tituli externi* zijne waarschuwende stem niet laat hooren. Onvoorwaardelijk billijkt hij iederen vorm van den rentekoop, en eene zeer milde interpretatie van de *tituli*: *damnum emergens* en *lucrum cessans* wordt door hem voorgestaan. Schmoller is hierover in de wolken, en vol bewondering geeft hij over hem het volgend oordeel: „Wir sehen, einige Unklarheit und Inconsequenz lässt sich nicht beseitigen. Aber gerade damit steht Melanchton doch hoch über den allgemeinen Ansichten seiner Zeit. Er gibt in diesen letzteren Sätzen eine ganz richtige Rechtfertigung der Zinsen; er hatte die ganz klare Einsicht in die wahrhafte innere Begründung derselben..... Aber das hinderte ihn doch nich auf Umwegen doch zum wahren Ziele zu kommen und mit den eben angeführten Argumenten den ersten objectiven, auf wahrhaft nationalökonomischem Verständniss beruhenden Angriff auf die mittelalterliche Wucherpolitik zu machen" [1]).

Schmoller overschat hiermee Melanchton's verdiensten verre.

---

[1] *Zeitschrift für die gesammte Staatswissenschaft*, band 16, blz. 577.

In de aan de aangehaalde woorden voorafgaande beschouwingen doet hij zelf duidelijk zien, hoe Melanchton nog geheel op het kanonieke standpunt staat. De waarheid is, dat Melanchton zeer scherp de toelaatbaarheid der rente bestrijdt, zij het ook met veel minder heftigheid dan Luther.

In zijn *Philosophiae moralis epitome* en *Ethicae doctrinae elementa* keeren alle bijbelsche en natuurrechtelijke argumenten tegen de rente, die de Kanonisten hadden bijeenvergaderd, terug. Elke gelegenheid grijpt hij aan, om zijnen afkeer van de rente lucht te geven. Zoo zegt hij, bij de uitlegging van Psalm 112, over het leencontract sprekende: „Hic contractus debet esse gratuitus, redditur enim tantundem. Quare si amplius daretur, iam fuerit inaequalitas, et lucraretur dans mutuo, cum alter nihil reciperet. Tale lucrum in mutuo, quod petitur propter ipsam mutuationem supra sortem, est proprié usura. Ideòque usura exhaurit facultates alienas, quia is qui soluit usuram, nihil recipit. Non potest autem esse perpetua communicatio, ubi est inaequalitas, sed necesse est alteram partem exhauriri. Prohibet igitur Deus usuram, sicut furta aut rapinas, quia sicut haec continent inaequalitatem, et exhauriunt alienas facultates, sic usura continent inaequalitatem, et est hirudo multo perniciosior privatarum, et publicarum facultatum, quam caetera furta" [1]).

Wat over het algemeen in reformatorische kringen omtrent de rente werd gedacht, achten wij hiermede voldoende weergegeven. Kon bij de vertegenwoordigers van het Humanisme op geen enkel nieuw denkbeeld ten aanzien der hier behandelde materie worden gewezen, ook bij deze representanten

---

[1) *Enarratio in Psalmum CXII.* Zie *Opera Philippi Melanchtonis*, 2e deel Wittenberg, 1601, blz. 772.

der Reformatie kan die winst niet worden geboekt. Er moge bij hen eene schakeering zijn in de heftigheid, waarmede de rente wordt bestreden, en in de ruimte van opvatting, waarmede men den rentekoop en dergelijke contracten billijkte, toch zijn zij ten slotte één in de principieele veroordeeling van de rente. Men kan verschil constateeren in de snelheid en vastheid, waarmede in het scholastiek-kanonieke water werd gevaren, toch voeren zij er allen in.

Maar eindelijk kwam er één, die dwars tegen dien stroom inging, en die ééne was Calvijn. Meesterlijk is de wijze, waarop hij in tijden, waarin zijne meening als de meest ergerlijke ketterij moest worden uitgekreten, de wettigheid der rente heeft gehandhaafd. Op onderscheidene plaatsen in zijne werken breekt hij met den geest zijns tijds, maar het meest uitvoerig en het scherpst belijnd heeft hij zijn standpunt uiteengezet in het beroemde *Consilium*, [1]) dat wij in zijn geheel laten volgen:

Jehan Calvin a quelquun de ses amys. Ie nay point encore experimente mais ay appris par les exemples des aultres combien il est perilleux de rendre response a la question de laquelle vous me demandes conseil: car si totallement nous defendons les usures nous estraignons les consciences dun lien plus estroict que Dieu mesme. Si nous permettons le moins du monde plusieurs aincontinent soubs ceste couverture prennent une licence effrenee dont ils ne peuvent porter que par aulcune exception on leur limite quelque mesure. Si iescrivoye à vous seul ie ne craindroye point telle chose, car vostre prudence et la moderation de vostre courage m' est bien cogneue: mais pource que vous demandez conseil pour un

---

1) Opera, X¹, blz. 245 volgg.

aultre ie crains que en prenant un mot il ne se permette quelque peu plus que ie ne desire. Au reste pource que ie ne doubte point que selon la nature de l'homme et la chose presente vous considererez bien ce qui est expedient et combien [1]), ie vous declereray ce quil me semble.

Premierement il ny a point de tesmoignage es escritures par lequel toute usure soit totallement condamnee. Car la sentence de Christ vulgairement estimee tres manifeste, cest ascavoir prestez [2]) (Luc. 6, 35, a este faulsement destournee en ce sens: car ainsi comme allieurs reprenant les convives [3]) sumptueux et les conviements ambitieux des riches il commande plustost dappeller les aveugles les boyteux et aultres pauvres des rues quilz [4]) ne peuvent rendre la pareille, aussi en ce lieu voulant corriger la coutume vitieuse du monde de prester argent nous commande de prester principallement a ceux desquelz il ny a point d'espoir de recouvrer. Or nous avons de coustume de regarder premierement la ou l'argent se peut mettre seurement. Mais plustost il falloit ayder les pauvres vers lesquelz largent est en danger. Par ainsi les parolles de Christ vallent autant a dire comme sil commendoit de survenir aux pauvres plustost quaux riches. Nous ne voyons donc pas encore que toute usure soit deffendue. La loy de Moyse (Deut. 23, 19) est politique laquelle ne nous astraint point plus oultre que porte equite et la raison dhumanite. Certes il seroit bien a desirer que les usures feussent chassees de tout le monde mesmes que le nom en feust incogneu. Mais pource que cela est impossible il fault ceder a

---

1) quid expediat et quatenus.
2) Mutuum date, nihil inde sperantes.
3) convivia.
4) Lisez: qui.

lutilite commune. Nous avons des passages es Prophetes et es Pseaulmes esquelz le sainct Esprit se courrouce contre les usures: Voila une louange d'une ville meschante que es places dicelle on y treuve l'usure (Ps. 55, 12). Mais le mot Hebraique tost [1]) veu que generallement il signifie fraude il se peust aultrement exposer. Mais prenons le cas que le Prophete parle la proprement des usures, ce nest de merveille si es maulx principaulx il met que l'usure a son cours. La raison est que le plus souvent avec le congé illicite de commettre usure cruaulte est conioincte et beaucoup de meschantes tromperies. Que dy ie, mais usure a quasi tousiours ces deux compaignes inseparables, ascavoir cruaulte tyrannique et lart de tromper dont il avient que ailleurs le sainct Esprit met entre les louanges de lhomme sainct et craignant Dieu de s'estre abstenu des usures, tellement que cest un exemple bien rare de veoir ung homme de bien et ensemble usurier. Le Prophete Esechiel (22, 12) passe encore plus oultre car entre les horribles cas contre lesquelz la vengence de Dieu provocquee avoit estee allumee contre les Iuifz use de ces deux motz hebraiques Nesec et Tarbit, cest a dire usure qui a este ainsi dicte en Hebrieu pource qu'elle ronge. Le second mot signifie acces ou addition ou surcroist et non sans cause, car chascun estudiant a soy et a son proffit particuller prenoit ou plustost ravissoit un gain de la perte daultruy. Combien quil ny a point de doubte que les prophetes nayent parle plus severement des usures pour autant que nommement elles estoyent defendues aux Iuifz. Quant donc ilz se iettoyent contre le mandement expres de Dieu ilz meritoient d'estre plus durement reprins.

---

1) Sio! (Thook).

Icy on faict une obiection que auiourdhuy aussi les usures nous seront illicites par une mesme raison quelles estoyent defendues aux Iuifz, pource que entre nous il y a coniunction fraternelle. A cela ie responds: que en la coniunction politique il y a quelque difference, car la situation du lieu auquel Dieu avoyt colloque les Iuifz et beaucoup dautres circumstances faisoient quilz traffiquoient entre eulx commodement sans usures. Nostre coniunction na point de similitude. Parquoy ie ne recognois pas encore que simplement elles nous soyent defendues, sinon entant quelles sont contraires a equite ou a charite.

La raison de sainct Ambroyse laquelle aussi pretend Chrysostome est trop frivolle a mon iugement: ascavoir que largent nengendre point largent. La mer, quoy? la terre, quoy? Ie reçois pension du louage de maison. Est ce pource que largent y croist? Mais elles procedent des champs dou largent se faict. La commodite aussi des maisons se peust raschepter par pecune. Et quoy? L'argent nest il pas plus fructueux es marchandises, que aulcunes possessions quon pourroit dire? Il sera loysible de louer une aire en imposant tribut, et il sera illicite de prendre quelque fruict de l'argent? Quoy? Quand on aschepte un champ, ascavoir si largent nengendre par largent? Les marchands comment augmentent ilz leurs biens? Ilz usent dindustrie, dires vous. Certes ie confesse ce que les enfans voyent, ascavoir que si vous enfermes largent au coffre il sera sterile. Et aussy nul nempronte de nous a ceste condition affin quil supprime largent oyseux et sans le faire proffiter. Parquoy le fruict nest pas de largent mais du revenu. Il fault donc conclurre que telles subtilites de prime face esmeuvent, mais si on les considere de plus pres elles esvanouissent delles mesmes, car elles nont rien de solide au dedans. Ie concludz maintenant quil faut iuger des usures non point selon quelque certaine et particuliere sentence de Dieu mais seullement selon la rigle dequite.

La chose sera plus claire par un exemple. Il y aura quelque riche homme en possessions et en revenus, il naura pas argent present. Il y en aura ung aultre mediocrement riche en chevance, pour le moins aulcunement plus bas mais lequel aura plus dargent tout prest. Sil ce presente quelque opportunite voluntiers cestuy cy achepteroit une possession de son argent. Cependant celuy la premier luy demandera avec grande requeste quil lui preste argent. Il est en la puissance de cestuy cy soubs tiltre daschapt dimposer pension a sa chevance [1]) iusques largeut luy soit rendu. Et en ceste maniere la condition seroit meilleur: neantmoins il sera content dusure. Pourquoy sera celle pache [2]) iuste et honneste, ceste cy faulse et meschante? Car il faict plus amiablement avec son frere en accordant de lusure que si il le contraignoit a hypothequer la piece? Quest cecy aultre chose sinon se iouer avec Dieu a la maniere denfant, de estimer des noms [3]) et non pas de verite ce que se faict? Comme sil estoit en nostre puissance, en changeant le nom, de vertus faire vices ou de vices vertus. Ie nay pas icy delibere de disputer. Il suffit de monstrer la chose au doict affin que vous la poisies plus diligemment en vous mesme. Ie vouldroye neantmoins que vous eussies tousiours cecy en memoire, ascavoir que les choses et non pas les parolles ne les manieres de parler sont icy appellees en iugement.

---

1) ut fundus ex illa emptus ipsi in hypothecam subiiceretur.
2) contractus.
3) ex verbis nudis.

Maintenant ie viens aux exceptions: car il fault bien regarder, comme iay dict au commencement, de quelle cautelle il est besoing, car pource que quasi tous cherchent un petit mot, affin quilz se complaisent oultre mesure, il convient user de telle preface, ascavoir que quand ie permetz quelques usures ie ne les fay pourtant pas toutes licites. En apres ie nappreuve pas si quelcun propose faire mestier de faire gain dusure. En oultre ie nen concede rien sinon en adioustant certaines exceptions. La premiere est que on ne prenne usure du pauvre et que nul totallement estant en destroict par indigence ou afflige de calamite soit contrainct. La seconde exception est que celuy qui preste ne soit tellement intentif au gain quil defaille aux offices necessaires, ne aussi voulant mettre son argent seurement il ne deprise ses pauvres freres. La tierce exception est que rien nintervienne qui naccorde avec equite naturelle, et si on examine la chose selon la rigle de Christ: ascavoir ce que vous voules que les hommes vous fassent etc. elle ne soit trouvee convenir partout. La quatriesme exception est que celuy qui emprunte face autant ou plus de gain de largent emprunte. En cinquiesme lieu que nous nestimions point selon la coustume vulgaire et receue quest ce qui nous est licite, ou que nous ne mesurions ce qui est droict et equitable par liniquite du monde, mais que nous prenions une rigle de la parolle de Dieu. En sixiesme lieu que nous ne regardions point seulement la commodite privee de celuy avec qui nous avons affaire, mais aussi que nous considerions ce qui est expedient pour le public. Car il est tout evident que lusure que le marchand paye est une pension publique. Il fault donc bien adviser que la pache soit aussi utile et commun plustost que nuysible. En septiesme lieu que on nexcede la mesure que les loix publiques de la region ou du lieu concedent. Combien que cela ne suffit pas tousiours, car souvent elles permettent ce que elles ne pourroyent corriger ou reprimer en defendant. Il fault donc preferer equite laquelle retranche ce que il sera de trop. Mais tant sen fault que ie veulle valoir mon opinion vers vous, pour raison que ie ne desire rien plus sinon que tous soyent tant humains quil ne soyt point besoing de rien dire de ceste chose. Iay briefvement compris ces choses plustost par un desir de vous complaire que par une confiance de vous satisfaire. Mais selon vostre benevolence envers moy vous prendrez en bonne part ce mien office tel quel.

A Dieu homme tresexcellent et honore amy [1]). Dieu vous conserve avec vostre famille. Amen [2]).

Deze bestrijding van het renteverbod is klassiek, en, wie onbevooroordeeld ziet, zal erkennen de beslistheid en genialiteit, waarmede het goed recht der rente wordt hoog gehouden. Gaan wij nader op deze verhandeling in, dan merken wij, hoe alle argumenten in volgorde van hunne beteekenis onder de oogen worden gezien, en van een wegdoezelen geen sprake is.

Eene inleiding gaat vooraf. Zij is niet zonder gewicht. Immers wat Calvijn hier schrijft, is niet bloot eene speculatieve verhandeling, zonder eene bepaalde aanleiding opgesteld, maar staat midden in het werkelijke leven, want door eenen vriend is hem een advies gevraagd, dat direct practisch dienst moet doen. Aan wien Calvijn dezen brief gericht heeft, staat niet vast. De meeste schrijvers als von

---

1) Au lieu de cette phrase le latin met: ac fratrem mihi salutabis.
2) La traduction latine manuscrite du Cod. 145 porte la souscription: Carolus Passelius tuus.

Böhm-Bawerk, Ashley, enz. noemen zonder eenige aarzeling Oecolampadius als den geadresseerde; ons dunkt zonder schijn of schaduw van bewijs. Meer grond bestaat voor de meening, die in Calvijn's brief een antwoord ziet op een schrijven van Utenhove, gedateerd uit Londen, 26 November 1549 [1]. Maar het veiligst is, om met de uitgevers van het *Corpus Reformatorum* aan te nemen, dat hij zijnen oorsprong dankt aan eene vraag van Sachinus, die deze aan Calvijn stelde in eenen brief, gedateerd 7 November 1545 [2]. De punten toch, die in dit schrijven onder Calvijn's aandacht worden gebracht, komen alle, ook in dezelfde volgorde, in het hier vermeld tractaat terug. Bovendien klopt de geheele opzet van het antwoord met het stuk van Sachinus, die uit naam van eenen vriend zich tot Calvijn wendt, al ligt er eenige tegenspraak in de loftuiting van den briefschrijver op dezen vriend als „et genere et opibus clarus, sed pietate ac fide multo clarior" [3] en Calvijn's weinig gunstige verwachting van dezen, die hem doet vreezen „que en prenant un mot il ne se permette quelque peu plus que ie ne desire" [4].

Hoe dit ook zij, Calvijn werd bij het schrijven van zijnen brief geleid door de overweging, dat de uiterste voorzichtigheid in de uitdrukking van zijne gedachten geboden was, daar zijn advies bij het practisch effect, dat het onmiddellijk moest oefenen, gemakkelijk tot zonde kon voeren. Het is goed, deze aan Calvijn opgelegde reserve in het oog te houden, daar zij veel zelfbeperking in de verdediging van zijne opinie noodzakelijk maakte.

---
1) Men zie dezen brief in de Opera, XIII, blz. 461 en 462.
2) Opera, XII, blz. 210 en 211.
3) Opera, XII, blz. 210.
4) Opera, X¹, blz. 245.

Calvijn voelt zelf de kiesche positie, waarin hij verkeert, en ontveinst zich de moeilijkheid van de oplossing der aan hem voorgestelde kwestie niet.

Staat men onbeperkt het nemen van rente toe, dan zal de menschelijke boosheid in onbeteugelden overmoed zich aan geene grenzen gebonden achten. Maar aan de andere zijde is even waar, dat bij onvoorwaardelijke afkeuring een nauwer band om de consciëntie gelegd wordt, dan God zelf ooit verordend heeft. Dit nu mag niet, want Gods Woord moet hierin ten toetssteen wezen. Daarmee grijpt Calvijn het renteverbod in zijne hartader aan, want — zooals wij in de vorige paragraaf hebben uiteengezet — dit ontleende al zijne kracht aan een beroep op de H. S., en dat beroep wordt door Calvijn met beslistheid afgeslagen. Stuk voor stuk rafelt hij de aangevoerde argumenten uiteen.

Aan Lukas 6 : 35 wordt de ware beteekenis teruggegeven; duidelijk toont hij aan, hoe hier, evenals in het gebod, om de armen van de straat aan de maaltijden te noodigen, slechts een zedelijk bevel wordt gegeven, om de armen zooveel mogelijk, ook door het renteloos leenen, te helpen. De wet van Mozes (Deut. 23 : 19) is eene politieke wet, en heeft thans geene bindende kracht meer; een beroep op de *coniunction fraternelle*, die, evenals vroeger onder de Joden, ook nu nog onder de Christenen bestaat, heeft daarom geenen zin, omdat een gewichtig onderscheid tusschen deze en de *coniunction politique* aanwezig is. Ten slotte legt evenmin gewicht in de schaal eene verwijzing naar onderscheidene Bijbelteksten in het O. Testament, in de Profeten en de Psalmen, want hier — hij toont het vrij uitvoerig aan — wordt alleen tegen den woeker de banvloek geslingerd. Ook de schijnbaar tegen de rente gerichte tekst in Ezechiel 22 : 12 keert zich slechts tegen de overmatige rente. *Summa summarum*: de Bijbel kent geen verbod van rente. En daarmede is het bolwerk van het renteverbod omgeworpen. Het spreekt van zelf, dat de andere argumenten, die, zooals wij opmerkten, slechts als stutsel dienst deden, na de vernietiging van het hoofdgebouw, slechts terloops door Calvijn worden aangeroerd. Minachtend stelt hij ze in al hunne onbeduidendheid ten toon. „Il fault donc conclurre que telles subtilites de prime face esmeuvent, mais si on les considere de plus pres elles esvanouissent delles mesmes, car elles nont rient solide au dedans".

Het *nummus nummum non parit*, dat ook Ambrosius en Chrysostomus aanvoeren, noemt hij eene beuzelachtige opmerking. Groeit er geld in een huis, op het land, in de zee?

Met kracht wordt door hem de productiviteit van het geld gehandhaafd, en vol verontwaardiging wendt hij zich af van allerlei sofistische drogredenen, die door het naar rente zoekend kapitaal worden aangevoerd. Wat is dat anders dan met God als met een kind spelen, in ijdele klanken opgaan en niet tot de waarheid doordringen? Zoo slaat hij met zijn protest tegen alle ijdel sofistisch geklap eenen toon aan, die nog nimmer was gehoord, wanneer hij beweert, dat het leenen op rente van heel wat Christelijker geest getuigt dan het sluiten van eenen rentekoop. De ware gedaante van den rentekoop wordt daarmede door hem ontmaskerd. Op billijkheid, waarheid en gerechtigheid dringt hij aan, ook bij de beperkingen, welke hij aan het slot oplegt, waarin op den voorgrond staat niet een voldoen aan formeele eischen, maar een beantwoorden aan de hoogste gerechtigheid, welke in Gods Woord gegeven is. Het beginsel, door hem in het voorafgaande gesteld, wordt daarbij echter in geen enkel opzicht prijs gegeven.

Dit tractaat nu is de beroemdste en degelijkste verdediging der rente, welke in eeuwen het licht zag. Met korte en schitterende argumentatie wordt de wettigheid der rente staande gehouden. En het is gemakkelijk te begrijpen, dat nog eeuwen daarna dit geschrift ter verdediging van de rente diensten moest bewijzen. Eene goede gedachte was het daarom van de *American Society for Political Education*, om, toen het vraagstuk der rente in haar land ter sprake kwam, Calvijn's brief in den vorm van een tractaat te verspreiden [1].

Ook in Calvijn's leven moest zijn verhelderd inzicht telkens weer vruchten afwerpen. Herhaaldelijk werd hij om raad gevraagd, en steeds was zijn advies gelijkluidend. Men begrijpt, hoe hoog practisch gewicht de verdediging der rente had door een man van Calvijn's positie, bij wien telkens, ook door gezaghebbenden uit andere landen, om eene leidraad voor hunne handelingen werd aangedrongen.

Wij wezen reeds op den brief van Sachinus, die hoogst waarschijnlijk de aanleiding tot het opstellen van dit rentetractaat geweest is. Sachinus is zelf van het groote belang der zaak doordrongen, als hij zegt: „Causa profecto communis piorum omnium suffragia meretur" [2]. Zijne groote veree-

---

[1] Met de *Letters on usury* van Bentham en eene rede van Richard Danas in het huis van Afgevaardigden te Massachusetts (1867), verscheen zij als *Tract IV* in 1881.

[2] Opera, XII, blz. 211.

De uitgevers van het *Corpus Reformatorum* teekenen hierbij aan: „Epistola haec Calvino occasio fuit conscribendi consilii sui de usuris quod inseruimus Opp. Tom X. p. 245. Quod quidem amicis quibusdam plurali numero scriptum dicit, sed ipse Sachinus (quem iam ad C. scribentem obvium habuisti N. 414) alius cuiusdam nomine Nostro hanc quaestionem propo-

ring voor Calvijn, dien hij in staat acht dit moeilijk vraagstuk op te lossen, schemert in dezen ganschen brief door.

Diezelfde aanhankelijkheid vinden wij in den brief van Utenhove gedateerd 26 November 1549, die ons treft eenerzijds door des schijvers kinderlijke vroomheid en anderzijds door zijne diepe vereering van Calvijn. Het is een echt huiselijk en practisch briefje. Het eerste gedeelte handelt over eene opdracht, die Calvijn aan Utenhove gegeven heeft, namelijk om een tweetal vorderingen te Londen voor hem te innen. Deze deelt nu zijne ervaringen mede, en meldt hoe zijne pogingen nog geen direct resultaat hebben gehad. Nu hij toch schrijft, grijpt hij deze gelegenheid aan, om Calvijn's oordeel in te roepen over eene moeilijke kwestie, die hem reeds lang heeft bezig gehouden, n.l. het leenen van geld op rente.

Bij vele Christenen bestaat hieromtrent twijfel, en nu heeft hij ook zelf een sommetje, dat hij zou willen uitzetten, maar dit durft hij niet, omdat hij vreest, dan in strijd met Gods Woord te handelen. Dat de wet in zijn land het toestaat, stelt hem niet gerust, want boven die gaat de goddelijke wet. Nu heeft hij zelf een klein stukje over de rente geschreven, waarover hij dringend Calvijn's oordeel vraagt; want — en met deze koninklijke betuiging stapt hij van dit punt af — „Malim tamen panem emendicare quam aliquid contra Deum meum attentare" [1]. De juiste antwoorden van Calvijn op deze brieven zijn in de uitgegeven briefwisseling niet opgenomen, maar het staat vast, dat zij

---

suit. Etiam argumenta quae subinde in illo consilio discutiuntur ea sunt quae iam hic passim attingit. Sic tractat inter alia Ambrosii sententiam et locum Psalmi, quem etiam in commentario suo in hunc finem ventilat, ibi etiam propius ad Sachini sensum accedens, singula tamen, ut solet, methodice exponit".

1) Opera, XIII, blz. 462.

het nemen van rente ten volle billijkten. Het springt in het oog, van hoever reikende gevolgen deze adviezen, aan eenen man als Utenhove te Londen gegeven, moesten wezen, die er op bedacht was, Calvijn's invloed te versterken. Tot ver buiten Genève en Zwitserland werd zijn oordeel uitgedragen, om op het practisch verkeer zijnen stempel te zetten.

Op een tweetal zijner adviezen te dezer zake kunnen wij nog wijzen. Het eene dateert van 28 April 1556 [1]. De geoorloofdheid der rente wordt er niet zoozeer in behandeld, maar, daarvan uitgaande, loopt het over de vraag, hoeveel rente geeischt mag worden, welke wettelijke rentevoet moet worden vastgesteld. Calvijn wil zich hierover niet beslist uitlaten, omdat een vast percentage aan te geven eene onmogelijkheid is. Bovendien weet hij zeer wel, dat zijn advies dienst moet doen, om een' ander te weerleggen, die zich op dit terrein alles veroorlooft, en misschien toch niet naar zijnen raad wil hooren. Daarom volstaat Calvijn met deze opmerking, dat wel is waar in den Staat een wettelijke rentevoet is vastgesteld, maar dat deze volstrekt nog geenen vrijbrief verleent, om de vastgestelde rente ten allen tijde te vorderen. Zelfs de laagste rente kan nog onrechtvaardig zijn, en, liever dan zijn eigen woorden, voegt hij hem de woorden van onzen Heere Jezus toe: Gelijk gij wilt dat u de menschen zullen doen, doet gij hun ook desgelijks". (Lukas 6 : 31).

Van meer belang is een ander epistel, die in de reeks der *Consilia* is opgenomen [2]. Een gansch bijzonder geval wordt

---

[1] Opera, X¹, blz. 264.
[2] Zie Opera, X¹, blz. 262 en 263. Het opschrift luidt: *Ad tria quaedam capita*. Het stuk is gedateerd van 10 Januari 1560.
Op de blz. 245 en 246 van Deel XIX vindt men onder no 3692 *Calvin à Morel* een gelijkluidend schrijven. Het is precies dezelfde brief, maar nu in de Fransche taal en met de dagteekening van 10 Jan. 1562.
Het opschrift boven dezen brief luidt: *Response a trois questions qu'*

hier aan Calvijn's oordeel onderworpen: mag een predikant rente trekken van uitgeleend geld? In zijne beslissing heeft men gemeend de nawerking van het oude kanonieke dogma te kunnen ontdekken, en van onderscheidene zijden is de voorstelling gegeven, dat uit dit advies eerst goed blijkt, met hoe weinig recht Calvijn als de verkondiger van eene nieuwe leer mag worden beschouwd. Dit ongunstig oordeel nu baseert zich op de volgende passage: „Interea hanc moderationem adhiberi velim, ne videlicet certum reditum vel summam sibi praecise pendi stipuletur: sed ut pecuniam ita apud probum virum collocet, ut in illius fide ac probitate acquiescat: ac proinde contentus sit aequo et honesto fructu pecuniae, pro ratione benedictionis Dei erga ipsum pecuniae exercitorem" [2]. Geheel onjuist lijkt ons de poging, om, op grond van de beperking, welke Calvijn voor de predikanten stelt, aan zijn optreden op het gebied der rente verdienste te ontzeggen. Immers Calvijn's bedoeling is zoo duidelijk mogelijk.

Dat hij hier eenige reserve maakt, spruit allerminst voort uit de opvatting, welke hij over de rente in het algemeen koestert, maar wordt slechts veroorzaakt door de eigenaardige roeping van de Dienaren des Woords. Uit het geheele verband blijkt, dat door hem alleen gewaakt wordt voor een aftrekken van de predikanten van hun ambt, hetgeen licht zou kunnen geschieden, indien zij nauwkeurig gingen navorschen, door welke contracten hun geld het meeste intrest zou opbrengen. Met beslistheid wordt ook hier weer het geoorloofde der rente

---

avoit proposees M. de Colonge au nom des frères qui s'estoyent assemblés à Gien: Si les ministres peuvent prester argent à profit: si le consistoire peut demander le serment des personnes: si ceus qui ont office civil peuvent estre du consistoire.

[2] Opera, X¹, blz. 263.

gehandhaafd, als hij zegt: „et tamen quando quaestus ille tolerabilior est, quam si ipse per se negotiaretur, aut aliquam artem faceret quae ipsum a munere suo avocaret, *non video cur factum in genere damnationem mereatur*" [1]).

Uitvoeriger dan in zijne brieven behandelt Calvijn de rente in de onderscheidene commentaren en preeken, door hem gegeven over plaatsen uit de H. S., die op dit punt betrekking hebben. Eigenaardig is, dat zijne wijze van argumenteeren, dikwijls tot de woordenkeus toe, geheel overeenstemt met zijne methodische uiteenzetting in het *in extenso* medegedeeld tractaat. Alleen worden enkele onderdeelen nu wat uitvoeriger besproken. Iedere passende gelegenheid wordt door Calvijn aangegrepen, om tegen de dwaalleer van het kanonieke dogma te velde te trekken. Zoo wordt bv. in onderscheidene plaatsen van zijn Commentaren de wettigheid der rente staande gehouden.

In den breede behandelt hij de rente bij zijne uitlegging van Exodus 22 : 25, Leviticus 25 : 35—38 en Deuteronomium 23 : 19 en 20 [2]).

Hij zet uiteen dat, zoo wij de gunst der rijken najagen, daarmede geen bewijs van barmhartigheid wordt geleverd. Wij worden op al de aangehaalde plaatsen vermaand, de armen te helpen, te helpen ook door hun bereidwillig, geheel renteloos, te leenen. Met nadruk wijst hij er op, dat, alvorens het gebod om te leenen gegeven wordt, de H. S. de ellende en het gebrek van dengene, aan wien geleend moet worden, teekent. „Haec igitur summa est primae sententiae, ut dives cui suppetit facultas, pauperem collapsum opitulando erigat,

---

[1] Opera, X¹, blz. 263. Wij cursiveeren.
[2] Opera, XXIV, blz. 679—683.

vel nutantem confirmet ¹).'' Nu is zeer zeker, wat hier gegeven wordt, eene politieke wet, die voor de Israëlieten gold ²). Duidelijk blijkt dat uit het toelaten van rente trekken van vreemden, „quod discrimen lex spiritualis non admittit", welk onderscheid echter in de politieke wet zeer begrijpelijk is, daar de vreemden ook zelven rente eischen, en dus de „ratio analogica" een zelfde optreden van de Israëlieten vorderde. Het is onze roeping, bij alle bepalingen van de Mozaïsche wetgeving door te dringen tot de kern van den gestelden regel, en wanneer wij nu die gedragslijn volgen, kunnen wij alleen tot dit resultaat komen, dat ook hier voor ons slechts het helpen van den arme en het beoefenen van barmhartigheid verordend wordt.

Na deze bespreking van de woorden der aangehaalde teksten, komt Calvijn tot dit punt: „Quaeritur nunc an foenerari per se malum sit" ³). Hij begint met de erkenning, dat op het stuk van leenen groote zonden door de woekeraars zijn bedreven, die hij geenszins wil vergoelijken, maar daaruit mag allerminst worden afgeleid, dat nu alle rente is te veroordeelen. Integendeel, met kracht moet worden opgekomen voor hare toelaatbaarheid. Dat rente onbillijk is, spreekt hij zoo beslist mogelijk tegen, en, na enkele voorbeelden gesteld te hebben, komt hij tot deze conclusie: „Quod si ex aequitate iudicium facere convenit, usuras quaslibet absque exceptione damnare, nulla patitur ratio" ⁴). Dan verwerpt hij de philosophische argumenten,

---

1) Opera, XXIV, blz. 680.
2) De verhouding van de Israëlieten tot de rente wordt uitvoerig besproken in het bekende werk van J. D. Michaëls, *Mozaïsch Recht*, vertaald door A. Sterk, 2e druk, Rotterdam en Amsterdam, 1794, deel III, blz. 71—106. Bovendien gaf Michaëlis nog afzonderlijk uit: *De mente ac ratione legis Mosaicae usuram prohibentis*, 1745, Goettingen.
3) Opera, XXIV, blz. 681.
4) Opera, XXIV, blz. 682.

die tegen de rente worden aangevoerd, om de productiviteit van het geld krachtig te handhaven met de woorden: „Nec vero arguta illa ratio Aristotelis consistit, foenus esse praeter naturam, quia pecunia sterilis est, nec pecuniam parit: poterit enim ille quem dixi frustrator, ex aliena pecunia quaestum uberem facere negotiando, fundi emptor metet ac vindemiabit" [1]).

Het schijnt, dat Calvijn bevreesd was, dat zijne warme verdediging van de rente verkeerd zou worden opgenomen, en daarom betuigt hij, dat allerminst persoonlijke voorliefde hem tot dit optreden drijft, maar dat hij slechts geleid wordt door het Woord van God: „Sed non audeo de re magni momenti plus pronunciare quam Dei verba sonant" [2]). Wanneer men toch dit laat spreken, moet men tot deze conclusie komen: . . . . „usuras hodie non esse illicitas, nisi quatenus cum aequitate et fraterna coniunctione pugnant" [3]). De bedoeling van de hier besproken, schijnbaar tegen alle rente getuigende, teksten is dan ook, om, zooals bij alle handelingen, eveneens bij het nemen van rente, de billijkheid te betrachten. Een vasten regel hierover te geven, gaat niet: „sed quando et quousque usuram ex mutuo percipere liceat, melius praescribet lex aequitatis quam longae disputationes" [4]).

In dezen commentaar op de teksten uit den Pentateuch doet Calvijn terloops zien, dat de bestrijders der rente geen houvast hebben aan enkele uitingen der H. S., die wij in de Psalmen en bij Ezechiël vinden. Bij de bespreking van deze teksten zelven zet hij meer uitvoerig uiteen, hoe een beroep hierop den verdedigers van het renteverbod niet kan baten. Zijne

---

1) Opera, XXIV, blz. 682.
2) Opera, XXIV, blz. 682.
3) Opera, XXIV, blz. 682 en 683.
4) Opera, XXIV, blz. 683.

uitlegging van Psalm 15 : 5 [1]): „Die zijn geld niet geeft op woeker en geen geschenk neemt tegen den onschuldige. Die deze dingen doet, zal niet wankelen in eeuwigheid", laat zien, hoe hier vervloekt worden: „contractus omnes quibus alter ex alterius damno lucrum inique captat, quocunque tandem nomine vestiantur" [2]). Weer stelt hij hier zijn stereotype vraag: „Quaeritur tamen, an hoc loco habendae sint omnes usurae". Hij stemt gereedelijk toe, dat de woorden licht aanleiding kunnen geven tot de opvatting, die alle rente uit den booze acht; te meer, als men let op de gruwelen, waaraan de woekeraars zich schuldig maken, welke Cato tot de gelijkstelling van den moordenaar en den woekeraar hebben gebracht. Toch mogen deze uitwassen niet met de zaak zelve verwisseld worden. Op deze plaats worden dan ook alleen de excessen, de woekerwinsten, met veroordeeling getroffen, wat hij aantoont uit het verband van deze plaats en andere uitspraken der H. S. en vooral door een beroep op het woord, dat in den Hebreeuwschen tekst gebezigd wordt, hetwelk woeker, en niet rente aanduidt.

Ook hier geeft zijne bazuin weer geen onzeker geluid, als hij ten slotte tot de conclusie komt: „Unde sequitur, sub illicito foenore non comprehendi lucrum, quod sine cuiuspiam iniuria facit qui mutuo dat pecuniam" [3]).

Eenigszins moeilijker wordt voor hem de zaak bij de behandeling van Ezechiël 18 : 8 [4]). Wel is waar wordt „woeker" in den Hebreeuwschen grondtekst door hetzelfde

---

[1] Opera, XXXI, blz. 147 en 148.
[2] Opera, XXXI, blz. 147.
[3] Opera, XXXI, blz. 148.
[4] Opera, XL, blz. 429—432.

woord aangeduid als in Psalm 15, en blijkt uit de beteekenis der Hebreeuwsche uitdrukking Nesec, waarvan Calvijn zegt: „deductum est a mordendo: et sic Hebraei foenus appellant, quia arrodit et paulatim consumit miseros homines" [1]) dat de rente er niet door wordt getroffen; maar de toevoeging van het woord „overwinst" geeft aanleiding tot de meening, die hier alle rente verboden acht.

Het ongegronde dier beschouwing toont Calvijn uitdrukkelijk aan in zijne verhandeling, waarin hij op den voorgrond stelt, dat de profeet door de toevoeging van „overwinst" protest wil aanteekenen tegen die schijnschoone handelingen, welke formeel niet onder woeker vallen, maar in werkelijkheid in geen enkel opzicht zich daarvan gunstiger onderscheiden. „Ideo propheta dicit, etiam si tollatur nomen foenoris, nec veniat in rationem, sufficere tamen ad homines damnandos, si acceperint incrementum, hoc est, lucrum fecerint ex alieno damno" [2]).

Aanstonds grijpt Calvijn dan weer deze gelegenheid aan, om de dwaling van zijnen tijd, die alle rente verboden acht, te bestrijden. Aanvangend met het: „iam hic quaeritur, an foenerari per se sit crimen", levert hij een schitterend pleidooi voor de rente.

Eerst wordt eene verwijzing naar de Mozaïsche wet krachteloos gemaakt met het: „Caeterum lex ipsa fuit politica" [3]), en dan zet hij de juiste beteekenis van Ezechiël's woorden uiteen. Zeer treft ons hier de mannelijke ernst, waarmede hij aandringt op waarheid en gerechtigheid in alles, ook in het verkeer. Laat men toch ophouden met alle ijdel woordenspel!

---

1) Opera, XL, blz. 429.
2) Opera, XL, blz. 430.
3) Opera, XL, blz. 430.

„Nam ludunt homines suis cavillis: sed Deus non admittit tales versutias" [1]). Men mag niet bij de woorden alleen blijven staan.

Belangrijk zijn de beschouwingen, die hij over de verschillende benamingen voor rente geeft.

Oorspronkelijk had bij de Romeinen *usura* eene goede en *foenus* eene kwade beteekenis. Toen zocht men alle mogelijke kwade practijken, die onder *foenus* moesten vallen, met den naam *usura* te dekken.

Precies hetzelfde verschijnsel is waartenemen in de Fransche taal. De Franschen toch kenden het woord *foenus* niet, en hadden alleen *usure*, dat mede eene verachtelijke beteekenis kreeg. Een nieuwe uitweg werd toen bedacht, door de goede rente met het woord *interesse* aanteduiden, maar straks werden de ergerlijkste misbruiken weer onder *interesse* gerangschikt.

De woorden zeggen dus niets, en wanneer wij willen nagaan, of rente al dan niet geoorloofd is, moeten wij doordringen tot de norm der wet, welke niet kan bedriegen. En dan moeten wij erkennen, dat volstrekt niet alle rente met de wet Gods strijdt: „Hinc ergo sequitur, neque semper foenus posse damnari [2])". Zeker moet worden gestreden tegen de schandelijke winsten, welke de woekeraars zoeken te maken, en voor het rente vorderen stelt hij dezen regel op: „Neque passim, neque semper, neque omnia, neque ab omnibus" [3]). Dan verklaart hij zijne bedoeling met deze woorden nader aldus: „Non omnia igitur accipere convenit, quia si modum excedat quaestus (quia id pugnat cum caritate) etiam repudiandus est. Diximus quoque morem et usum continuum vitio

---

1) Opera, XL, blz. 430.
2) Opera, XL, blz. 430.
3) Opera, XL, blz. 431.

non carere. Iam neque passim, quia foenerator, ut dixi, locum habere non debet, neque ferri in ecclesia Dei. Deinde non ab omnibus, quia a paupere semper foenus accipere nefas erit...." [1]).

Hoe ongeschonden echter, bij al die waarborgen tegen teugelloosheid, toch het beginsel der ware vrijheid gehandhaafd blijft, blijkt uit het voorbeeld, waarmede hijzelf de rente zoekt te rechtvaardigen: ,,Exempli gratia, erit quispiam nummatus, et si partem pecuniae suae det mutuo, poterit inde quaestum accipere" [2]).

Het ligt in den aard der zaak, dat Calvijn ook Lukas 6 : 35 bespreekt, het Bijbelwoord, dat den hoeksteen vormt van het kanonieke renteverbod.

Zijn commentaar *In harmoniam Euangeliorum* behandelt dezen tekst in verband met Matthaeus 8 : 42 [3]).

Duidelijk toont hij aan, op wat ongerijmde wijze dit woord misbruikt is, en bij zijne verklaring is niets te bespeuren van den ouden kanonieken geest, die op alles en op ieder zijnen stempel gezet had [4]). Even kort als juist geeft hij de beteekenis weer van dit, tot zooveel misverstand aanleiding gevende, bijbelwoord. Zijne exegese luidt als volgt:

,,Haec sententia perperam restricta fuit ad usuras, ac si tantum vetaret Christus suos foenerari. Atqui latius patere ex superiore sermone liquet. Postquam enim exposuit Christus, quid impii facere soleant, nempe quod diligunt suos amicos, et eos iuvant a quibus sperant aliquid compensationis, et mutuum dant similibus sui, ut paria deinde ab illis recipiant,

---

1) Opera, XL, blz. 431.
2) Opera, XL, blz. 431.
3) Opera, XLV, blz. 186 en 187.
4) Eene uitvoerige en goede beschouwing over dit gedeelte der bergrede vindt men bij Knies, *Der Credit*, 1e helft, blz. 333—335 (noot).

subiicit quanto plus a suis requirat, nempe ut diligant inimicos, gratis benefaciant, gratis dent mutuo. Nunc videmus, particulam *nihil* perperam de foenore exponi, quod ad sortem accedit, quum tantum hortetur Christus ad gratuita officia, et mercenaria nihil gratiae coram Deo habere dicat. Non quod simpliciter damnet, quaecunque spe compensationis praestantur beneficia, sed docet nihil ad testandam caritatem facere, quia ille demum erga proximos beneficus est, qui nullo commodi sui respectu ad eos iuvandos ducitur, sed tantum cuiusque inopiam spectat. Caeterum, an Christianis liceat aliquid interdum ex mutuo lucri accipere, non disputabo fusius hoc loco, ne quaestionem ex falso sensu (quem iam refutavi) intempestive ascessam. Iam enim exposui, nihil aliud velle Christum quam, fideles mutuando debere ulterius progredi quam homines profanos, nempe ut meram liberalitatem coeant".

Tot zoover, hetgeen in Calvijn's brieven en commentaren is te vinden. Toch is daarmede de bron, waaruit Calvijn's opvatting ten deze kan worden gekend, nog niet geheel gesloten. Het is gemakkelijk in te zien, dat een man als Calvijn, wiens prediking als bij uitstek practisch bekend staat, ook dit brandende vraagstuk daarin moest aanraken.

In ééne van zijne gedrukte predikatiën heeft hij de ketterij van zijnen tijd, die ook onder de Gereformeerden zoo talrijke aanhangers vond, uitvoerig bestreden. Het is eene preek over Deut. 23 : 18, 19 en 20 [1]).

Eerst houdt hij zich bezig met eene nauwkeurige behandeling van de woorden dezer tekstverzen en meer bijzonder met dit gedeelte: „Aan den vreemde zult gij woekeren, maar uwen broeder zult gij niet woekeren".

---

1) Opera, XXVIII, blz. 111—124.

Deze wet dan is eene politieke, maar daarom is zij niet van alle beteekenis ontbloot, daar wij toch de geheele Mozaïsche wetgeving moeten vergelijken met de wet der tien geboden, omdat die volmaakt is en de regel van ons leven. En hoewel deze politieke wet alleen op de Joden betrekking heeft, is er toch eene substantie, die blijft, d. w. z. de billijkheid en rechtvaardigheid. Nu lijkt het onverklaarbaar, dat de Joden van vreemden wel woeker mochten nemen, maar toch valt dit onverklaarbare weg, wanneer men bedenkt, dat God voor de regeering der Joden vele zaken heeft toegestaan, die toch niet volstrekt goed waren. Maar hoe heeft hij ze toegestaan? Alleen zóó, dat er geen straf op volgde.

God verklaart dus het woekeren aan den vreemde volstrekt niet geoorloofd, maar bepaalt alleen geen straf hiertegen, omdat de aardsche wetten veel kwaad moeten laten gaan, dat eens op den grooten dag bezocht zal worden.

Na deze exegese begint hij met de beantwoording van de vraag, die zijn geheele schrijven beheerscht, en ook hier door hem uitdrukkelijk gesteld wordt: „Au reste, on demande en somme, si tout profit est defendu quand on preste" [1]).

Zoo beslist mogelijk geeft hij op deze vraag een ontkennend bescheid. Eene breede verdediging wordt door hem geleverd. Alle wapenen uit het kanonieke arsenaal, die ter verdediging van het renteverbod worden gebruikt, onderzoekt hij, en zij worden afgekeurd.

Weer wordt op de ware beteekenis van het Hebreeuwsche grondwoord *Nesech* gewezen; weer wordt de juiste zin van Nehemia's woorden aangetoond; weer de onhoudbaarheid van de argumenten, die van een principieel onderscheid ten deze van *res consumptibiles* en *non-fungibiles* en van het

---
1) Opera, XXVIII, blz. 120.

nummus nummum non parit uitgaan, aan de kaak gesteld. Vooral tegen die bewijsgronden, welke aan de *naturalis ratio* ontleend zijn, richt hij zich met alle kracht.

Scherp laat hij zich aldus uit: „On a prins ceste raison frivolle: Qu'argent n' enfante point argent. Et pourtant qu' il n' est point licite d'en rien recevoir" [1]. En na dan in den breede de productiviteit van het geld te hebben staande gehouden, roept hij nogmaals uit: „Ainsi voyons-nous que ceste raison qu' on a allegué autre fois, est puerile: L'argent n'enfante point l'argent" [2].

Tegenover al de beuzelachtige opmerkingen en tegenover het streven om het wezen aan den schijn op te offeren, roept hij op, tot een in waarheid oprecht handelen, ook wanneer wij geld leenen. De beteekenis van de behandelde woorden is dan ook slechts deze, dat wij in al onze handelingen de billijkheid betrachten, en hier in dit bijzondere geval geen gebruik maken van den nood, waarin de naaste verkeert, waardoor wij kunnen zeggen: „Voici une bonne occasion, ie puis profiter maintenant [3]".

Hoeveel rente en wanneer wij rente kunnen eischen is niet in algemeene termen te zeggen. Weer verwijst hij naar Genève's wet: „Car voila la Loy qui sera de cinq pour cent. .... Or est-ce à dire pourtant qu' il soit tousiours licite de prendre cinq pour cent? Nenni" [4].

Zelfs de schoonst klinkende contracten kunnen nog zondig zijn, en vooral kan niet gedoogd worden een sophisme, dat zich angstvallig aan den naam „woeker" vastklampt. Foutief

---

[1] Opera, XXVIII, blz. 118.
[2] Opera, XXVIII, blz. 119.
[3] Opera, XXVIII, blz. 120.
[4] Opera, XXVIII, blz. 121.

is ook de gedachte, alsof bij hooge rente slechts woeker aanwezig is. Neen! eene lage rente is dikwijls nog meer te veroordeelen dan eene hooge. Daarom moet deze vermaning worden vastgehouden:.... „Quand nous faisons question si toutes usures sont licites, qu'il ne faut point prendre simplement ce mot d'Usure, mais il faut regarder l'intention de Dieu" [1]).

Wat Calvijn over de rente schreef, is hiermede weergegeven. Wie deze beschouwingen aandachtig overpeinst, moet getroffen worden door de scherpe lijnen, welke Calvijn bij de ontwikkeling zijner theorie volgt. Zijne bewijsvoering vormt een vast aaneengesloten geheel, en steeds wordt door hem de strijd tegen het renteverbod naar eene onberispelijke methode gevoerd. Naast deze methodische eenheid wekt eerbied de groote vastberadenheid, waarmede bij de vaststelling van de vrijheid van het rente nemen aanstonds de grenzen worden getrokken, opdat deze vrijheid niet in losbandigheid ontaarde. Begrijpelijk is, dat Calvijn's optreden ten deze de bewondering van invloedrijke economen heeft opgewekt. Bijna allen, die zich op het gebied der rentewetgeving hebben bewogen, prijzen om het luidst Calvijn's verdiensten. De economische literatuur is vol loftuitingen.

Endemann schrijft: „Der einzige, der auch nach der Seite des materiellen Lebens hin reformatorische Meinungen aufstellt, ist Calvin. Er übt an dem Kerne der Wucherlehre, am Zinsverbot, volle Kritik; und wenn er auch mancherlei Beschränkungen der Zinsen aufrecht erhalten will, entscheidet er sich doch prinzipiell aus Gründen, welche

---

[1]) Opera, XXVIII, blz. 122.

darthun, wie richtig er die Sache erfastte, für die Zulässigkeit des Zinsennehmens.... Man kann also recht eigentlich Calvin als den Ausgangspunkt jener geistigen Bewegung betrachten, die immer entschiedener, da die Zeit dazu reif war, die Unrichtigkeit des Wucherdogmas proklamirte und schliesslich den vollen Sieg über dasselbe errang" [1]. Neumann oordeelt aldus: „Calvin allerdings gab der Gegenpartei der Reformatoren Grund genug zum Zorne. Denn in einem Briefe entwickelte er in so klarer Weise, als man es für jene Zeit und für den Apostel einer neuen, tief in die regste Praxis jahrhundertlanger Uebung eingreifenden Lehre nur verlangen kann, die Natur des Zinses und die Gesetze, welche denselben bedingen". „So ragt unter den Reformatoren Calvin durch seine Einsicht in die Natur der Volkswirthschaft hervor, wie ein Jahrhundert später Salmasius durch das tiefe Eindringen und die weitgreifende Umsicht in dem gleichen Gebiete sich heraushebt aus der Schaar der gleichzeitigen Schriftsteller Hollands, Calvin vor Allen hat unter den Führern der Kirchenneuerung auch in diesem Felde gründlich reformirt und durch seine Lehren zur Umformung des kanonistischen Zinsverbotes beigetragen" [2]. Ook de Boeck is vol lof: „On comprend qu' une telle discussion de la question de l'usure ait suscité l'admiration des historiens de l'économie politique, tant en France qu' en Allemagne, et l'on avouera, avec l' un d'eux, que par son indépendance à l'égard des préjugés traditionnels, par l' intelligence exacte de la vie sociale et des exigences de la production et de la consommation, Calvin a dépassé la plupart de ses contemporains" [3].

---

[1] *Studiën*, I., blz. 41.
[2] T. a. p., blz. 492, 493 en 494.
[3] T. a. p., blz. 258.

Niet minder beslist is de uitspraak van Wiskemann: „Calvin ist der Erste, der nicht nothgedrungen und blos im Hinblicke auf die schlechte Welte dieselben (n.l. Zinse) gutheisst, — er bildet gradezu durch seine weitlaüfige, für die damalige Zeit in der That bewundernswürdige Erörterung den Uebergang von dem Zinskauf zu dem wirklichen Zins und muss als der Vorgänger des Salmasius betrachtet werden" [1]. En wanneer hij aan het slot van zijn werk zijn oordeel over hetgeen in de Reformatie op economisch gebied geleerd is samenvat, dan zegt hij: „Was Calvin über den Zins und die dabei zu beachtenden Bestimmungen lehrt, ist so voller Weisheit, dass es zum grossen Theil für immer seine Geltung behalten wird" [2]. En Professor Ludwig Elster, die van oordeel is, dat Wiskemann „die wirthschaftliche Bedeutung des schweizerischen Reformators doch ein wenig zu hoch anschlägt" [3], moet erkennen: „So bildete gerade in der Zinslehre Calvin einen bedeutenden Fortschritt und bekundete besonders in diesem Punkte seine gründliche Einsicht in die wirthschaftlichen Vorgänge" [4].

Van groote beteekenis is zeker de hooge waardeering, waarmede von Böhm—Bawerk, de coryphee op het terrein der rentetheoriën, over Calvijn spreekt. Uitvoerig geeft hij diens beschouwing weer, en zegt van hem: „Er behandelt sie nicht umfangreich, aber entschieden". „Die ersten Vorkämpfer

---

[1] T. a. p., blz. 80.
[2] T. a. p., 143 en 144.
[3] *Johann Calvin als Staatsmann, Gesetzgeber und Nationalökonom* in de *Jahrbücher für Nationalökonomie und Statistik*, 37ste band, Jena, 1878, blz. 168—223. Het hier vermelde citaat vindt men op blz. 166. Het opstel van Adolphe Blanc, *Calvin législateur, économiste et politique* in de *Revue du Christianisme Social*, 6e jaargang, Vals, blz. 329 en volgg. is niet veel meer dan eene vertaling van dit artikel.
[4] T. a. p., blz. 199.

der neuen Richtung waren der Reformator Calvin und der französische Jurist Dumoulin (Carolus Molinaeus)" [1]).

Naast deze gulle lofspraken, die nog met een belangrijk aantal zouden te vermeerderen zijn, staan echter ook uitingen van economen en moralisten, die, bij de bespreking van Calvijn's verdiensten op dit punt, eene meer gereserveerde houding aannemen. Zoo gaat b.v. Roscher lang niet ver genoeg, als hij zegt: „Calvin sah in diesem Punkte klarer, und erkannte die kanonischen Zinsverbote gar nicht mehr an. (Epistolae et responsa, Hanov., 1597, epist. 383). Aehnlich schon Zwingli, der den Zins nicht loben will, aber für eine natürliche Folge des Eigenthums hält (Opp. ed. Tugur. 1530, I, 319 ff.); ja Erasmus (ad Evang. Luc. 6,44; Adagia v. Usurae nautt) und Luthers Gegner Eck, welcher 1515 den contractus trinus vertheidigte" [2]). Geheel dezelfde voorstelling geeft hij in het afzonderlijke opstel, dat door hem over de economische meeningen tijdens de Reformatie in het licht werd gegeven. Hoe onjuist het is, Calvijn op ééne lijn te stellen met Erasmus en Zwingli, meenen wij in het voorgaande genoegzaam te hebben doen zien. Er bestaat een onmiskenbaar onderscheid tusschen eene scherpe veroordeeling der rente, die haar alleen om de boosheid der tijden duldt en eene besliste principieele verdediging daarvan. Ook de gelijkstelling met Eck heeft geenen zin, want, wat deze lugubre persoonlijkheid verdedigde, was volstrekt niet het zuivere leenen van geld op rente, maar de wettigheid van contracten als de *societas,* het *contractus trinus* e. a., die langs omwegen een vrijwel gelijk resultaat als het leencontract bereikten.

In zijn geschiedboek laat Roscher zich dan ook sterker uit,

---

[1] T. a. p., blz. 31.
[2] *System,* I, blz. 466.

wanneer hij opmerkt: „In der Wucherlehre bildet Calvin wieder einen Fortschritt gegen Zwingli, indem er geradezu erklärt, das Geld sei nicht unfruchtbar, weil man dafür etwas kaufen kann, das wieder Geld hervorbringt. Selbst Hugo Grotius konnte dem nichts Erhebliches hinzufügen. Dabei ist Calvin consequent genug, auch dem Handel eine gewisse Productivität zuzuschreiben, so dasz *ex ipsius mercatoris diligentia atque industria* sein Gewinn grösser sein könne, als der des Landbaues" [1]).

Deze beschouwing is in hoofdzaak juist, maar beter zou de opmerking geweest zijn, dat Hugo de Groot niet slechts geene meer vooruitstrevende meening dan Calvijn verkondigde, maar dat hij bij dezen verre achterstond, daar, volgens hem, de H. S. het nemen van rente beslist verbiedt.

Munt de beschrijving van den negentiendeneeuwschen historicus der oeconomie niet uit door juistheid van voorstelling, hetzelfde moet omtrent den geschiedschrijver uit de twintigste eeuw worden getuigd.

Zeker, Oncken erkent, dat Calvijn ten deze een vrij wel geisoleerd standpunt inneemt. Wanneer hij bespreekt hetgeen door de Reformatoren is gewrocht, dan zegt hij: „Eigentümliches findet sich nur bei einem, nämlich bei Calvin (1509—1564) [2]); en na de uiteenzetting van Calvijn's meening heet het: „In den Ansichten Calvins spiegeln sich bereits die vorangeschrittenen volkswirtschaftlichen Zustände des Reformationszeitalters, wonach der Grundbesitz, zumal in den Städten, seine alte Gebundenheit verloren hatte und in das Commercium hereingezogen worden war". En dan voegt hij er aan toe: „Im eigentlichen Mittelalter wäre seine Argumen-

---

[1] *Geschichte der Nationalökonomik*, blz. 75, noot 2.
[2] T. a. p., blz. 145.

tation ohne Anhalt gewesen" [1]). Dit oordeel nu is beslist onjuist, en bevat eene geheele miskenning van den aard van Calvijn's argumenten, eene miskenning die in het nauwste verband staat met de verkeerde opvatting, welke het renteverbod slechts als eene uitdrukking van den economischen toestand beschouwt.

De bewijsgronden, waarmede Calvijn de wettigheid der rente staande houdt, danken niet hun ontstaan aan zekere tijdsomstandigheden, en zijn volstrekt niet alleen voor bepaalde tijden van gewicht. Zij zijn *absoluut* in den vollen zin des woords, en hebben beteekenis en kracht voor alle tijden, èn voor de middeleeuwen, èn voor onzen tegenwoordigen tijd. Principieel wordt hier de houding weergegeven, welke tegenover de rente moet worden aangenomen.

Bij Funk's bekende partijdigheid is van dezen geen ridderlijke waardeering van Calvijn's optreden te wachten. Hij vangt aan met de bekentenis: „Auch verkennen wir nicht die Richtigkeit des Blickes und die Schärfe des Urtheils, die Calvin in dieser Angelegenheit an den Tag legte", maar aanstonds wordt die lof weer aanmerkelijk verzwakt, wanneer hij vervolgt: „Nur darf dabei nicht vergessen werden, daß ebenso wie der Genfer Reformator sich für das Zinsnehmen ausgesprochen, auch katholische Theologen zu der Einsicht der sittlichen Zulässigkeit dieser Handlung gelangt sind, wie Eck und Hoogsträten, die zu Bologna als Vertheidiger derselben öffentlich aufgetreten sind" [2]). Ook Erasmus en Biel worden met Calvijn op ééne lijn gesteld. Bij de bestrijding van Roscher's beschouwing gelooven wij ook de onhoudbaarheid van Funk's bewering te hebben aangetoond.

---

1) T. a. p., blz. 145.
2) *Zins und Wucher*, blz. 105.

Welke bezwaren wij ook tegen de voorstelling van Funk koesteren, toch komt zijne waardeering van Calvijn nog in een schitterend daglicht, vergeleken met het oordeel van zijnen geloofsgenoot von Vogelsang. Deze toch geeft de positie, welke Calvijn in den ontwikkelingsgang van het rentevraagstuk inneemt, kort en krachtig aldus weer: „Calvin jedoch räumte mit allen dießbezüglichen Traditionen vollständig auf, und errichtete in Genf die erste christliche Wucherbank" [1]).

Girard gaat oogenschijnlijk op in bewondering voor Calvijn, wanneer hij uitroept: „Mais, c'est sous les traits de la personnalité accusée de Calvin que se présente, bien qu'encore avec une certaine timidité, la transition entre cette tolérance passive et la justification positive de l'intérêt, comme loyer proprement dit de l'argent" [2]). In het vervolg van zijne behandeling echter tracht hij dan op tweeërlei wijze Calvijn's verdienste te betwisten, en tegelijk de eer der verandering van inzicht aan het Humanisme te brengen. Het eerste middel, daartoe door hem aangewend, bestaat in het aanhalen van enkele plaatsen uit Calvijn's werken, waaruit duidelijk „une survivance médiévale" blijkt. Bij het weergeven van Calvijn's uitspraken meenen wij voldoende te hebben aangetoond, dat hij van sophistische en kanonieke smetten geheel vrij was.

Zonderling is de wijze, waarop hij, hetgeen Calvijn wrocht, op de creditzijde van het Humanisme en meer bepaaldelijk van het Legisme zoekt te plaatsen. De vreemdste redeneeringen worden daartoe door hem gevolgd. Calvijn's helder inzicht moet toch worden toegeschreven, volgens hem, aan het feit, dat hij eens in de rechten studeerde, en zoo spreekt

---

1) T. a. p., blz. 13.
2) T. a. p., blz. 222.

dan ook, bij zijne verdediging van de rente, meer de Legist dan de Reformator. Het onhoudbare dezer bewering springt in het oog, wanneer men bedenkt, dat tal van anderen, o.a. ook Luther, eerst in de rechten studeerden, en dat ook in het wereldlijk recht het kanonieke dogma was ingelijfd. Alle juristen veroordeelden de rente. Girard zelf geeft eene gansche reeks schrijvers van wie hij moet getuigen: „Chez tous ces auteurs, il n'y a pas, il est vrai, d'attaque positive contre la théorie scolastique; ils la passent simplement sous silence et ne fournissent contre elle d'autre argument que l'opinion divergente du droit romain" [1]. Dit is nog zeer euphemistisch uitgedrukt, en toch durft hij aan het einde van zijne verhandeling over de erkenning van het geoorloofde der rente schrijven: „C'est une des plus profondes transformations accomplies, à cette époque, au sein des idées économiques. Il importe de retenir que, dictée par les faits, elle fut l'oeuvre de l'esprit de la Renaissance, du Légisme en particulier; que la Réforme religieuse n'y contribua que faiblement, lui créant plus d'obstacles que de facilités; qu'enfin le mouvement populaire lui était carrément hostile et l'enraya de tout son pouvoir" [2].

Hetzelfde standpunt van Girard wordt voor een goed deel ook door Ashley ingenomen. Ook bij hem gelijke foutieve voorstelling, alsof Calvijn zich volstrekt niet bijzonder van zijne tijdgenooten en meer speciaal van de juristen onderscheidde. Op grond van enkele uitlatingen komt hij tot de valsche conclusie: „dass Calvins Stellungnahme zu jeglicher Art von Geschäften sich in keiner Weise von der Melanch-

---

[1] T. a. p., blz. 227.
[2] T. a. p., blz. 235.

thons oder der der meisten katholischen Theologen jener Zeit unterschied" [1]).

Toch moet hij erkennen: „Der endgültige Bruch mit der mittelalterlichen Lehre ging, soweit er die ausserhalb der Gemeinschaft der römischen Kirche stehenden betraf, von Calvin aus". En verder: „Calvins Urteil trug sicher viel dazu bei, die eingewurzelte Abneigung gegen den Wucher abzuschwächen, um so mehr, da das bedeutendste Handelsvolk des folgenden Jahrhunderts, die Niederländer, calvinistisch waren". Zelfs zegt hij: „Calvins Lehre gestaltete sich daher im buchstäblichen Sinne des Wortes zu einem Wendepunkt in der Geschichte europäischer Denkweise" [2]).

Inderdaad vormt Calvijn's leer niet slechts formeel, maar ook wezenlijk een keerpunt in hetgeen eeuwen was aangehangen. Het is goed telkens, ook nu, naar zijne verdediging van de rente te verwijzen. Immers, dat wij zoo uitvoerig het vraagstuk der rente bespreken, is toe te schrijven aan het groote practische gewicht, dat eene behandeling der rente thans heeft. Steeds luider en luider toch klinkt in de laatste jaren, vooral in Roomsche kringen, de kreet: „Terug tot het oude renteverbod". De leer hunner Kerk geeft hiertoe aanleiding, daar toch nimmer dit verbod door haar is opgeheven en principiëel de rente nog door de Roomsche Kerk wordt veroordeeld. Eene breede rij van publicisten is opgestaan, om de Kerk ernstig aan hare roeping te herinneren, door met kracht alle rente met haar afkeurend votum te treffen. Enkele uitlatingen uit deze geschriftenreeks mogen bewijzen, met wat vuur de strijd voor de handhaving van het oude renteverbod geopend is.

---

[1] T. a. p., II, blz. 490.
[2] T. a. p., blz. 490.

Freiherr Karl van Vogelsang [1]) mag zeker wel aan de spits genoemd worden van hen, die op terugkeer tot de oude paden aandringen. Vuriger paladijn dan hij is moeilijk denkbaar. Welsprekend is hij in zijne verontwaardiging, wanneer hij hekelt de handelwijze van hen, die de eeuwige beginselen van Gods Woord met voeten vertreden en ze aan de eischen van de praktijk opofferen. Geene rente kan genade in zijne oogen vinden, ook die niet, welke bij het leenen met productieve doeleinden getrokken wordt. Integendeel: „Der Zins bei Produktiv-Darlehen und unter dem Vorwande des lucrum cessans ist social noch weit verderblicher, als der grausamste Wucher beim Noth-Darlehen: Er hat die ganze Volkswirthschaft vergiftet, die sociale Moral so zerstört, dasz nur bei Einzelnen noch eine Erinnerung daran geblieben ist. Und an dieser Sünde musz unsere Gesellschaft zu Grunde gehen" [2])!

Op blz. 91 van zijn boek heeft hij in een zevental punten den korten inhoud van zijn werk weergegeven. Wij vermelden die hier, omdat door de voorstanders van de toepassing van het renteverbod dikwijls naar zijn geschrift wordt verwezen. Zij komen hierop neer: 1e. Voor het kanonieke recht en de Christelijke moraal zijn rente en woeker steeds identiek geweest; 2e. de Kerk heeft onafgebroken, tot op dit oogenblik toe, alle rente uit het leencontract verboden; 3e. dit verbod is een uitvloeisel van het natuurrecht; 4e. geen Rijkswet kan de rente toestaan; 5e. de rente is het kardinale punt der sociale quaestie, en het toelaten daarvan is de wortel van de heerschende misstanden; 6e. de externe titels moeten

---

[1] Vogelsang's boek is ingeleid door een groot aantal brochures, waarin het geoorloofde der rente besproken werd. Een der meest bekende is die van Dr. M. Klonkavius, *Die Wucherfrage*, Amberg, 1878.

[2] T. a. p., blz. 26.

zeer streng geinterpreteerd worden en hun bestaan in ieder bijzonder geval bewezen; 7e. over de gevallen, wanneer interesse uit externe titels toelaatbaar is, heeft de Kerk zich niet beslist geuit, maar in geen enkel opzicht heeft zij hare talrijke en onaantastbare beslissingen over het ongeoorloofde der rente uit het leencontract prijsgegeven.

De inhoud van zijn belangrijk geschrift, waarin het optreden der Kerk volkomen juist is weergegeven, is hiermede voldoende onder de aandacht gebracht. Slechts halen wij nog, tot kenschetsing van de bezieling, die hem meesleept, deze vurige vermaning aan: ,,Und desshalb sagen wir: sendet die heroische Schaar barmherziger Schwestern unter die Armen aus, eröffnet grozse Missionen für die Bedrängten und Bedrückten, *aber vergeszt nicht, zu gleicher Zeit den besitzenden Klassen die ernsten Lehren von der Gerechtigkeit zu verkünden*, von denen das alte und das neue Testament gefüllt sind, welche die Kirche zu einem wohlgeordneten, festgeschlossenen System ausgebildet hat. Der Kardinalpunkt dieses Systems aber ist das *Zinsverbot*. Sendet Missionäre aus, welche gegen den Wucher, d. h. gegen den Zins im kirchlichen Sinne predigen; sendet Missionäre aus, die vor der leichtfertigen Interpretation der externen Titel warnen; die Missionäre, welche gegen das Ansammeln und Erwuchern *todter* Schätze predigen, werden sich dann schon von selbst finden und die Ausübung der gerechten Vertheilung des Arbeitsgewinnes wird unendlich erleichtert sein" [1].

A. M. Weisz heeft in veel bezadigder betoog het ongeoorloofde der rente verdedigd. Maar al gaat hij lang niet zoover als von Vogelsang, toch uit ook hij zich ten deze beslist,

---

[1] T. a. p., blz. 81.

b.v. als hij beweert: "Die kirchliche Zinslehre steht so fest wie je. Dass vom Darlehen kein Zins möglich und erlaubt ist, bleibt Dogma" 1).

Uit den vloed van buitenlandsche litteratuur 2), die over dit onderwerp verscheen, zouden wij nog menige uitlating kunnen overnemen, maar liever doen wij nog kort zien, hoe de strijd vóór en tegen het renteverbod niet slechts buiten de grenzen gevoerd wordt, maar hoe ook in ons land voor de wederinvoering van het renteverbod wordt gepleit. Wij wijzen op de breede verhandeling van M. J. C. Kuypers: *De woeker en het Maatschappelijk vraagstuk* 3).

Uitvoerig gaat hij na, welke de inhoud der door de Kerk ontwikkelde renteleer is, en hij vertolkt ze aldus: "'t Is de leer der kerk, dat *in gewone, natuurlijke, rechtvaardige omstandigheden* alle rente voor het gebruik van geld woeker is; dat de vergoeding voor schade en gevaar, welke *soms en toevallig ook in die omstandigheden* mocht gevorderd worden, heel iets anders was dan rente voor geld . . ." 4).

Zijn standpunt blijkt duidelijk uit de woorden: "Maar volkomen zijn wij het met deze baanbrekers op het gebied der christelijke staathuishoudkunde eens, waar zij zich in economisch opzicht geheel en al aansluiten bij de Kerkvaders, bij de scholastieken, de godgeleerden der oude school en bij de woordelijk opgevatte Kerkleer, en waar zij juist hier het

---

1) T. a. p., II, blz. 767.
2) Zie verder nog over dit onderwerp: Kempel, *Göttliches Sittengesetz und neuzeitliches Erwerbsleben*, Mainz, 1901; Hohoff, *Waarenwerth und Kapitalprofit*, Paderborn, 1902.
3) Opgenomen in No. 22—27 van den 2den jaargang van het *Katholiek Sociaal Weekblad*, 1903.
4) T. a. p., blz. 258.

cardinale punt der sociale kwestie meenen te moeten zoeken" [1]).

In het laatste artikel schrijft hij: „Die geleerden dragen hier eene zware verantwoording, welke, hoewel volkomen ter goeder trouw meenden, dat zij ter wille van de algemeenheid van den Mammonsdienst mochten afwijken van de leer door alle Kerkvaders, alle concilies en alle Pausen verkondigd, en durfden neer te schrijven, dat eene matige rente voor geleend geld in onze dagen principieël gerechtvaardigd is", en hij besluit met de aanprijzing van dit ideaal: „Wij moeten in de staathuishoudkunde weten, van welke beginselen wij uitgaan en naar welk doel wij streven. *Maar dit einddoel kan geen ander zijn dan de vernieuwing van het woekerverbod* niet alleen door het kerkelijk gezag, dat principieël dit verbod nooit heeft ingetrokken, maar ook en vooral door de volgens Christelijke beginselen hervormde Staten" [2]).

Wij volstaan met deze ééne aanhaling, welke uitdrukking geeft aan het ideaal, dat velen bezielt [3]).

Welke bezwaren men ook tegen de steeds breeder wordende rij der verdedigers van het kanoniek renteverbod moge aanvoeren, men kan hun niet verwijten, dat zij ontrouw zijn aan de leer hunner Kerk. Hun optreden is volkomen conform aan het kerkelijk dogma dat nog steeds de rente principieel veroordeelt. Het mildste standpunt, dat de R. C. Kerk sinds de vorige eeuw van hare besluiten ingenomen heeft, is

---

1) T. a. p., blz. 270.
2) T. a p., blz. 316. Wij cursiveeren.
3) Bij de opname der artikelen teekent de redacteur van het *Katholiek Sociaal Weekblad* aan: „Hoewel persoonlijk, blijkens vroeger in *De*(n) *Tijd* geschreven artikelen, op verschillende punten met deze beschouwingen van meening verschillende, bestond tegen de opneming ervan in het *Kath. Soc. Wkbl.* te minder bezwaar, omdat de door den Schrijver verdedigde opinie onmiskenbaar steeds meer aanhangers vindt".

dat der inschikkelijkheid, inzooverre zij, die wel eens tegen matige rente geld uitleenen „non inquietandi sunt" 1). Overigens wordt met kracht in hare decreten het oude standpunt gehandhaafd, en telkens wordt verwezen naar de bul *Vix pervenit*, wier veroordeelend vonnis over de rente wij vroeger hebben meegedeeld.

Eigenaardig is, hoe, bij de beslissingen van den H. Stoel Calvijn's meening met name wordt bestreden. In een schrijven van eenen Italiaanschen bisschop d.d. 22 Januari 1832 wordt gewezen op eene plaats in het beroemde werk van Benedictus XIV, *De synodo dioecesana:* „Graecis ex parte consensit Calvinus, qui ad cap. XVIII Ezechielis licere docuit aliquod moderatum lucrum, non quidem a paupere, sed a divite, praecise ratione mutui, exigere" 2). Verder wordt dan uiteengezet, hoe „error a Calvino obiter insinuatus", door Molinaeus en Salmasius verder verbreid is, ja hoe zelfs katholieke theologen „non veriti sunt impiae Calvini et Molinaei opinioni subscribere". De R. C. Kerk handhaaft in hare beslissing ten volle de bestrijding van Calvijn. Duidelijk komt door deze en andere decisies aan het licht, hoe onjuist de bewering is van hen, die verdediging der rente als een der dogmata van de Roomsche Kerk beschouwen, en welke gewrongen positie zij innemen, die, als tegenstanders van een absoluut renteverbod, hun standpund als in overeenstemming met de leer der Kerk zoeken voor te stellen.

Prof. Bolland heeft in een opstel over *Christendom en rente* 3)

---

1) Zie dit besluit van het *Sacrum Officium* d.d. 18 Augustus 1830 en talrijke andere beslissingen bij Billuart, t. a. p., blz. 15—26.
2) Billuart, t. a. p., blz. 23.
3) Opgenomen in *De XXe Eeuw*, Amsterdam, 1902, 8e jaargang, blz. 509—536.

zijn licht over dit punt laten schijnen; en nu moge men verontwaardiging hebben voor dat felle antipapisme, dat hem ook hier weer parten speelt, men moge betreuren de historische onjuistheden, waaraan hij zich schuldig maakt, men moge minachtend de schouders ophalen voor zijne bewering, dat wie zweert, den Sabbat op den eersten dag viert, zich niet ontmant, in strijd met den Bijbel handelt — toch kan men onmogelijk ontkennen de juistheid van zijn betoog, wanneer hij eene laakbare tegenstrijdigheid ziet tusschen de leer der Roomsche Kerk, die de rente principieel zoo sterk mogelijk bestrijdt, en de handelwijze van Roomsche dogmatici en practici, welke de rente met een beroep op de Kerkleer zoeken te verdedigen.

Prof. Bolland erkent, dat de Gereformeerden met Calvijn voorop het renteverbod niet hebben gebillijkt. In dit opzicht vervalt hij niet in de fout van Prof. Quack, die, wanneer hij spreekt over Constantin Pecqueur, diens arbeid aldus kwalificeert: „De traditie der Catholieke Kerk en van het steile Calvinisme over het leerstuk van het woekerverbod was, volgens Pecqueur, volkomen goed" [1]. Wat Prof, Quack met het steile Calvinisme bedoelt, is niet volkomen duidelijk; alleen dan toch schuilt er waarheid in zijne opmerking, wanneer hieronder niet *het* Calvinisme moet worden verstaan.

Moet Prof. Bolland erkennen, dat Calvijn en het Calvinisme immer het geoorloofde der rente hebben staande gehouden, toch ligt in die erkenning geenszins waardeering van zijn optreden begrepen. Integendeel met een beroep op de be-

---

[1] *De Socialisten*, 8e deel, 1892, Amsterdam, blz. 535. Quack geeft deze beschouwing, naar aanleiding van het meest bekende werk van Pecqueur: *Théorie nouvelle d'économie sociale et politique*, waarin hij onder een zestal oorzaken, die den tegenwoordigen jammer veroorzaken, als de voornaamste noemt het uitleenen tegen interest of kapitaalwinst.

kende plaatsen uit Deuteronomium, de Psalmen, Ezechiel en Lukas vindt hij in de H. S. duidelijk het ongeoorloofde van het rente nemen uitgedrukt. Bitter is zijne verontwaardiging tegen de gereformeerde leidslieden, „die in dezen van Calvijn hadden geleerd, zich over Gods gebod met vastberadenheid heen te zetten" 1); en over de eenvoudigen in den lande laat de Leidsche hoogleeraar zich aldus uit: „Zoo blijven onze Gereformeerden onbewust van het feit, dat „in den woorde Gods" het nemen van rente met het woekeren vervloeit tot eenzelfde slag van daden, die men aan zijnen „broeder" niet behoort te begaan; zoo zingen zij dan in den vijftienden psalm onschuldig weg van den vrome en rechtvaardige, „die nooit zijn geld op *woeker* geeft, die, de onschuld en het recht genegen, het oog op geen geschenken heeft."" 2).

Wanneer Prof. Bolland zich den tijd gunde, Calvijn's uitingen te bestudeeren, zou hij zien, hoe ongerijmd zijne verwijzing naar de verschillende bijbelplaatsen is, en hij zou tot de erkenning moeten komen, dat Calvijn door zijne verhandeling over de rente een *monumentum aere perennius* stichtte. Inderdaad, dit is niet te veel gezegd; want niet hoog genoeg kan Calvijn's machtige beteekenis op dit gebied worden gewaardeerd. Immers door zijn optreden droeg hij niet slechts een lauwertak weg in het wetenschappelijk tournooi, en behaalde hij niet alleen eene overwinning, welke met het practisch leven in zeer verwijderd verband stond. Neen, wat hij omtrent de rente leerde oefende eenen onberekenbaren, veredelenden invloed op het maatschappelijk leven uit. Aan

---

1) T. a. p., blz. 512.
2) T. a. p., blz. 513.

het practisch maatschappelijk verkeer heeft Calvijn zijnen adeldom gegeven.

Men bedenke toch van hoe omvangrijke beteekenis het renteverbod voor het verkeersleven was, hoe de woekerleer op bijna ieder instituut haren stempel gezet had. Wie in het practisch leven optrad, kwam ieder oogenblik met het renteverbod in aanraking, en als de Bijbel de rente beslist verbood, moest dit ten gevolge hebben, dat zij, voor wie „Gods Woord een lamp voor hunnen voet" is, òf zich uit het verkeersleven, waar handhaving van het renteverbod onmogelijk is, terugtrekken, òf zich toch in handel en bedrijf blijven bewegen, om door allerlei draaierijen en omwegen zich aan de strenge letter der H. S. te onttrekken. Het noodlottige van beide gevolgen springt in het oog. In het eerste geval kan het zich onthouden van de meest conscientieuse elementen niet anders dan verderfelijk werken, en de schade, welke in het tweede geval beloopen wordt, is wellicht nog hooger.

Immers al die sofistische drogredenen, die onwaardige haarkloverijen, die onware casuistiek, welke onder leiding der Scholastieken hare intrede hadden gedaan en door Pascal in den 8sten brief van zijne *Lettres écrites à un provincial* met zoo vlijmende satire zijn gehekeld, moesten fataal werken. Goede trouw en waarheid toch waren hierbij zoek en dit kon niet anders dan eenen demoraliseerenden invloed uitoefenen.

Welnu, met Calvijn's optreden is dat anders geworden. Waarheid en gerechtigheid worden door hem als onmisbare factoren in het maatschappelijk leven in eere hersteld. Nieuwe banen zijn door hem geopend, en op zulk eene voortreffelijke wijze heeft hij dit gedaan, dat thans nog de waarde er van schitterend gehandhaafd blijft.

In deze dagen, nu weer zooveel mokerslagen de rente

treffen, zou herhaling van het werk der *American Society for political Education* geen overtollige arbeid wezen. Calvijn's verdediging kan nu nog ten volle worden aanvaard en al zijne argumenten kunnen worden overgenomen. Geheel ook kan nog worden meegegaan met zijne bewijsvoering voor de productiviteit van het geld op natuurlijke gronden.

In lateren tijd is men wel is waar opgegaan in nauwkeuriger detail-studie, om die productiviteit te verklaren, doch daarbij is het opmerkelijk, dat op een voorbeeld, dat Calvijn stelt om de vruchtbaarheid van het geld aan te toonen, Turgot zijne „fructificationstheorie" heeft gebouwd [1]).

Maar vooral kan warme sympathie worden gekoesterd voor de wijze, waarop Calvijn het Bijbelsch standpunt der rente uiteenzet, wanneer hij bij de exegese der onderscheidene teksten eenerzijds met beslistheid het geoorloofde der rente handhaaft, maar anderzijds met niet minderen ernst aandringt

---

[1]) Zie de breede uiteenzetting van de verschillende theoriën, welke verkondigd zijn, in het standaardwerk van von Böhm-Bawerck, deel I.

Een kort uittreksel van dezen monumentalen arbeid heeft hij zelf in het *Handwörterbuch der Staatswissenschaften* gegeven, band VII, *sub voce* Zins.

Hij verdeelt de onderscheidene theoriën in zes groepen:

1e de *productiviteitstheorien*, die weer worden verdeeld in de naive van J. B. Say, Roscher, Kleinwächter enz. en de gemotiveerde van Lauderdale, Carey, Thünen e. a.

2e de *nuttigheidstheoriën*, die J. B. Say tot grondlegger hebben en verder ontwikkeld zijn door Hermann, Knies, Karl Menger, e. a.

3e de *onthoudingstheorie* van Senior.

4e de *arbeidstheoriën* van James Mill, Schäffle, Wagner, e. a.

5e de *uitbuitingstheorie* van Rodbertus, Marx, Lasalle, e. a.

6e die theoriën welke de rente baseeren op den invloed *van den tijd* op de waardeschatting der goederen. Door Jevons het eerst ontwikkeld, wordt deze leer met velerlei afwijkingen ook door von Böhm aangehangen. Natuurlijk vallen nog onderscheiden theoriën buiten deze groepeering, zoo b. v. de fructificationstheorie van Turgot en eene reeks leeringen, welke in zijn hoofdwerk onder den titel *farblose theoriën* behandeld worden.

op inachtneming der zedelijke beginselen, die bij het genieten van rente moeten leiden.

Dezelfde meesterhand, die de staketsels verwijdert, welke, volgens Rome's leer, den Christen van het volle verkeersleven moeten afhouden, trekt even vast de grenzen, waarbinnen zich het rentenemen moet blijven bewegen. In Calvijn's leer ligt de oorsprong en waarborg voor de vrijheid van het rentenemen.

HOOFDSTUK III.

Calvijn's opvatting van het Beroep in het algemeen en van den Koophandel in het bijzonder.

Er bestaat een nauw verband tusschen het onderwerp, in het voorgaande hoofdstuk besproken, en dat, in het tweede gedeelte van het hierboven geplaatst opschrift aangeduid. Reeds wezen wij in de paragraaf, handelende over „den omvang van het renteverbod", op de hooge beteekenis, welke de woekerleer voor het koopcontract had. Met de vermelding van enkele plaatsen uit het *Corpus juris canonici* hebben wij aangetoond, hoe de handhaving van het renteverbod iederen koop, waarbij de tijd van betaling invloed uitoefende op de hoogte van den prijs, onherroepelijk veroordeelde. Nog onderscheidene uitspraken zouden zijn te geven, die duidelijk doen zien van hoe hoog gewicht het kanonieke dogma voor de vorming van het koopcontract was [1]). Niet slechts echter tot de bepaling van den aard dezer enkele overeenkomst bleef de werking van het verbod beperkt. De positie, welke moest worden in-

---

1) Zoo b. v.: C. 19 de usur. 5, 19 en C. 6 de usur. 5, 19.

genomen tegenover hen, die van het sluiten der koopovereenkomsten hun beroep maakten, werd door de houding jegens het rentevraagstuk bepaald. Wie bedenkt, hoe onder *usura* niet slechts mag worden verstaan het voordeel, uit het leencontract getrokken, maar „quidquid sorti accedit," die gevoelt hoeveel voetangels en klemmen hier voor den strengen Kanonist waren gelegen.

Zóó onvermijdelijk was het gevaar, om zich in den handel aan overtreding van het renteverbod schuldig te maken, dat feitelijk voor hen, wien de handhaving van het verbod ernst was, het „lasciate ogni speranza voi ch'entrate" boven de poorten van dit terrein was geschreven.

Bij dezen stand van zaken spreekt het van zelf, dat de opvatting, welke omtrent de rente gekoesterd wordt, beslissend is voor het oordeel over den handel. Dat wij dan ook in het vorige hoofdstuk, in verhouding tot het over Calvijn gezegde, zoo breede schets gaven van de meening zijner tijdgenooten en voorgangers, vond voor een groot deel mede zijne oorzaak in het feit, dat de beschouwing, door hen omtrent de rente gegeven, tevens hunne opvatting van den handel bepaalde.

Waar zoo hunne verhouding jegens de rente hunne positie tegenover den handel besliste, daar behoeft hun oordeel over het thans behandeld punt hier niet in den breede te worden weergegeven, en kan dan ook dit hoofdstuk binnen veel enger grenzen worden beperkt.

Endemann heeft in een afzonderlijk verschenen artikel den grooten invloed van de woekerleer ten deze juist geschetst, wanneer hij, sprekende over het handelsrecht in de middeleeuwen, zegt: „Das Handelsrecht hat wesentlich die Aufgabe, nachzuweisen, was vom Standpunkt des den Wucherverboten zu Grunde liegenden Axioms von der Unproduktivität des

Geldes aus rechtlich statthaft und daher rechtsbeständig sei, oder nicht. Es hat daher das bestehende Recht von den Wuchergesetzen aus zurevidiren und mit letzteren im Einklang zu erhalten. Es hat ferner die neuen Gestaltungen des Verkehrslebens, welche groszentheils gerade dadurch entstanden, dasz man Seitenwege neben den Wuchergesetzen hin suchte, zu erklären und zu rechtfertigen, welches letztere oft alle Künste der Scholastik in Anspruch nahm. Da man den Verkehr selbst nicht hemmen konnte, blieb Nichts übrig, als wohl oder übel eine Rechtfertigung seiner Erscheinungen zu finden. Wie spitzfindig man dabei häufig die Folgerungen aus den unantastbaren Hauptprinzipien umgehen muszte, ergibt sich an vielen Beispielen" [1]).

In de tractaten van dien tijd over den handel, is steeds het renteverbod uitgangspunt der beschouwingen. De *Summa Astesana* en *Pisana* wijden uitvoerige verhandelingen aan de kracht, welke aan de uitspraak: „mutuum date nihil inde sperantes," ten opzichte van den handel moet worden toegekend. Zeer langen tijd vormt het renteverbod het uitgangspunt, waarop men zich bij de beantwoording der vraag: „an mercatura sit licita" stelde, en Scaccia's *Tractatus de commerciis et cambio* doet zien, hoe nog in de 17e eeuw de rentevraag de allesbeslissende factor was voor de beoordeeling van den handel. Eene breede stroom van literatuur zou zijn aantewijzen, waarin, naar het hier aangegeven beginsel, de verhouding jegens den handel wordt uiteengezet. Laat men echter de excessen van enkele schrijvers, die in de

---

[1] In een artikel: *Beiträge zur Kenneniss des Handelsrecht im Mittelalter*, geplaatst in het *Zeitschrift für das gesammte Handelsrecht*, band V, Erlangen, 1862.
De geciteerde woorden vindt men op blz. 338.

meest krasse termen hunne verontwaardiging over allen handel uiten, terzijde, dan komen hunne beschouwingen vrijwel overeen met hetgeen Thomas Aquinas in zijne beroemde uiteenzetting van den handel leerde; mitsdien kunnen wij met het weergeven van zijn oordeel volstaan.

In een viertal articuli [1]) heeft Thomas zijne meening uiteengezet. In de articuli 2 en 3 behandelt hij de vragen: „utrum venditio reddatur illicita propter defectum rei venditae," en „utrum venditor teneatur dicere vitium rei venditae". Met de hier behandelde quaestie staan deze punten echter slechts in zeer verwijderd verband, en veilig kunnen zij dus onbesproken worden gelaten, om zoo alle aandacht te wijden aan hetgeen in de artikels 1 en 4 wordt gezegd.

Ook het eerste artikel is niet zonder belang, al heeft het niet onmiddellijk betrekking op de beoordeeling van den handel in het algemeen. Hij behandelt daar toch de vraag: „utrum licite aliquis possit vendere rem plus quam valeat". Naar zijne gewone methode vermeldt hij eerst de argumenten, welke tegen de stelling, die hij wenscht te verdedigen, worden aangevoerd, om daarna zijn gevoelen te uiten. Een drietal bewijsgronden wordt door hem aangeroerd, dat een toestemmend antwoord op de gestelde vraag schijnt te wettigen: allereerst bepaalt in aardsche zaken het wereldlijk recht, wat geoorloofd is, en dit staat aan kooper en verkooper toe elkaar te bedriegen; vervolgens gaan alle menschen bij hunnen handel uit van de gedachte, dat er geen bezwaar bestaat, eene zaak voor hoogeren prijs te verkoopen, dan zij in werkelijkheid waard is, en ten slotte ligt eene voorname aanwijzing voor het geoorloofde der gewraakte handeling in het feit, dat men bij het ontvangen

---

[1] *Summa Theologica*, II^{II}, quaestio LXXVII.

van geschenken dikwijls meer teruggeeft, dan men krijgt; indien nu het vriendschappelijk verkeer het overschrijden van de waarde toestaat, is dit ook bij het koopcontract geoorloofd.

Al deze bewijsgronden nu worden door den schrijver der *Summa theologica* ontzenuwd met een betoog, waarbij op den voorgrond staat: Matthaeus 7 : 12. „Alle dingen dan, die gij wilt dat u de menschen zouden doen, doet gij hun ook alzoo". Het volgen van dezen grondregel leidt hem tot onderstaande conclusies. Vast staat, dat moet worden veroordeeld ieder koopcontract, waarbij opzettelijk bedrog is gepleegd. Het zondige hiervan springt aanstonds in het oog, maar, wanneer dit geval niet aanwezig is, moet allereerst worden bedacht, dat koop en verkoop zijn ingevoerd tot nut van het gansche menschelijke geslacht, en met Aristoteles leidt hem de overdenking hiervan tot de volgende conclusie: „dum scilicet unus indiget re alterius, et e converso: sicut patet per Philos. in 1 Polit. (*cap. 6.*): quod autem pro communi utilitate inductum est, non debet esse magis in gravamen unius, quam alterius; et ideo debet secundum aequalitatem rei inter eos contractus institui: quantitas autem rei, quae in usum hominis venit, mensuratur secundum pretium datum; ad quod est inventum numisma, ut dicitur in 5. Ethic. (*cap. 5*); et ideo si vel pretium excedat quantitatem valoris rei, vel e converso res excedat pretium, tolletur justitiae aequalitas; et ideo carius vendere, vel vilius emere rem, quam valeat, est secundum se injustum, et illicitum".

Nu kunnen zich echter omstandigheden voordoen, die aan de handhaving van den hier gegeven regel moeilijkheden in den weg leggen. Het is namelijk mogelijk, dat de verkooper, door zich van de zaak te ontdoen, een bijzonder nadeel lijdt, terwijl de kooper zich over het bezit der gekochte zaak buitengemeen verheugt. Indien nu den verkooper deze schade dreigt te treffen, is het billijk, hoewel de zaak op zich zelve niet zooveel waard is, toch eenen hoogeren prijs te bedingen, waardoor deze schade vergoed wordt. Daarentegen gaat het niet aan, om den prijs te verhoogen met het oog op het buitenkansje van den kooper: „quia utilitas, quae alteri accrescit, non est ex vendente, sed ex conditione (al. *venditione*) ementis". Toch voegt hij er aan toe: „ille tamen, *qui ex re alterius accepta multum juvatur, potest propria sponte aliquid vendenti supererogare;* quod pertinet ad ejus honestatem". Het beginsel, door hem vooropgesteld, wordt echter door deze concessie geenszins aangetast, want alleen uit zekere liberaliteit, zonder eenige verplichting, geeft de kooper hier eenen hoogeren prijs, dan de waarde vertegenwoordigt. Men gevoelt, hoe de gedachten in deze paragraaf ontwikkeld, van het hoogste belang zijn voor de beantwoording der vraag, die hij in artikel 4 stelt: „utrum liceat negotiando aliquid carius vendere, quam emere". De quaestie van het al of niet geoorloofde van den handel wordt hierin door hem besproken, en weer vangt hij aan met de opsomming van een drietal bewijsgronden, dat den handel beslist moet veroordeelen: ten eerste, staat een tweetal uitspraken van mannen van hooge autoriteit beslist vijandig tegenover allen handel. Chrysostomus zegt: „Quicumque rem comparat, ut integram, et immutatam vendendo lucretur, ille est mercator, qui de templo Dei eicitur", en niet minder stellig luidt de uitspraak van Cassiodorus: „Quid, inquit, est aliud negotiatio, nisi vilius comparare, et carius velle distrahere?", en daaraan voegt hij nog toe: „Negotiatores tales Dominus ejecit de templo". Hierop volgt dit argument: reeds vroeger is aangetoond, hoe het ongeoorloofd is om hoogeren prijs te bedingen, dan de waarde bedraagt, en nu is het noodzakelijk, dat de koopman, die eene zaak duurder verkoopt dan hij ze gekocht heeft, óf goedkooper kocht óf duurder verkoopt dan de waarde dier zaak bedraagt; derhalve begaat hij zonde. Ten derde heeft Hieronymus gezegd: „Negotiatorem clericum, ex inope divitem, ex ignobili gloriosum, quasi quandam pestem fuge", en nu zou het handel drijven aan de geestelijken niet ontzegd zijn, als het geen zonde ware.

Tegenover deze bedenkingen nu, die alle handel uit den booze achten, zet Thomas met eene verwijzing naar Aristoteles zijn standpunt uiteen.

Hij vat de quaestie breed op, en kiest tegenover den handel principieel met deze woorden stelling:

„Respondeo dicendum, quod ad negotiatores pertinet commutationibus rerum insistere; ut autem Philos. dicit in 1. Polit. (*cap. 5. et 6.*) *duplex* est rerum commutatio; *una* quidem quasi naturalis, et necessaria; per quam scilicet fit commutatio rei ad rem, vel rerum, et denariorum propter necessitatem vitae: et talis commutatio non proprie pertinet ad negotiatores, sed magis ad oeconomicos, *vel* politicos, qui habent providere vel domui, vel civitati de rebus necessariis ad vitam: *alia* vero commutationis species est, *vel* denariorum ad denarios, vel quarumcumque rerum ad denarios, non propter res necessarias vitae, sed propter lucrum quaerendum: et haec quidem negotiatio proprie videtur ad negotiatores pertinere, secundum Philosophum (*lib. 1. cap. 6.*). *Prima* autem commutatio laudabilis est; quia deservit naturali necessitati: *secunda* autem juste vituperatur, quia, quantum est de se, deservit cupiditati lucri, quae terminum nescit, sed in infinitum tendit; et ideo negotiatio secundum se considerata quandam turpitudinem habet, inquantum non importat de sui ratione finem honestum, vel necessarium; lucrum tamen, quod est negotiationis finis, etsi in sui ratione non importet aliquid honestum, vel necessarium, nihil tamen importat in sui ratione vitiosum, vel virtuti contrarium; unde nihil prohibet, lucrum ordinari ad aliquem finem necessarium, vel etiam honestum: et sic negotiatio licita reddetur: sicut cum aliquis lucrum moderatum, quod negotiando quaerit, ordinat ad domus suae sustentationem, vel etiam ad subveniendum indigentibus: vel etiam cum aliquis negotiationi intendit propter publicam utilitatem, ne scilicet res necessariae ad vitam patriae desint; et lucrum expetit, non quasi finem, sed quasi stipendium laboris".

Deze uitspraak doet zien, hoe hij slechts een onverdeeld gunstig oordeel kan uitspreken over den handel, welke tot levensonderhoud of voorziening in de behoeften van den Staat dient, maar een dergelijk oordeel niet kan uitstrekken tot den handel, die inkoopt, om winst te maken. Duidelijk blijkt dit ook uit hetgeen hij, na de hierboven gegeven systematische uiteenzetting, opmerkt, ter weerlegging van de eerste twee punten, die allen handel veroordeelen:

„Ad Primum ergo dicendum, quod verbum Chrys. est intelligendum de negotiatione, secundum quod ultimum finem in lucro constituit, quod praecipue videtur, quando aliquis rem non immutatam carius vendit: si enim rem in melius mutatam carius vendat, videtur praemium sui laboris accipere: quamvis et ipsum lucrum possit licite intendi, non sicut ultimus finis, sed propter alium finem necessarium, vel honestum, ut dictum est *(in corp.)*

Ad Secundum dicendum, quod non quicumque carius vendit aliquid quam emerit, negotiatur; sed solum qui ad hoc emit, ut carius vendat: si autem emit rem, non ut vendat, sed ut teneat, et postmodum propter aliquam causam eam vendere velit, non est negotiatio, quamvis carius vendat: potest enim hoc licite facere, vel quia in aliquo rem melioravit, vel quia pretium rei est mutatum secundum diversitatem loci, vel temporis, vel propter periculum, cui se exponit, transferendo rem de loco ad locum, vel eam ferri faciendo; et secumdum hoc nec emptio, nec venditio est injusta".

Men ziet aan hoeveel vereischten moet worden voldaan, vóór Thomas Aquinas op het handelsbedrijf zijn *licet* kan drukken. Alleen, wanneer de voorwerpen worden verkocht in andere gedaante, dan zij zijn gekocht, en dus in den prijs vergoeding voor verrichten arbeid is begrepen, of wanneer de waar zoo al niet is ingekocht met de bedoeling, om ze direct weer te verkoopen, maar dan toch tegen de oorspronkelijke bestemming in wordt verkocht, en later ingetreden omstandigheden verhooging van den prijs billijken, kan eene onvoorwaardelijke goedkeuring volgen.

Daarentegen de handel, uitgeoefend als bedrijf, het koopen van waren met de bedoeling, om die onveranderd weer met winst te verkoopen, acht hij afkeurenswaardig. Zeker, er kunnen omstandigheden aanwezig zijn, die een dergelijk bedrijf niet geheel verwerpelijk maken, zoo wanneer men eene matige winst zoekt tot onderhoud van zijn gezin of tot leniging van den nood der armen, of indien men voor het algemeen welzijn handel drijft; maar toch, op zich zelf genomen, is die handel niet goed te keuren — „juste vituperatur".

Tusschen de opvatting van Thomas Aquinas, omtrent den handel gehuldigd, en die van andere Kanonisten na hem, is geen merkbaar verschil aan te wijzen. Vrijwel toch was men het er over eens, dat handel in waren, zonder verdere bearbeiding, niet kon worden geduld. Alleen met dien handel kon worden ingestemd, waarbij de factor „arbeid" eene belangrijke rol speelde. In de kanonieke geschriften is hoofdprincipe, dat eigenlijk slechts de arbeid vergoeding verdient, en zoo onderscheidde men dan drie soorten van handel: de *negotiatio oeconomica*, tot onderhoud van zich en zijn gezin, de *negotiatio publica*, ter voorziening in de volksbehoeften, door den staat gedreven, en de *negotiatio lucrativa*, die slechts inkoopt om weer te verkoopen, de speculatieve handel dus. Bestond tegen de billijking van de eerste twee categoriën geen bezwaar, in de afkeuring van de *negatiatio lucrativa* was men eensgezind. En daarmede is feitelijk eene onvoorwaardelijke, geheele veroordeeling van den handel uitgesproken. Immers juist daarin bestaat het karakteristieke van den handel, dat men goederen inkoopt met de bedoeling, deze onbewerkt weer met winst te verkoopen. De *negotiatio lucrativa* is de eigenlijke handel, is alleen handel. Het is eene foutieve opvatting, die men ook bij onderscheidene economen vindt, den handel gelijk te stellen met iederen ruil van goederen. Eene omschrijving bijvoorbeeld als van Melon: „le commerce est l'échange du superflu pour le nécessaire" [1]), miskent geheel en al den zin, die in economisch opzicht aan den handel moet worden gehecht.

Juister schijnt ons toe de omschrijving, welke Dr. W. Lexis, geeft: „Handel ist der gewerbsmäszige Betrieb des Eintausches oder Ankaufs von Gütern und der Wiederveräuszerung derselben zum Zwecke einer Erzielung von Gewinn" [2]).

Het economisch begrip van handel alzoo is veel beperkter

---

1) In zijn *Essai politique sar le commerce*, blz. 667. Hier vindt men ook de definities van verscheidene andere schrijvers.

2) In een artikel *Handel* in Gustav Schönberg's, *Handbuch der politischen Oekonomie*, band II, blz. 811.

dan de juridische omschrijving, welke wij in art. 5 van ons Wetboek van Koophandel vinden, waar onder daden van koophandel verstaan wordt „het koopen van waren, om dezelve weder te verkoopen, in het groot of in het klein, hetzij ruw, hetzij bewerkt, of om alleen het gebruik daarvan te verhuren". In wettelijken zin wordt zoo een groot aantal bedrijven tot handel gestempeld, dat in economisch opzicht er allerminst onder valt. Deze uitweiding tot nadere vaststelling van het begrip „handel" was noodzakelijk om te doen zien, hoe niet slechts eene bepaalde soort van handel, maar *alle* handel in de kanonieke leer veroordeeld werd.

Het principe, dat in het renteverbod was belichaamd, moest tot deze uitkomst leiden. Wij zagen toch, hoe het renteverbod, behalve aan het Bijbelsche argument, vooral ook aan eene geheel verkeerde opvatting van de productie zijn ontstaan had te danken. En nu was het, niet het minst, het onjuiste inzicht in het wezen der productie, dat aan de Kanonisten zulke scherpe veroordeelingen van den handel in de pen gaf. Wat door de aanhangers der physiokratische school later meer uitvoerig over de productiviteit is geleeraard, was niet anders, dan eene breedere ontwikkeling der denkbeelden, welke reeds in de geschriften van het grootste deel der verdedigers van het renteverbod lagen besloten.

Tusschen de physiocratische en kanonieke doctrine bestaat ontegenzeggelijk op verschillende punten eene groote overeenstemming, en terecht heeft August Oncken, die door zijne talrijke geschriften [1]) over de physiocratische school als een

---

1) Behalve eene uitnemende uitgave van Quesnay's werken, gaf hij: *Der ältere Mirabeau und die ökonomische Gesellschaft in Bern*, Bern, 1886; *Die Maxime laissez faire et laissez passer, ihr Ursprung und Werden. Ein Beitrag zur Geschichte der Freihandelslehre*, Bern, 1886; *Entstehen und Wer-*

uitstekend kenner dezer materie moet worden geprezen op deze overeenkomst gewezen [1]).

Hoofdpunt van overeenstemming is, dat bij beiden dezelfde overschatting van den landbouw en daarmede gepaard gaande minachting van den handel wordt aangetroffen. Het is bekend, hoe de physiocraten, in hunne verheerlijking van de natuur, deze niet slechts huldigden als wetgeefster, maar haar ook als de voortbrengster van alles voorstelden. De natuur alleen kan produceeren; de menschelijke arbeid kan de stof vervormen of verplaatsen, voortbrengen kan zij niets. Alleen de landbouw levert een overschot, een „produit net", op, en de landbouwers vormen dan ook „la classe productive".

Zij, die in handel en nijverheid werkzaam zijn, produceeren niets; de meerdere waarde, welke zij door hunnen arbeid aan de stof geven, wordt geheel verslonden door de productiekosten, en hun bedrijf moge niet nutteloos wezen, het is

---

den der physiokratischen Theorie; Zur Biographie des Stifters der Physi-. okratie Francois Quesnay; Ludwig XVI und das physiokratische System. Deze 3 artikelen zijn alle verschenen in het Vierteljahrsschrift für Staats- und Volkswirtschaft, für Litteratur und Geschichte der Staatswissenschaften aller Länder van Kuno Frankenstein, en wel respectievelijk in de jaargangen 1896/1897, 1893/1894 en 1892/1893. Bovendien gaf hij nog een uitvoerig artikel, sub voce Quesnay in het Handwörterbuch der Staatswissenschaften, 2e druk, band VI, blz. 278—292.

Het eerste deel van zijn Geschichte der Nationalökonomie, Leipzig, 1902, bevat bovendien een rijkdom van materiaal over de leer der physiocraten, als in geen ander werk wordt gevonden.

1) Zie zijn Geschichte der Nationalökonomie, blz. 366—368.

Toch mag bij alle overeenstemming het groote verschil in wijsgeerig uitgangspunt niet worden vergeten. Eene goede schets van het philosophisch standpunt der physiocraten vindt men in het voortreffelijk werk van Heinrich Pesch, Liberalismus, Socialismus und christliche Gesellschaftsordnung, 2e druk, Freiburg, 1901, deel 2, blz. 77—104. Duidelijk wordt door hem aangetoond, onder welke rationalistische invloeden Quesnay's leer staat.

Dat de leeringen der physiocraten aan het ontstaan der Fransche revolutie voedsel hebben gegeven, wordt ook erkend door Mr. M. W. F. Treub in zijn Een drietal hoofdstukken der staathuishoudkunde, blz. 62.

„stérile". Deze valsche voorstelling, die uitgaat van eene foutieve opvatting der productie, is eene van de overheerschende karaktertrekken der physiocratische leer, en het gaat daarom niet aan om hen, die deze opvatting niet zijn toegedaan, en naast den landbouw ook handel en nijverheid als productief beschouwen, onder de physiocraten te rekenen. Gournay kan daarom niet als een der grondleggers van de physiocratische school worden aangemerkt. Zijn philosophisch uitgangspunt moge hem ten opzichte van de staatsbemoeiing, tot gelijke resultaten gevoerd hebben, als in de geschriften van Quesnay, Dupont de Nemours, Mercier de la Rivière e. a. worden gevonden, door zijne weigering, om in den landbouw het alleen-productief bedrijf te zien, groef hij eene klove tusschen zich en Quesnay met zijnen aanhang. Hoe diep die klove was, springt in het oog, wanneer men denkt aan den fellen strijd, die, in de gelederen der physiocraten, juist over de productiviteit van handel en nijverheid, is gevoerd. Tot twee keeren toe werden de gemoederen der „economistes" over dit vraagstuk heftig bewogen.

Hoe mysterieus ook, voor eigen aanhangers niet het minst, Quesnay's *Tableau économique* [1]) was, en welk een ondoor-

---

1) Er zijn vele klachten over het moeilijk verstaanbare van het *Tableau économique* geuit; ook onder de naaste vrienden van Quesnay. Mirabeau verklaarde, dat men, na 12 keer nauwkeurig overlezen, het werk nog niet in zijn vollen omvang kon begrijpen. Geen wonder, dat zich reeds spoedig de behoefte aan verklaring deed gevoelen. In 1760 gaf daarom Mirabeau als aanhangsel van zijn *Ami des hommes* een *Tableau économique avec ses explications*. Heel veel duidelijker werd het er niet op, en nog bleef de behoefte bestaan aan eene verklaring „en langue vulgaire". Toen Dupont dezen algemeen geuiten wensch aan den schrijver overbracht, deed deze in 1766 zijn *Analyse du Tableau économique* het licht zien. De noodige helderheid was daarmede nog niet verkregen, en een der meest enthousiastische aanhangers van Quesnay, de abbé Baudeau, schreef met goedkeuring van den auteur in 1770 eene populaire *Explication du Tableau économique à Madame de* . . .

dringbare sluier ook over de daar gegeven arithmetische formules hing, ééne uitdrukking had toch in „dieses für die ganze moderne Oekonomie unlösbar gebliebnes Sphinxräthsel" [1]) getroffen en velen diep gegriefd: de kwalificatie van de handelaars als „classe stérile". Bittere woorden zijn naar aanleiding van deze benaming gesproken. Eerst in den verwoeden strijd van 1765 en 1766 [2]), toen in eenen vloed van ge-

---

De donkere zin van Quesnay's duistere rede is, niettegenstaande al deze pogingen ter verduidelijking, nog zeer moeilijk te verstaan.

De meeste der hierboven genoemde werken vindt men in de uitgave *Physiocrates* van Eugène Daire, in 2 deelen, Parijs, 1846. Het eerste deel geeft de werken van Quesnay en Dupont, terwijl in het tweede Mercier de la Riviére, Baudeau en Le Trosne een plaats vinden. Eigenaardig is, dat talrijke klachten over onduidelijkheid gepaard gaan met even zoovele lofuitingen over de waarde van Quesnay's hoofdarbeid. Met diepen eerbied wordt steeds over zijn werk gesproken. Mirabeau noemt het „la base de la science économique et la boussole du gouvernement des Etats". Dupont beweert, dat, wie de beginselen van het *Tableau* ter harte neemt, „envisagera les questions les plus compliqueés de l'économie politique, avec la certitude de les résoudre exactement, comme un géomètre regarde les distances et les hauteurs, dont son art, qui corrige les erreurs séduisantes de la perspective, mesure et calcule avec précision les plus légères différences". Zie *Physiocrates*, deel I, blz. 56. En Baudeau eindigt zijn *Explication*, door van Quesnay te spreken als den man, „dont le génie créateur enfanta l'idée sublime de ce Tableau, qui peint aux yeux le résultat de la science, par excellence, et qui perpétuera cette science dans notre Europe, pour la gloire éternelle de son inventeur et pour le bonheur de l'humanité". Zie *Physiocrates*, deel II, blz. 867.

1) Zie voorrede op 3en druk van Friedrich Engels' *Herrn Eugen Dühring's Umwälzung der Wissenschaft*, 4e druk, Stuttgart, 1901, blz. XX.

2) Onken geeft ons een interessante schets van dien strijd in zijn *Geschichte*, blz. 328—332.

Quesnay zelf trad herhaalde malen in het strijdperk, en van zijne hand zijn de, voor het hier behandelde onderwerp belangrijke, strijdschriften: *Mémoire sur les avantages de l'industrie et du commerce et sur la fécondité de la classe prétendue stérile, par M. H. Réponse au Mémoire de M. H.; Dialogue sur le commerce et les travaux des artisans entre M. H. et M. N.* (opgenomen in *Physiocrates*, deel 1, blz. 145—212.) De twist tusschen de broeders liep zelfs zoo hoog, dat Dupont de Nemours zijn ontslag kreeg als redacteur van het half officieele Regeeringsmaandblad: *Journal de l'Agriculture, du commerce et des Finances*. Uit de moeilijkheid, waarin hij en zijn medestanders geraakt waren, werden

schriften, de juistheid dezer betiteling werd betwist en staande gehouden. Voor de tweede maal in 1776, toen Condillac, die een trouw aanhanger van Quesnay geacht werd, door zijn *Le commerce et le Gouvernement considerés relativement l'un à l'autre*, weer het oude geschilpunt oprakelde, en met kracht de productiviteit van den handel staande hield, wat een uitvoerig bescheid van Letrosne uitlokte [1]).

Wij vermelden deze hartstochtelijke episoden uit de geschiedenis der economie slechts, om te doen zien, hoe de voorstelling, welke men omtrent de productie had, van beslissenden invloed was op het nemen van positie tegenover de physiocratische leer, en tevens om aan te toonen met welk een taaiheid werd vastgehouden aan eene geheel verkeerde opvatting van de productie.

De physiocratische leer had tot foutief uitgangspunt, dat productie is het *voortbrengen* van *nieuwe* stof, terwijl zij in werkelijkheid is een *vervormen* of *verplaatsen* van reeds bestaande stof, en alleen ten doel heeft het zijn van economisch goed in eene stof te verhoogen. Ook in het renteverbod lag die foutieve opvatting besloten. Èn bij physiocraten èn bij aanhangers van het renteverbod leidde deze meening tot gelijke resultaten: overschatting van den landbouw, minachting van den handel.

Minachting is eene niet te sterke uitdrukking; want Quesnay met de zijnen moge al in uitvoerige betoogen tegenover de

---

zij gered door het edelmoedig aanbod van Baudeau, die zijn sints vermaard geworden *Ephémérides du Citoyen* ter hunner beschikking stelde.

1) Het werk van Condillac zou in 8 deelen verschijnen, maar hij gaf er slechts 2 in het licht. Letrosne had, bij de verschijning van Condillac's boek, een uitvoerig werk bijna geëindigd. Het draagt ten titel: *De l'ordre social, ouvrage suivi d'un traité élémentaire sur la valeur, l'argent, la circulation, l'industrie, le commerce intérieur et extérieur*. In het tweede deel van dit werk, getiteld *De l'Intérêt social*, bestrijdt hij de ketterijen van Condillac.

aanvallen op de benaming van de kooplieden als „classe stérile" hebben volgehouden, dat dit „stérile" volstrekt niet met verachtelijk of schandelijk is gelijk te stellen, het ligt in den aard der zaak, dat een bedrijf, hetwelk aan de maatschappij geen voordeel oplevert, in de schatting der menschen verre moet achter staan bij een, dat productief is, en, in dien zin opgevat, heeft Adam Smith dan ook volkomen gelijk, wanneer hij in het 4e boek van zijn *Wealth of nations*, bij de bespreking der physiocratische leer, tot de „economisten" het verwijt richt, dat zij de kooplieden „degrade by the humiliating appellation of the barren or unproductiv class".

Of ligt er geene geringschatting voor de overige bedrijven in, wanneer telkens en telkens weer de lof van den landbouw wordt gezongen, als het van staatswege bij uitstek te bevoordeelen beroep? Men leze slechts de *Maximes générales*, [1]) die in een kort bestek de hoofdpunten der physiocratische leer weergeven, en men wordt getroffen door de bijna afgodische vereering, waarmede men den landbouw bejegent. Er wordt in dit werkje gesproken van eene samenspanning van alle krachten „à la prospérité de l'agriculture, qui est la source de toutes les richesses de l'Etat et de celles de tous les citoyens" [2]). De derde maxime vangt aan met de woorden: „Que le souverain et la nation ne perdent jamais de vue, que la terre est l'unique source des richesses; et que c'est l'agriculture qui les multiplie" [3]). In eene noot

---

[1]) De volledige titel is: *Maximes générales du gouvernement économique d'un Royaume agricole et notes sur ces Maximes.* Opgenomen in *Physiocrates*, deel I, blz. 81—104.
[2]) T. a. p., blz. 81.
[3]) T. a. p., blz. 82.

op de negende maxime wordt met instemming in de Fransche taal Cicero's uitspraak overgenomen: "De tous les moyens de gagner du bien, il n'y en a point de meilleur, de plus abondant, de plus agréable, de plus convenable à l' homme, de plus digne de l'homme libre, que *l'agriculture*.... Pour moi, je ne sais s'il y a aucune sorte de vie plus heureuse que cella-là, non-seulement par l'utilité de cet emploi, qui fait subsister tout le genre humain, mais encore par le plaisir et par l'abondance qu'il procure; car la culture de la terre produit de tout ce qu'on peut désirer pour la vie des hommes et pour le culte des Dieux" [1]).

Diezelfde bovenmatige vereering van den landbouw, welke wij in de geschriften der physiocraten vinden, treffen wij eveneens aan in de uitingen der voorstanders van het renteverbod. En dezelfde miskenning van het wezen der productie, die de *economisten* tot deze averechtsche opvatting leidde, vormde ook eene der voornaamste beweegredenen, welke de *kanonisten* tot handhaving hunner opinie drong, al mag niet worden ontkend, dat de laatsten, bij hunnen afkeer van den handel nog door veel dieper motieven werden bewogen. In het laatste gedeelte van dit hoofdstuk zullen wij ons met de uiteenzetting daarvan bezighouden.

Genoeg zij het er hier op te wijzen, dat in de kanonieke geschriften scherpe veroordeelingen van den handel schering en inslag zijn. Aan de spits dier vervloekingen staat de bekende uitspraak van Chrysostomus: "Eiiciens Dominus vendentes, et ementes de templo, significavit, quia homo mercator vix, aut nunquam potest Deo placere. *Et ideo nullus Christianus debet esse mercator, aut si voluerit esse, proiiciatur*

---

1) T. a. p., blz. 90, noot 2.

de ecclessia Dei, dicente propheta [1]). Quemadmodum enim, qui ambulat inter duos inimicos, ambobus placere volens, et se commendare, sine maliloquio esse non potest: sic qui emit, et vendit, sine mendacio, et periurio esse non potest" [2]). Vervolgens betoogt hij, dat, zooals men, wanneer men graan in eene zeef doet, buiten de zeef slechts kaf overhoudt, zoo ook bij eene nauwkeurige ontleding van den koophandel alleen zonde overblijft. Zijne beschouwingen over dit punt eindigt hij dan met deze nadere omschrijving van den koopman: „qui autem comparat rem, ut illam ipsam integram, et immutatam dando lucretur, ille est mercator, qui de templo Dei eiicitur" [3]).

Dit felle anathema tegen den koophandel zou nog met talrijke andere zijn te vermeerderen en reeds deden wij in het begin van dit hoofdstuk zien, hoe de grootvorst der Kanonisten in wijsgeerig kleed mede eene veroordeeling van den handel gaf. Het standpunt nu van Thomas Aquinas is voor alle aanhangers van het renteverbod richtsnoer. Ook in de 16e eeuw is de scheidingslijn, die voor- en tegenstanders van het renteverbod scheidt, tevens de natuurlijke grens, welke verdedigers en bestrijders van den handel uiteenhoudt. Dezelfde Reformatoren en Humanisten, die wij als voorstanders van het renteverbod hebben leeren kennen, geven in hunne geschriften hoog op van hunne waardeering van den landbouw, en hunne geringschatting van den handel.

Naast het bittere sarcasme van Erasmus [4]), die zijne

---

1) De cursiveering is van ons.
2) Men vindt deze plaats in het *C. j. c.*, c. 11, dist. 88.
3) De geheele distinctio 88, waaraan bovenstaande uitspraak ontleend is, loopt over van veroordeelingen van den handel. Eigenaardig is dat telkens weer wordt verwezen naar het feit, dat de Heere Jezus de kooplieden uit den tempel dreef. Zoo b. v. in C. 2, C. 12 en C. 13.
4) Zie zijn *Stultiae laus*, *Adagia* blz. 75 en Commentaar op Matth. 5:47.

tijdgenooten verwijt, dat de kooplieden bij hen in zoo groot aanzien staan, de heftige verontwaardiging van Luther [1]), die in hartstochtelijke bewoordingen de rampen van den koophandel beschrijft, en eene roerende schildering geeft van de heerlijkheid van den landbouw. Naast den ruwen, openhartigen afkeer van von Hutten, die in zijn *Praedones* de kooplieden als eene der ergste soorten van roovers scheldt, Melanchton [2]), die in keurige bewoordingen zijne veroordeeling van den handel geeft en bij deze beschouwing zijne nauwe verwantschap met Aristoteles niet verloochent. Ook in de radicale partij vinden wij deze schakeeringen: de kalme, zaakrijke bestrijding van Sebastian Franck [3]) gaat gepaard met het hartstochtelijk verzet van den dweeper Karlstadt, die van zijne liefde voor den landbouw practische blijken gaf, door met de studenten, die hem volgden, de universitaire loopbaan vaarwel te zeggen, om zich aan de beoefening van den geliefden landbouw te wijden.

Op hoe verschillende wijzen zich echter hun gevoelen moge openbaren, één is bij alle aanhangers van het renteverbod de verheerlijking van den landbouw en de veroordeeling van den handel.

Calvijn echter, die ten opzichte van het renteverbod eene geheel geisoleerde positie innam, brak ook hier radicaal met de trouw gevolgde traditie.

---

1) Vooral in zijn *Von Kaufhandlung und Wucher* en *An den christlichen Adel deutscher Nation*.
2) In zijn Commentaar op Aristoteles' Politica, *Corpus Reformatorum*, XVI, blz. 247 en vlggd; ook III, blz. 548.
3) Zie zijne *Germaniae Chronicon*. Schmoller, t. a. p., blz. 628 en 629 geeft een geheel andere beschouwing en ziet bij Franck veel vooruitstrevender denkbeelden te dezen opzichte. Wij sluiten ons echter bij Wiskemann, t. a. p., blz. 114, aan, die hem onder de bestrijders van den handel rangschikt.

In zijne geschriften zoekt men te vergeefs naar eene overschatting van den landbouw ten koste van den handel. Nauwkeurige bestudeering van Calvijn's werken toch doet klaar zien, dat hij zich zorgvuldig van ieder partij kiezen tegen den handel heeft onthouden, en nimmer de loftrompet voor den landbouw heeft geblazen.

Slechts weinig heeft Calvijn over den landbouw geschreven. Toch zou de *Index nominum et rerum* op zijne werken den indruk kunnen doen ontstaan, alsof ook hij had ingestemd met het lofaccoord, dat allerwege voor den landbouw werd aangeheven. Sub voce *Agriculturae laus* verwijst de inhoudsopgave naar Calvijn's Commentaar op Jesaia 35 : 7. Calvijn bespreekt daar de weigering der Rechabieten, om op Jeremia's uitnoodiging wijn te drinken, aangezien hun vader Jonadab hun dit had verboden, en hun eveneens had toegevoegd: „ook zult gijlieden geen huis bouwen, noch zaad zaaien, noch wijngaard planten, noch hebben". Hij doet het met deze woorden: „Sed nunc videndum est, an Ionadab recte fecerit qui abstulit usum vini suis posteris, et vetuit agros colere. Nam agricultura per se ratio vivendi est non modo pura et innoxia, sed etiam quae remota est ab ambitione, a fraudibus, a rapinis: denique inter genera vivendi hoc videtur esse in primis simplex et sincerum. Posset igitur hic reprehendi consilium Ionadab, qui filios suos retraxit ab agricultura. Sed probabile est, quum videret Iudaeos et Israelitas legem Dei sui contemnere, cogitasse de vindicta, quae tametsi longo post tempore sequuta est, tunc iam metuenda fuit. Deinde videbat fontes vitiorum, nempe quod Israelitae praecipue lautitiis essent dediti, et sine fine et modo luxuriarentur, quemadmodum satis ex prophetis apparet. Quum ergo videret terrae corruptelas ab una parte, et simul timeret a poena, voluit suos posteros assuefacere ad rationem vivendi austeram, quod scilicet facilius huc vel illuc migrarent: deinde ut aequiore animo perferrent si quid adversi contingeret, quod scilicet neque essent divites, neque assueti delitiis. Ionadab ergo non damnavit agriculturam, neque etiam usum vini, neque commodas habitationes, dum suos posteros iussit contentos esse turgiis et aqua, et voluit ipsos triticum emere, et tantum colere pastoralem vitam: sed aliud spectavit, quemadmodum diximus" [1]).

De geoorloofdheid van den landbouw wordt zeker staande gehouden, maar wie bedenkt, hoe hier, tegenover een schijnbare veroordeeling van dit bedrijf, het goed recht er van wordt verdedigd en hoe verleidelijk dus deze plaats is, om zich in verheerlijking van den landbouw te verliezen, zal moeten erkennen, dat Calvijn's uitspraak van elke overdreven loftuiting gespeend is.

Diezelfde gematigde toon valt steeds te beluisteren, wanneer Calvijn over den landbouw handelt. Hij bespreekt hem terloops bij zijne verklaring van 1 Sam. Als Samuel over het volk eenen Koning gezet heeft, wijst hij op de weldaden Gods, die het heeft ondervonden. Calvijn knoopt daaraan de vermaning vast, om dankbaar te zijn voor de goede magistraten, die Gods ons geeft, en hij voegt daaraan toe, dat wij zelfs het geringste van God ontvangen, en ten bewijze hiervan kiest hij den landbouw: „Sed quid in excellentibus istiusmodi personis diutius immoramur? vel ipsos agricolas intueamur, quotiescunque panem comedimus, ut sciamus ad illos usque Dei providentiam se extendere, quemadmodum Esaias docet, agricolas frumenta colligere ad eam rationem, quam Deus eos docuit. Ac sane nisi Deus agricolas

---

[1] Opera, XXXIX, blz. 108 en 104.

faceret, qui terram colerent ad panem conficiendum, et alios fructus quibus maxima ex parte hominis vita sustentatur: nisi etiam pistores crearet ad panem in usum nostrum pinsendum, ne micam quidem panis haberemus" [1]).

Evenmin vinden wij eene uitbundige lofspraak in zijne verklaring van Jesaia 28 : 25—28. Hij vraagt daar: „Unde vero haec agricolae nisi a Deo didicerunt? Si ita eruditi atque instructi sunt in rebus minimis, quid de tanto doctore et magistro sentiendum est" [2])? Dat landbouw een kunstvol werk is, toont hij aldus aan: „Nam si quis agriculturae imperitus agricolam videat agros aratro proscindentem, ducentem sulcos, glebas subigentem, hucque et illuc impellentem boves, atque e vestigio sequentem, fortasse puerilem ludum esse existimans ridebit: sed eum ipsum merito damnabit agricola, atque inscitiae et temeritatis convincet" [3]).

Calvijn's voornaamste uitingen omtrent den landbouw zijn hiermede weergegeven, en onmogelijk kan hem eene te ver gedreven liefde voor den landbouw worden verweten. Omtrent zijne positie jegens den handel is echter daarmede nog niets beslist. Inzage van zijne werken maakt wederom duidelijk, hoe hij zich van ieder laatdunkend oordeel onthoudt. Die plaatsen uit de H. S., waar de misbruiken van den handel worden aangeroerd, en die zich dus bijzonder leenen tot eene veroordeeling van dit bedrijf, worden door hem verklaard op eene wijze, die duidelijk doet zien, welk een goed hart hij den handel toedraagt.

Bij de uitlegging van Hoséa 12 : 8 [4]) doet hij geen

---

1) Opera, XXIX, blz. 694.
2) Opera, XXXVI, blz. 482.
3) Opera, XXXVI, blz. 482.
4) Zie Opera, XLII, blz. 463 en 464.

woord van afkeuring over den handel hooren. Van alle protest onthoudt hij zich eveneens bij de bespreking van Genesis 47 : 19—23; het opkoopen van land en have door Jozef, dat aan bijna alle bijbelverklaarders woorden van heftige verontwaardiging tegen de handelingen der groote kooplieden in den mond gegeven heeft, billijkt hij aldus: „Atqui pauperes erant, ideoque ipsorum inopiae succurri aequum fuit. Si valeat haec regula, illicita erit maior pars emptionum: nemo enim quod possidet, libenter vendit. Quare si iusta fuit pecoris aestimatio, nondum video quid in facto Ioseph reprehensione dignum sit" [1]. Jesaia 45 : 14 [2]) en Ezechiël 7 : 12 [3]) geven hem evenmin aanleiding, iets ten nadeele van den handel te zeggen. Sterk is het, dat Calvijn zich hiervan ook onthoudt bij de uitlegging van Zefanja 1 : 11. Als ééne plaats zich leent, om verontwaardiging tegen de kooplieden te uiten, dan zeker wel deze. Toch wordt geen woord gevonden, dat op een minder gunstig oordeel over den handel wijst. Calvijn zet uiteen hoe, na de bedreiging tot de vorsten en andere grootheden gericht, nu de kooplieden aan de beurt zijn, die zich veiliger kunnen wanen, dan de anderen, omdat zij in de vlakte achter de heuvels wonen, en dan zegt hij verder: „Onustos autem pecunia dicit mercatores: quia non possunt ultro citroque inter se agere, quin multae fiant solutiones, numerentur hinc inde pecuniae: et quia etiam ut plurimum mercatores ad se quaestuosis artibus trahunt magnam partem opulentiae mundi. Iam ergo tenemus quid velit propheta: indicit ululatum mercatori-

---

[1] Opera, XXIII, blz. 572.
[2] Opera, XXXVII, blz. 140 en 141.
[3] Opera, XL, blz. 161 en 162.

bus, qui erant absconditi in suis cavernis: quia tenebant partem illam urbis, quemadmodum iam dixi quae subiecta erat collibus. Et postea nomen ipsum Cenaan exprimit: tandem loquitur de eorum opulentia, ut verisimile est tunc fuisse locupletatos fraudibus et pessimis artibus: deinde ut sciant sibi inutilem fore pecuniam: quia nihil praesidii reperient in ea, ubi Dominus manum suam ad vindictam exeret" [1]).

Karakteristiek is, dat bij de verklaring van de bekende plaats uit Johannes 2 : 16*b*: „Maakt niet het huis mijns Vaders tot een huis van koophandel", eenen text, die door alle commentatoren wordt aangegrepen, om hunnen afkeer tegen den koophandel bot te vieren, Calvijn geene enkele uitdrukking ten nadeele van den handel bezigt. Hij geeft er deze uitnemende exegese van: „Nunc simpliciter admonet, ne templum Dei in alienos usus vertendo profanent. Templum Dei domus vocabatur, quod illic suam exsereret, quod denique ad spirituales et sacros ritus illud destinasset. At se quidem Dei filium pronunciat Christus, ut sibi et autoritatem repurgandi templi vindicet. Porro quia facti sui rationem hic reddit Christus, si quem inde fructum colligere libet, in hac praecipue sententia insistere convenit. Cur ergo ementes et vendentes eiicit ex templo? Ut cultum Dei hominum vitio adulteratum suae integritati restituat, atque hoc modo templi sanctitatem instauret ac asserat. Scimus autem exstructum fuisse templum illud, ut eorum umbra esset, quorum viva effigies exstat in Christo. Itaque ut sacrum Deo maneret, nonnisi ad spirituales usus applicandum erat. Hac de causa fas esse negat in emporium converti" [2]). En de toepassing

---

1) Opera, XLIV, blz. 19 en 20.
2) Opera, XLVII, blz. 44.

op den tegenwoordigen tijd geeft hij aldus: „Non eadem hodie templorum nostrorum est ratio, sed quod de veteri templo dicitur, rite et proprie in ecclesiam competit. Est enim coeleste in terra Dei sacrarium. Quare ante oculos semper versari nobis debet Dei maiestas, quae in ecclesia residet, ne ullis inquinamentis polluatur. Manebit autem tunc demum integra eius sanctitas, si nihil in ea admissum fuerit a Dei verbo alienum" [1]).

De kalme, waardige, van alle bitterheid tegen den handel gespeende bespreking van dit gedeelte der H. S., dat door alle commentatoren als kapstok werd gebezigd voor hunne veroordeeling van het goddeloos handelsbedrijf, toont reeds voldoende aan, welk een, van zijne tijdgenooten afwijkend, standpunt Calvijn ten dezen innam. Toch is de erkenning van Calvijn's verdienste in dit opzicht niet algemeen. F. W. Kampschulte, wiens hoofdfout daarin bestaat, dat hij maar al te veel vertrouwen aan Galiffe schenkt, durft, sprekende over het handelsverkeer van Genève, zelfs dit krasse oordeel neerschrijven: „Eine lebhafte Gewerbethätigkeit, ein reger Handelsverkehr riefen in der Bevölkerung ein Selbstgefühl und eine Beweglichkeit hervor, die den Grundsätzen des Verfassers der Institution völlig zuwiderliefen und in seinem Staate nicht aufkommen durften. Das ungünstige, zürnende Urtheil, welches er wiederholt über die grossen Industrie- und Handelsstädte seiner Zeit, über Venedig und Antwerpen fällt, beweist zur Genüge, wie wenig er selbst jenes Verdienst für sich in Anspruch nahm, welches seine Verehrer im sechzehnten und neunzehnten Jahrhundert ihm zugesprochen haben" [2]). Tot handhaving van deze zware be-

---

[1] Opera XLVII, blz. 45.
[2] T. a. p., I, blz. 480. Vooral tegen dit eerste deel geldt het bezwaar, dat Galiffe hem ten leidsman is.

schuldiging verwijst hij in eene noot naar Jesaia 23 en 47. Zien wij, of Kampschulte's verwijt gegrond is, en of inderdaad uit de bewoordingen, waarin Calvijn de handelssteden in het algemeen, en Antwerpen en Venetië in het bijzonder, bespreekt, eene ongunstige stemming jegens den handel is afteleiden.

Eene nauwkeurige beschouwing van zijne uitlegging van Jesaia 23 leert anders. Daar wordt in geprofeteerd de verwoesting van de stad Tyrus, die om haar hoogmoed en weelderige pracht zal worden vernietigd, maar dan weer zal worden opgebouwd en tot Christus bekeerd. Op welke wijze brengt nu Calvijn hierbij den koophandel van Venetië en Antwerpen ter sprake? Hij noemt deze steden bij de bespreking van het 2de vers, als hij zegt, dat de verwoesting niet tot Tyrus alleen zal beperkt blijven, maar talrijke plaatsen zal treffen: „Nam fieri non poterat, quin diruto tali emporio maximum populi qui illic negotiabantur damnum sentirent. Quemadmodum hodie Venetiis aut Antverpiae clades accidere non posset sine magno incommodo multarum nationum" [1]).

Eenige afkeuring ligt toch zeker in deze vergelijking niet opgesloten. Zonder de minste verontwaardiging spreekt Calvijn dan verder over het verkeer tusschen Tyrus en Sidon: „Non est igitur dubium quin Sidonii importandis et exportandis, atque etiam distrahendis et commutandis mercibus magnum prae aliis quaestum facerent, propter vicinitatem loci, et assidua commercia" [2]). Bij de behandeling van vers 3 wordt weer melding gemaakt van de Venetianen, en wel in dit verband: „Nam quum ei triticum aliaque ad victum necessaria suppeditaret

---

1) Opera, XXXVI, blz. 387.
2) Opera, XXXVI, blz. 388.

Nilus, magnamque ex Aegypto frumenti copiam deveheret, agros ipsi et semen in cursu Nili fuisse dicit. Quemadmodum Veneti aiunt in mari annonam sibi esse, quod nihil nascatur domi: sed omnia ad victum necessaria ex mercatura conficiant. De Tyriis in hunc modum loquutus est. Nam incredibile videbatur, ut eos victus deficeret, quem Nilus abunde et copiose suppeditabat. Inanem fore hanc fiduciam ostendit propheta: quoniam ipsos omnia deficient" [1]).

Zelfs de vurigste bestrijder van den handel zal in dit alles geen korreltje koren op zijn molen zien aangebracht.

Bedenkelijker wordt de zaak echter, wanneer hij tot vers 8 is genaderd, en eerst de opmerking maakt, dat hier de pracht van Tyrus geschilderd wordt, opdat Gods werk des te schitterender uitkome: „Ideo regum matrem vel nutricem appellat, ut divini iudicii gloriam magis illustret", en dan vervolgt hij: „Institores vocat principes. Quemadmodum hodie Veneti mercatores putant se dignitate principes exceptis regibus superare: quin et institores prae se nobiles viros despiciunt. Intellexi Antverpiae etiam esse institores, qui sumptus non reformidant, quos nobilium ditissimi non sustinerent. Solemus autem interrogationibus uti, ubi nihil aliud responderi potest quam quod volumus: quod etiam confidentiae signum est" [2]). Die trotschheid en aanmatiging nu is de oorzaak van Tyrus' verwoesting, zooals bij de exegese van vers 9 nader wordt aangetoond: „Nam Tyrii erant superbi, ambitiosi, avari, libidinosi, dissoluti. Haec vitia, opes et rerum abundantia secum trahunt, iisque plurimum urbes mercatoriae laborant. Itaque Deum his vitiis provocatum fuisse docet: ut hoc exemplo edocti omnes reliqui melius sibi consulant, nec beneficiis Dei

---

1) Opera, XXXVI, blz. 888.
2) Opera, XXXVI, blz. 890.

ad pompam et luxum abutantur. Talis enim fructus ex his colligi debet, ne nudam historiam nobis proponi existimemus. Sed quaeritur, an Deus magnatum et potentum altitudinem oderit? Nam ipse evehit in altum principes, optimates, nobiles, ordinesque omnes magistratuum et superiorum constituit. Qui igitur eos odisse posset? Respondeo, magnitudinem, qua pollent principes, non esse exosam Deo, nisi ob vitium accidentale, quod in sublime evecti despiciunt alios, nec homines se esse putant. Ita fere semper altitudinis comes est superbia: proptereaque Deo invisa est. Ac tandem necesse est, ut eam arrogantiam retundat, cuius se hostem esse profitetur" [1]. Wij geven dit citaat hier uitvoerig, omdat het zoo duidelijk mogelijk doet zien, dat de reden van Tyrus' verwoesting, volgens Calvijn, niet gelegen is in haren handel zelven, maar in de uitwassen daarvan. Niet de handel, maar een „vitium accidentale" doet Tyrus te gronde gaan.

Nog éénmaal wordt daarna terloops van Venetië gewag gemaakt en wel bij vers 12: „Tu prius lasciviebas, ut solent iuvenculae in flore aetatis: sed finem facies exsultandi, ubi vim passa fueris: ut si quis hodie Venetiarum urbem virginem intactam vocaret, quod expugnata non fuerit ex quo condita est" [2]. Eene beslissende uitspraak vinden we ten slotte, als Calvijn, bij de vergelijking van den handel met een hoerenlied, ernstig protesteert tegen de gedachte, alsof alle handel ware te veroordeelen en deze onomwonden verklaring geeft: „Per *canticum* vero *meretricis*, pulchra similitudine mercaturam designat: *non quod damnari per se debeat, quum reipublicae utilis et necessaria sit: sed vitia et fraudes notat,*

---

[1] Opera, XXXVI, blz. 391.
[2] Opera, XXXVI, blz. 892 en 393.

quibus ita scatet, ut arti meretriciae merito comparetur" [1]).

Hiermede nu is Kampschulte's beschuldiging weerlegd. Er is geen sprake van, dat in dit hoofdstuk een hard, veroordeelend vonnis over de handelssteden Antwerpen en Venetië geveld wordt. Integendeel het goed recht van den handel wordt uitdrukkelijk verdedigd. Slechts tegen de misbruiken van den handel richt Calvijn zijne waarschuwende stem, en aan het slot geeft hij, ook voor dit bedrijf, deze schoone vermaning: „Itaque iubemur coram ipso ambulare ac si essemus sub eius oculis, ut pura conscientia sanctitatem et iustitiam colamus. Iubemur enim coram ipso ambulare, ipsumque semper considerare praesentem, ut iusti atque integri simus" [2]).

Weerspreekt zoo Calvijn's exegese van Jesaia 23 de beschuldiging van Kampschulte, nog minder gemotiveerd is de verwijzing van dezen laatste naar hoofdstuk 47. Met geen woord wordt in deze profetie van Babel's ondergang op het ongeoorloofde van den handel gedoeld, terwijl Venetie en Antwerpen zelfs niet één keer worden genoemd. Ook hier treft ons weer dezelfde verklaring, als van Jesaia 23 gegeven is, dat de voorspoed en weelde van de koopstad Babel op zich zelve niet te veroordeelen zijn: „Hic propheta iterum denuntiat exitium Babyloni: atque verbis appositis utitur ad animos piorum confirmandos, ne prospero Babyloniorum statu stupefacti animum despondeant: neque tamen alloquitur Babylonem ut eam afficiat, sed ut pios consoletur. Delitiis vero ebriam fuisse adiungit: quia prosperitas, ut Dei donum est, non erat per se damnanda: sed quam proclive sit filiis saeculi a lautitiis ad arrogantiam prolabi plus satis notum est" [3]).

---

[1] Opera, XXXVI, blz. 894. De cursiveering is van ons.
[2] Opera, XXXVI, blz. 397.
[3] Opera, XXXVII, blz. 167.

Wij stonden opzettelijk zoo lang bij Kampschulte's verwijt stil, omdat hij onder de geschiedschrijvers over Calvijn een eerste plaats inneemt, en dus aan zijne woorden een gewicht kan worden gehecht, dat op dit punt tot geheel verkeerde conclusies moet leiden. In werkelijkheid zoekt men in Calvijn's werken te vergeefs naar eenige uiting, die er op wijst, dat hij den handel een kwaad hart toedraagt. Nu is zeker waar, dat Calvijn geene stelselmatige verdediging van de productiviteit van den handel gegeven heeft, maar wanneer men bedenkt, dat de afkeuring van den handel niet het minst haar steunpunt vond in den geest, welke in het renteverbod was belichaamd, dan gevoelt men, dat, na de vernietigende kritiek, door hem op dit renteverbod geleverd, eene systematische uiteenzetting van den handel overbodig was, en hoe hij reeds door zijne geniale bestrijding van dit kanonieke dogma aan het handelsbedrijf de eere, haar toekomende, teruggeven had. In alle geschriften van Calvijn ademt een geest, die duidelijk leert, hoe hoog de handel bij hem stond aangeschreven, en hoe dit bedrijf door hem op ééne lijn werd gesteld met den landbouw en andere beroepen. Zoo vraagt hij bij de verklaring van 1 Kor. 7 : 20, of de zin van dezen tekst is, dat men niet van beroep mag veranderen, om er dit antwoord op te geven: „atqui id nimis durum esset, sartori non licere aliud opificium discere, mercatori non licere transire ad agriculturam" [1]). In zijne beroemde verhandeling over de rente roert hij ook terloops den handel aan: „L'argent nest il pas plus fructueux es marchandises, que aulcunes possessions quon pourroit dire"?... „Les marchands comment augmentent ilz leurs biens" [2])? Hoe de

---
1) Opera, XLIX, blz. 415.
2) Opera, X¹, blz. 247.
De Latijnsche text van deze passage luidt: „Quid si igitur plus ex

winst der kooplieden, door Calvijn niet slechts gewettigd geacht wordt met het oog op den arbeid, dien zij verrichten, maar ook op grond van allerlei andere factoren, komt hier reeds uit. En nog duidelijker doet dit zijn commentaar op Psalm 15 : 5 zien, waarin hij o. m. zegt: „Est etiam valde indignum, dum singuli laboriose victum sibi acquirunt, dum se agricolae quotidianis operis fatigant, opifices multum sudando aliis serviunt, *mercatores non modo se exercent laboribus, sed multa quoque incommoda et pericula subeunt* [1]), solos trapezitas sedendo vectigal ex omnium labore colligere" [2]).

Zoo wordt dan door Calvijn het geoorloofde van den handel staande gehouden op dezelfde gronden, waarmede ook thans nog de productiviteit van den handel verdedigd wordt. Dat hij niet verviel in de dwaling zijner eeuw, moet, zooals reeds werd opgemerkt, voor een niet gering deel worden toegeschreven aan zijn helder inzicht in het wezen der rente. Maar toch was er nog één factor, die eene machtige werking op Calvijn's optreden ten dezen uitoefende. Een nog veel dieper liggende beweeggrond is beslissend voor de stelling, die hij inneemt, niet alleen tegenover den handel, maar met betrekking tot alle menschelijk beroep.

In de geschriften uit de eerste eeuwen der christelijke Kerk toch heerscht een toon van blijde overwinning, van een jagen naar de hemelsche zaligheid, dat met minachting van het leven op deze aarde gepaard ging. Martelaar zijn was het heerlijkst goed, dat den Christen kon toekomen.

---

negotiatione lucri percipi possit, quam ex fundi cuiusvis proventu? — Unde vero mercatoris lucrum? Ex ipsius, inquies, diligentia atque industria".

1) De cursiveering is van ons.
2) Opera, XXXI, blz. 14.

De martelaar was koning; zijn sterfdag zijn geboortedag. Zoo ontstond een levensideaal, dat alle arbeid en beroep in het aardsche bestaan als iets van lager orde beschouwde, en met minachting op menschelijke nering en alle bedrijf neerzag. Toen nu de Kerk de tijden van lijden en verdrukking te boven was, trachtte men wel dat levensideaal in overeenstemming te brengen met den werkelijken toestand, maar van hare ideale beschouwing moest te veel worden prijs gegeven, dan dat dit zonder reactie kon blijven. Het monnikenwezen werd geboren als eene zichtbare poging, om de koninklijke levensbeschouwing der Kerk in haren ongerepten luister te handhaven, en verre van het gewoel der wereld, Christen te kunnen zijn. Zoo ontstond er onder de Christenen tweeërlei orde, eene hoogere van hen, die zich uit de beslommeringen van het aardsche leven terugtrokken en eene lagere van degenen, die temidden van de wereld stonden. Ook was er tweeerlei moraal; de leer van de *consilia* en *praecepta* deed hare intrede. Deze leer, welke tweeërlei zedewet schiep, en sprak van een *vita angelica* en de bijzondere *perfectio* der monniken, moge al niet door de Kerk als Kerk zijn geproclameerd, ze vindt toch in de theologische geschriften vóór de Reformatie bijna algemeene instemming. Die leer nu heeft Calvijn met felle mokerslagen verbrijzeld[1], en daarin ligt voor deze materie de hoofdbeteekenis van zijn optreden. De scheiding toch van de zedelijke wet in *consilia* en *praecepta* bevatte een element in zich, dat den doodsteek gaf, niet slechts aan den handel, waarin het gevaar voor zondigen grooter scheen dan in andere bedrijven, maar aan ieder menschelijk beroep.

---

[1] Hierop wordt gewezen door P. Lobstein, *Die Ethik Calvins in ihren Grundzügen entworfen*, Straatsburg, 1877, blz. 139—146.

Zijn hoofdpleidooi nu tegen dezen ijdelen godsdienst geeft Calvijn in het 13e hoofdstuk van het 4e boek zijner *Institutio,* dat tot opschrift draagt: „De votis quorum temeraria nuncupatione quisque se misere implicuit". In een schat van argumenten bestrijdt hij, met een beroep op Jephta, alle onvoorzichtige beloften, wraakt hij de vrijwillige armoede in eene schitterende uitlegging van het: „Ga heen, verkoop al uwe goederen." De grondtoon van zijne beschouwingen is deze, dat het monnikenleven is gegrond op de valsche meening, die door alle Christenen moet worden vervloekt, dat er een volmaakter regel van het leven is, dan de gemeene wet, die God aan de geheele Kerk heeft overgeleverd. Al wat nu op dit fundament gebouwd is, kan niet anders dan gruwelijk zijn. In § 16 vinden wij deze schoone opmerking: „Pulchrum fuit, abdicatis facultatibus omni terrena sollicitudine carere; at pluris a Deo sit familiae pie regendae cura, ubi sanctus paterfamilias, omni avaritia, ambitione aliisque carnis cupiditatibus solutus et liber, hoc habet sibi propositum, ut in certa vocatione Deo serviat. Pulchrum est in secessu, procul hominum consuetudine, philosophari: at christianae mansuetudinis non est, quasi odio humani generis, in desertum et solitudinem confugere, et simul ea officia deserere quae Dominus in primis mandavit" [1]).

Telkens weer komt Calvijn op tegen het streven, dat het kenteeken van het Christelijk leven zoekt in de waarneming van allerlei uitwendige ceremoniën. Na de bespreking van Philip. 3 : 15 vraagt hij: „Ubi nunc erit status perfectionis, quem fingunt monachi? ubi erit confusa farrago totinventionum? Ubi denique totus papatus, qui nihil aliud est quam

---

1) Opera, II, blz. 987.

imaginaria perfectio, quae nihil commune habet cum hac Pauli regula" [1]. Bij 1 Johannes 3 : 12 merkt hij op: „Haec exegesis diligenter notanda est: semper enim in vitae ratione hallucinantur homines: quia sanctitatem constituunt in fictitiis operibus: ac dum se macerant in nugis, putant se Deo bis gratos esse. Sicuti monachi suum vivendi genus perfectionis statum superbe nominant. Nec alius in papatu censetur cultus Dei quam superstitionum colluvies" [2]. In bijna al zijne commentaren [3] bindt Calvijn den strijd aan tegen deze leer, die berust op eene onnatuurlijke scheiding van het hemelsche en het aardsche; en duidelijk doet hij zien, hoe de onderscheiding van *praecepta* en *consilia* in strijd is met Gods woord. God eischt in Zijne wet, dat wij Hem zullen vreezen, en die eisch is absoluut. Boven dit *praeceptum* nog een *consilium* te stellen, is eene onmogelijkheid.

Die vreeze des Heeren nu moet ook in het menschelijk beroep tot uiting komen, en in grootsche trekken wordt door Calvijn deze gedachte ontwikkeld. Dit leidend denkbeeld staat bij hem op den voorgrond, dat de Christelijke volmaaktheid niet moet worden gezocht buiten, maar binnen de grenzen van het menschelijk beroep. Daarin juist moet de Christenzin zich openbaren, dat men zich bewust is van de goddelijkheid zijner beroeping. In het 10[de] hoofdstuk van het 3[e] Boek zijner *Institutio* — het laatste van een reeks hoofdstukken, die „das erste Entwurf einer christlichen Ethik" [4] zijn genoemd. — geeft hij zijne beschouwingen. Hij merkt

---

[1] Opera, LII, blz. 53.
[2] Opera, LV, blz. 338.
[3] Zie verder: Opera, LII, blz. 294—297; LII, blz. 115—117; LI, blz. 147 en 148; LV, blz. 228.
[4] Dr. W. Geesink, *De ethiek in de gereformeerde Theologie*, Amsterdam, 1897, blz. 12.

op, hoe God ieder gebiedt in alle handelingen zijns levens op zijne beroeping te zien. Want, opdat er geene verwarring heersche, heeft Hij aan ieder eene eigenaardige taak opgelegd: „Suum ergo singulis vivendi genus est quasi statio a Domino attributa, nec temere toto vitae cursu circumagantur" [1]. De nuttigheid en de noodzakelijkheid daarvan wordt vervolgens uiteengezet: „Satis est si noverimus vocationem Domini esse in omni re bene agendi principium ac fundamentum; ad quam qui se non referet, nunquam rectam in officiis viam tenebit. Poterit forte interdum nonnihil in speciem laudabile designare; sed illud, qualecunque sit in conspectu hominum, apud Dei thronum respuetur. Deinde in ipsis vitae partibus nulla erit symmetria. Proinde tum optime composita erit tua vita quum ad hunc scopum dirigetur, quia nec quisquam propria temeritate impulsus plus tentabit quam ferat sua vocatio, quia sciet fas non esse transsilire suas metas. Qui obscurus erit privatam vitam non aegre colet, ne gradum in quo divinitus locatus erit deserat. Rursum haec erit curis, laboribus, molestiis aliisque oneribus non parva levatio, dum quisque sciet Deum in his omnibus sibi esse ducem. Libentius magistratus partes suas obibit, paterfamilias se ad officium astringet, quisque in suo vitae genere incommoda, sollicitudines, taedia, anxietates perferet ac vorabit, ubi persuasi fuerint onus cuique a Deo esse impositum. Hinc et eximia consolatio nascetur, quod nullum erit tam sordidum ac vile opus, quod (modo tuae vocationi pareas) non coram Deo resplendeat et pretiosissimum habeatur".

Zelfs hij, die in het allergeringste en verachtelijkste bedrijf met getrouwheid arbeidt, vervult nog zijn goddelijk beroep. Tegenover de volmaaktheid der Roomsche Kerk, die uiting

---

[1] Opera, II, blz. 582.

zoekt in ascetisme en wereldmijding, stelt Calvijn dezen regel: „Meminerimus ergo hanc esse bene et sancte vivendi perfectionem, dum vita ad eius obedientiam est composita" [1]), en bij eene predikatie over Ephese 4 : 23—26 [2]) is de grondtoon van zijne prediking deze: „Voilà donc quelle est nostre perfection, c'est qu'ayans combattu contre tout ce qui est de nostre nature, nous souffrions d'estre gouvernez par l'Esprit de Dieu, qui on apperçoyve que nous sommes du tout changez" [3]). In het geheele leven van den Christen moet de verandering zijns gemoeds zich openbaren, en niet het minst in zijn dagelijksch beroep. Met groote kracht is dus door Calvijn voor de eere van het beroep opgekomen.

„Vocatio" — zoo zegt hij — „in scripturis est legitima vivendi ratio: habet enim relationem ad Deum vocantem: ne quis hac sententia abutatur ad stabilienda vivendi genera, quae impia aut vitiosa esse constat".... „Non ergo necessitatem cuiquam imponit manendi in vitae genere semel suscepto: sed inquietudinem potius damnat, quae non patitur singulos in sua conditione pacato animo stare" [4]). Als de levensregel bij uitnemendheid geeft hij aan: „Haec igitur optima tranquillae vitae ratio, dum unusquisque vocationis suae officiis intentus, exsequitur quae sibi a Domino mandata sunt, et in iis se occupat: dum agricola se in operibus rusticis exercet, opifex artem suam tractat: atque ita singuli intra proprios fines se continent" [5]). Tegenover het dweepziek drijven der Libertijnen, die het uitoefenen van het aardsche bedrijf voor den Christen ongeoorloofd achten, merkt hij met bijtenden

---
1) Opera, LV, blz. 196.
2) Opera, LI, blz. 618—630.
3) Opera, LI, blz. 618.
4) Opera, XLIX, blz. 415.
5) Opera, LII, blz. 168.

spot op, dat zulke menschen verdienen, den geheelen dag in eene kamer te zitten met niets anders dan den Bijbel bij zich, zonder dat zij voedsel en kleeding krijgen: „car nostre seigneur ne nous defend pas les occupations, lesquelles sont requises pour l' entretenement de ceste vie terrienne: moyennant que nous aspirions tousiours plus haut, et que de l' accessoire nous n' en facions point le principal" [1]).

Wat hooge opvatting door Calvijn omtrent het aardsch beroep werd gehuldigd, blijkt duidelijk uit het hierboven aangehaalde. Wanneer nu E. W. Bussman zegt: „Während nach katholischer Anschauung der dem Reiche Gottes entsprechende Beruf nur im geistlichen Stande, besonders im Mönchtum, erreicht wird, haben die Reformatoren jeden sittlichen Beruf als Dienst Gottes zur Verwirklichung des Reiches Gottes ansehen gelehrt, wenn auch im Calvinismus, Pietismus und Methodismus manche Trübungen dieses Gedankens sich zeigen" [2]), dan kan alleen „Trübung" van zijne eigene gedachten hem het Calvinisme zoo doen miskennen. De verheerlijking Gods ook in het aardsch beroep, de erkenning van Zijne souvereiniteit in het menschelijk bedrijf is eene gedachte, die door geen der Reformatoren zoo zeer op den voorgrond gesteld is als juist door Calvijn. Door hem werd aan het menschelijk beroep in het algemeen, en aan den handel in het bijzonder, die adeldom hergeven. Niet slechts de landbouw, maar ook de handel, ja zelfs het geringste bedrijf kreeg door zijne leer hoogere wijding, daar het „bij de gratie Gods" de machtspreuk werd, die de uitoefening van alle menschelijk beroep sierde.

---

1) Opera, VII, blz. 246.
Vrij uitvoerig spreekt hij over de vocatio in Opera, XXXVIII, blz. 480—488. Zie verder nog Opera, XXX, blz. 444.
2) *Handel und Ethik*, Göttingen, 1902, blz. 33.

HOOFDSTUK IV.

Calvijn en de Weelde.

De strekking van dit hoofdstuk moet eene geheel andere wezen dan die der twee voorgaande. Immers bij de uiteenzetting van Calvijn's standpunt ten opzichte van de rente en den handel trad op den voorgrond de bedoeling, om aan zijne verdiensten ten aanzien van de behandeling dezer leerstukken meerdere bekendheid te verschaffen, zonder dat daarbij allereerst de strijd moest worden aangebonden tegen opvattingen, uit gezaghebbende kringen gesproten, welke zijne verdiensten loochenden. Onbekendheid met de hooge beteekenis van Calvijn's optreden op dit terrein viel meer te betreuren dan besliste ontkenning daarvan. Geheel anders echter staat het met het thans te bespreken punt.

Veel is gehandeld over de vraag, welke opvatting Calvijn huldigde omtrent het gebruik van de aardsche goederen, en zeker kan niet worden geklaagd over te weinig belangstelling, aan zijne beschouwingen geschonken. Zelfs heerscht er vrij groote eenstemmigheid in de oordeelvellingen, omtrent zijne leer gegeven. Algemeen is de klacht over de enghartige beschouwing, welke Calvijn omtrent het gebruik der aardsche goederen aanhing. Bijna zonder uitzondering wordt de meening verkondigd, alsof Calvijn's leer neerkomt op de ontkenning van het goed recht der bevrediging van die behoeften, wier voldoening niet als strikt noodzakelijk voor het levensonderhoud kan worden aangemerkt. Ethici, historieschrijvers en economen zijn dan ook één in hunne afkeuring van de ascetische strekking van Calvijn's stelsel. Zelfs zij, wien het anders aan waardeering van den grooten Reformator niet ontbreekt, achten de overdreven beslistheid, waarmede door hem alle weelde wordt afgekeurd, noodlottig. Niet slechts een Girard [1]), — om ons alleen tot den kring der economische schrijvers te bepalen — wiens vooropgezette bedoeling, om eene verheerlijking van het humanisme te leveren, aan zijn werk veel waarde ontneemt, maar ook een Wiskemann, die met zulk eenen onbevangen blik Calvijn's hooge verdiensten op economisch gebied erkent, zingt meê in het groote koor van

---

[1]) Op welke zwakke gronden deze de humanistische loftrompet steekt, komt vooral hier uit. Hutten is de eerste Humanist, door hem behandeld. Hij erkent zelf, dat aan dezen in dit opzicht geene bijzondere verdienste kan worden toegekend, daar hij is „le trait d'union avec l'école des Réformateurs" (blz. 170). Dan volgt Erasmus, en van dezen moet hij erkennen: „il y a cependant dans cet esprit essentiellement ondoyant, tour à tour indulgent et sévère pour ses contemporains, de surprenants retours aux doctrines ascétiques, voire même des exagérations de ces doctrines" (blz. 171). Pirkheimer, Celtes, Peutinger noemt hij alleen om hunne vooruitstrevende opvatting omtrent den handel, maar hunne positie tegen de weelde vermeldt hij met geen woord. Bij de bespreking van het Toscaansch Humanisme behandelt hij Macchiavelli, die bijzonder geroemd wordt, en de *Utopia* van Thomas Morus, waarvan hij o. m. zegt: „En effet, le luxe est sévèrement interdit dans l'*Utopia*, la jouissance n'y est permise que dans la limite des besoins naturels" (blz. 174). En op grond van deze zwakke gegevens geeft hij dan deze verheerlijking: „A ce premier point de vue — le rapport de l'homme à la richesse — si une tendance nouvelle se fait jour, au XVIe siècle, on le voit, c'est surtout dans les rangs des Humanistes: c'est de leur groupe que partent les attaques de principe contre l'ascétisme médiéval..." (blz. 175).

zangers, die een treurlied over Calvijn's enghartige leer aanheffen: „Der Calvinismus grenzte in dieser Hinsicht an die Asketik des Mittelalters" [1]), zoo luidt de conclusie, waartoe hij komt; en de beteekenis van dit oordeel blijkt eerst duidelijk, wanneer men let op het uitvoerig betoog, dat aan zijne gevolgtrekking voorafgaat. Hij schetst daarin de verschillende opinies, omtrent het gebruik der aardsche goederen aangehangen, en zegt dan o. a.: „Was zunächst die Schätzung der äussern Güter betrifft, so empfehlen die Einen Entsagung, Abtödtung des Fleisches und Weltverachtung, eine Meinung, die wir bei dem grössten Theile der im dritten Abschnitte betrachteten Schriftsteller angetroffen haben. An sie schliessen sich die Reformatoren, zunächst Calvin, dann Zwingli und Oecolampadius an. Etwas weiter gehen Luther und Melanchton, die ein für die menschlichen Bedürfnisse hinreichendes Mass materieller Güter verlangen" [2]). Een zoodanig laag standpunt nam Calvijn dus in, dat aan Luther en Melanchton lof moet worden toegezwaaid voor hun vooruitstrevende denkbeelden, die eischen „ein für die menschlichen Bedürfnisse hinreichendes Mass materieller Güter" [3]).

Het oordeel nu, door Wiskemann uitgesproken, geeft slechts

---

[1] T. a. p., blz. 144.
[2] T. a. p., blz. 138.
[3] Geheel in strijd met deze voorstelling is het juiste oordeel, waartoe hij komt in zijn *Resultate der Untersuchung*, op blz. 142: „Wir haben im Ganzen den Luxus der frühern Wirthschaftsperioden vor uns, der sich mehr in unmässigem und rohem Genuss und sinnlosem Prunk als in der Verschönerung des Lebens und einer über den grössern Theil des Volkes sich verbreitenden Behaglichkeit desselben zeigt. Wie heilsam die Reformation auf diesem Punkte gewirkt hat, zeigten am frühsten die reformirten, später auch die übrigen protestantischen Völker, die bald zu einem Wohlstand gelangten, der nicht blos in dem Fleiss, sondern auch in der Sparsamkeit seinen Grund hatte".

weer de meening, welke in economische kringen over het algemeen omtrent Calvijn's houding tegenover de weelde wordt aangehangen. Duidelijk blijkt dit uit het standaardwerk over de weelde van Baudrillart [1]). Voor deze toch tot de historische behandeling van zijn onderwerp overgaat, wijdt hij in het eerste boek enkele belangrijke hoofdstukken aan de theoretische uiteenzetting van hetgeen onder weelde moet worden verstaan, en de houding, die daartegenover moet worden aangenomen.

Zeer scherp bestrijdt hij „l'école rigoriste", die, met haar „théorie du retranchement des besoins", aan alle gezond economisch leven den doodsteek geeft. In het eerste hoofdstuk, hieraan gewijd, geeft hij eene korte schets van de geschiedenis dezer richting, en doet hij zien, hoe het rigorisme, bij Seneca en de school der Stoïcijnen eennen aanvang nemend, duidelijk zijnen invloed doet gevoelen op de geschriften van Sallustius, Tacitus, Juvenalis, den ouden Plinius, enz.

In de middeleeuwsche litteratuur blijft deze ascetische trek overheerschend, ja zelfs tot in de 16e eeuw zet „la tradition rigoriste" zich voort, en zien wij het stoïcisme bij Lhospital en Montaigne. Ver wordt echter de strengheid van Montaigne nog overtroffen door die van zijnen leerling Charron, welke de kleeding reeds als weelde beschouwt. Onmiddellijk na de schildering van Charron's bijna onmenschelijke gestrengheid volgt dan: „La Réforme protestante s'est montrée souvent rigoriste dans le même sens. Qui le fit plus que Calvin à Genève" [2])?

Wat Bandrillart onder „rigoriste" verstaat, blijkt nader,

---

1) *Histoire du Luxe privé et public depuis l'antiquité jusqu' à nos jours*, 4 deelen, 2de uitgave, Parijs, 1880/81.
2) T. a. p., dl. I, blz. 39.

wanneer hij in eene volgende paragraaf de verdedigers dezer richting aldus toespreekt: „Qu'apportez-vous donc, ô rigoristes, à la place de ce mobile puissant, *le besoin*, de ce principe moralisateur, le *travail?* Mettons de côté encore une fois certaines natures d'exception portées vers la vie contemplative où elles placent la perfection; voyons la masse humaine: que lui offrent ces prétendus sages? son ennemi le plus redoutable, le plus destructif, la force d'inertie! N'est-ce pas là le comble de l'illusion, la tentation la plus dangereuse à laquelle l'humanité fut jamais soumise, à savoir le mal pris pour le bien, la paresse devenue vertu, l'immobilité divinisée, c'est-à-dire le stupide mysticisme de l'Orient?... Oui, au fond de la théorie du retranchement il y a tantôt la haine, tantôt le mépris systématique du travail et même du mouvement. Les représentants les plus conséquents de cette théorie, ceux qui l'ont prise à la lettre et mise en pratique, ont poussé le délire jusqu'à s'infliger l'immobilité physique, jusqu'à faire en ce genre de véritables tours de force: témoins les faquirs de l'Inde. Le travail, ces représentants héroïques du retranchement absolu se le sont imposé, il est vrai, quelquefois sous les formes les plus dures, mais sous l'absurde condition qu'il fût sans utilité. Que voulaient-ils donc? tantôt épuiser les forces du corps, dompter la chair, tantôt montrer la vanité des efforts humains; et c'est ainsi que certains anachorètes de la Thébaïde s'imposaient à eux-mêmes, et à ceux qui venaient se réunir à eux, d'aller à des distances énormes, sous les rayons d'un ardent soleil, chercher avec des cruches de l'eau dans le Nil, et pourquoi? pour arroser un bâton planté dans le sable du désert, et qui ne pouvait reverdir. Sanglante épigramme contre l'activité humaine, symbole désespérant du néant de ses résultats" [1])!

---

1) T. a. p., dl. 1, blz. 53 en 54.

Het requisitoir tegen de rigoristische richting en hare aanhangers is waarlijk niet zacht, en wie mocht oordeelen, dat hier eene verdediging van eene ongebreidelde weelde tot zulk een hard oordeel leidt over een standpunt, dat lijnrecht staat tegenover de beschouwing, welke men zelf aanhangt, die wordt, bij de kennisneming van het volgende hoofdstuk, al aanstonds van dien waan genezen. Hekelt hij sterk de bestrijders van alle weelde, niet minder hoog vlamt zijn toorn op tegen hen, die iedere weelde geoorloofd achten, en van geene beperking willen weten. In zijn „Les apologistes du luxe" trekt hij tegen alle buitensporigheden en overdaad met kracht te velde. De grenzen, waarbinnen zich de geoorloofde weelde moet blijven bewegen, worden door hem, voor zoover zulks althans bij dit punt mogelijk is, met vaste hand getrokken, en gerust kan worden gezegd, dat het standpunt, door hem ingenomen, door bijna alle economen wordt aanvaard; ook van onze zijde kunnen daartegen bijna geene bezwaren worden ingebracht. Het springt in het oog, dat door de gematigde opinie, welke hij bij zijne verdediging der weelde aanhangt, de bezwaren, door hem tegen het rigoristisch standpunt ingebracht, aan beteekenis winnen, en de leer van Calvijn, dien hij als een der meest verstokte rigoristen beschouwt, nog veel schrikwekkender gedaante krijgt. Doel nu van dit hoofdstuk is, nategaan, of de voorstelling, door Baudrillart en met hem door bijna alle economen gegeven, al dan niet juist is. Eene nauwkeurige definitie van het begrip *weelde* behoeft hieraan niet vooraftegaan. De talrijke, mislukte pogingen, om dit begrip met enkele woorden weertegeven, zouden daardoor slechts met ééne vermeerderd zijn, en eene meer dan formeele beteekenis heeft eene dergelijke omschrijving in dit geval toch niet. Het is de groote verdienste van

Roscher, dat hij in zijn *System der Volkswirthschaft* [1]) en meer breedvoerig in zijne uitnemende verhandeling *Ueber den Luxus* [2]) op het geheel betrekkelijke der weelde de aandacht heeft gevestigd. De dogmatische ontwikkeling van Baudrillart is feitelijk niets anders dan eene breedere uitwerking van Roscher's opmerkingen. De fout van de Laveleye [3]) bestaat niet in het minst daarin, dat hij, bij zijne omschrijving, dat betrekkelijke der weelde uit het oog heeft verloren. Alle pogingen, om eenen algemeenen voor altijd geldenden maatstaf voor de weelde te geven, moeten mislukken.

Wij gelooven hier de kwestie zuiver te stellen, wanneer wij, bij de uiteenzetting van Calvijn's standpunt, een antwoord zoeken te geven op de vraag, of hij van oordeel was, dat slechts zulk een gebruik van aardsche goederen geoorloofd is, waardoor de grens van het noodzakelijke niet overschreden wordt; dat verder dit „noodzakelijke" binnen zoo eng mogelijke grenzen moet worden beperkt, en dat de grootste zedelijke kracht betoond wordt door hem, die voor de bevrediging zijner behoeften de geringste eischen stelt. De vraag is dus: werd door Calvijn *iedere* weelde veroordeeld? Bevestigend wordt daarop geantwoord door economen als Wiskemann en Baudrillart, maar ontkennend moet luiden het bescheid van hem, die Calvijn's geschriften ernstig raadpleegt.

Veel is door Calvijn over de weelde geschreven, zoodat met het weergeven van zijne *voornaamste* uitingen moet worden volstaan. Reeds vroeg heeft hij de pen opgenomen en tegen de overdreven eischen der weelde protest aangeteekend. Er

---

1) T. a. p., I, blz. 544 en volgg.
2) Opgenomen in *Ansichten der Volkswirthschaft aus dem geschichtlichen Standpunkte*, 2e druk, Leipzig en Heidelberg, 1861, blz. 399—495.
3) *Le luxe*, 2e druk, Parijs en Verviers, 1895.

bestaat zelfs eene monographie van hem, die het „De luxu" [1]) ten opschrift draagt. Beteekenis mag aan haar echter niet worden toegeschreven, en wel om deze twee redenen. Ten eerste, omdat met groote waarschijnlijkheid vaststaat, dat zij door Calvijn op jeugdigen leeftijd is geschreven, op een tijdstip, toen zijne gereformeerde opvatting zich nog allerminst had ontwikkeld. En in de tweede plaats, wijl dit geschrift zoo weinig samenhang vertoont, dat uit den inhoud met zekerheid geen conclusies zijn te trekken. Wat hij geeft, zijn niet meer dan enkele losse gedachten, die vrijwel op zich zelve staan, en nog nadere uitwerking behoeven. Toch komen er onderscheidene pittige opmerkingen in voor.

Uit den aanhef blijkt, hoe hij wil strijden tegen een kwaad, dat ligt in den geest zijner eeuw: „Bellum quum suscipio non contra unum aut alterum hominem, sed contra saeculum hoc...."

Wel weet hij, dat velen hem hierom verachten zullen, maar hij rekent zich voldoende beloond, indien hij bij som-

---

[1] Zij is opgenomen in Opera X¹, blz. 203—206.
De uitgevers teekenen er bij aan: „Ex autographo Calvini, Bibl. Genev., Cod. 145, fol. 125. Videtur esse imperfecta quaedam iuvenis Calvini lucubratio cui ultima ordinatrix manus adhibita non est. Passim occurrunt phrases non finitae, et notae marginales autoris".
In het werk van Kampschulte wordt het bestaan van dit geschrift aldus vermeld: „In der Genfer Bibl. 145 f. 125 findet sich der von Calvins Hand geschriebene Entwurf einer Abhandlung „De Luxu", die unter Berufung auf die Alten den Luxus als die allgemeine Weltplage darstellt und schonungslos verdammt; in welche Zeit das Schriftstück gehört ist schwer zu sagen" (deel 2, blz. 348, noot).
Met de uitgevers van het *Corpus Reformatorum* komt het ons geraden voor, dit geschrift als een geestesvoortbrengsel van Calvijn's jeugd te beschouwen. Eene belangrijke aanwijzing voor de juistheid van dit gevoelen ligt in het herhaald aanhalen van Seneca, van wien hij ook geheele zinnen overneemt. Dit wijst er op, hoe dit product dagteekent uit eenen tijd, toen Calvijn in humanistische studiën opging, en eenen commentaar op Seneca schreef. Uit de opdracht van deze handleiding, welke gedateerd is 4 April 1532, blijkt, met hoe weinig beslistheid Calvijn destijds nog in den strijd der geesten positie koos.

migen vruchten van zijn schrijven ziet. De groote fout van zijnen tijd is, dat het kwaad niet voldoende wordt ingezien, en bij velen verdediging vindt: „Allegant vestem Joseph polymitam et inaures armillasque Rebeccae". Hij laakt vooral de overmatige zorg, die men aan het lichaam besteedt, in stede van de aandacht aan de ziel te schenken: „Hoc verius quam vellem a veteribus dictum est, eos qui in excolendo corpore tantopere laborant, de animae cultu parum esse sollicitos". Verder wijst hij op de verschillende argumenten, die ter verontschuldiging worden aangevoerd: „Bona pars saeculum excusat, alii locum. Sic vivitur. Quid agerem? Coniurarem adversus publicos mores. Bellum indicerem et patriae et saeculo. Audio: sed respondeo: An qui in urbis peste, ideo minus moritur? Hannibalem bello invictum fregit Campania". De schrikkelijke omvang der weelde in kleeding, maaltijden, huizen, paarden, haartooi, begrafenismaaltijden enz. worden door hem besproken in allerlei verspreide opmerkingen, zonder onderling verband, als: „Nunc ad luxuriam pertinet quot quisque ducat equos"... „Contra caesariem virorum". Te voren heeft het reeds geheeten: „Alii coenant frugaliter ut luxuriose aedificent, alii ex aedium supellectili detrahunt quod in ornamentum corporis conferant", en dan veel verder weer: „Dicas quosdam secum ferre unguentarias tabernas. Non bene olet qui bene semper olet".

Het verschil tusschen de vroegere anachoreten en de monniken van zijnen tijd wordt aldus door hem aangeduid: „Haec forte luxus perversitas veteres anachoritas adduxit ut sibi certam humilioris vestitus formam praescriberent, quo se abdicarent communi omnium cupiditate. Deinde, ut fere bene restituta in vitium labuntur, factum est ut monachi ex cucullis, cappis, capitiis et huiusmodi nugis sanctitatem quaererent, aut certe sanctimoniae opinionem. Illi, inquam, anachoritae si hodie viverent, quid facerent, aut quo se antidoto munirent, quum illo adhuc incorruptiori saeculo luxum irrepentem ferre iam non possent". Als staaltje van den weinigen samenhang, welke tusschen de verschillende opmerkingen bestaat, volge nog het slot dezer schets: „Quibusdam summa curarum est quid edant, quid bibant, quid vestiantur.

De honesto speculi usu pauca dicenda.

Quidquid olim muliebris mundus vocabatur, sarcina virilis est imo etiam militaris.

„Taxanda nostratium μισοτεκνία.

August. ep. 5. Ex vestra abundantia luxuriantur histriones, et necessaria non habent pauperes".

Valt uit al deze brokstukken Calvijn's meening niet met voldoende zekerheid af te leiden, in zijne andere geschriften zijn talrijke uitingen aan te wijzen, welke doen zien, met hoeveel beslistheid Calvijn ten dezen positie koos. Eenen uitnemenden indruk van de meening, in dit opzicht door hem voorgestaan, ontvangt men bij bestudeering der verschillende predikaties, door hem over Deuteronomium gehouden, waarin hij telkens de houding behandelt, die een Christen tegenover het gebruik der aardsche goederen moet innemen.

Sprekende over Deut. 11 : 15: „En Ik zal kruid geven op uw veld voor uwe beesten; en gij zult eten en verzadigd worden", teekent hij krachtig protest aan tegen de meening, welke het gebruik der aardsche goederen tot het strikst noodzakelijke wil beperken. Met beslistheid stelt hij op den voorgrond, hoe God ook overvloed schenkt, en wil, dat wij dien overvloed zullen benuttigen: „En premier lieu donc cognoissons, que Dieu non seulement nous donne et distribue ce qu'il cognoist nous estre nécessaire, mais il s'eslargist et estend ses richesses plus loin, quand il use de superabondant. Et de faict, nous le voyons. Car quant est de la nécessité de nature, que nous faudroit-il sinon du pain et de l'eau? Or Dieu adiouste le vin pour conforter, et resiouyr le coeur de l'homme, comme il est dit au Pseaume. Et puis on voit qu'il nous veut resiouyr en toutes sortes, quand il envoyera tant de choses en ce monde, qui sont pour delecter les hommes: ce sont autant de tesmoignages de la liberalité de Dieu, quand non seulement il provoit à ce dont nous ne pouvons nous passer, mais qu'il y adiouste de superabondant beaucoup de biens qui nous servent de plaisir" [1]). Na zoo het goed recht der weelde te hebben aangetoond, trekt hij onmiddellijk de grenzen, waarbinnen zij zich moet blijven bewegen: „Ainsi notons bien, que si nostre Seigneur nous rassasie, ce n' est pas pour nous donner occasion d' intemperance; mais c'est afin que nous soyons plus enflammez en son amour, veu qu' il ne nous traitte point comme un homme feroit un serviteur, ou quelques uns qu'il auroit à loage: mais comme ses propres enfans et qu' il ne nous espargne rien".

Diezelfde gedachte, dat het ruim gezegend zijn met aardsche goederen een prikkel moet wezen, om onze harten tot God te wenden, wordt ook door hem ontwikkeld in eene predikatie over Deut. 12: 15, waar weer, zonder eenige aarzeling, het goed recht der rijken wordt erkend, om van hunne bezittingen een ruim gebruik te maken, maar aan den anderen kant tegen iedere overschrijding der grenzen wordt gewaarschuwd. Beiden, rijken en armen, moeten bedenken, dat, al hetgeen zij bezitten, een verbeurde zegen is: „Que celuy qui a de quoy cognoisse, c'est la benediction de mon

---

1) Opera, XXVII, blz. 108.

Dieu: puis qu' ainsi est, il faut que ie luy en rende conte, il faut que i'advise quel est l' usage légitime, lequel il m'a ordonné, c'est assavoir que ie ne donne point à ma chair tout ce qu' elle desire, et appette: mais que ie garde sobrieté quoy qu' il en soit: et puis que ie communique à ceux qui ont faute et disette, de ce que i'ay trop, que ie leur subvienne de mon abondance: que les riches en facent ainsi. Et puis que les povres cognoissent: Et bien: Dieu ne nous donne point dequoy: il nous faut donc porter en patience nostre petite condition, et ne point lascher la bride à nos appettits: car nous ne ferons que despitter Dieu, quand nous serons menez de friandise, et de chose semblable: ainsi advisons de nous contenter du peu qu'il nous donne" [1]).

Calvijn's bij uitstek practische zin doet hem telkens weer bij zijne prediking het hoogst belangrijke punt aanroeren, in hoeverre de weelde aan den Christen geoorloofd is. In eene preek over het feest der loofhutten wijst hij op het misbruik, om al te prachtige huizen te bouwen, alsof aan dit leven geen einde kan komen, maar om niet den indruk te doen ontstaan, alsof elke versiering in de woningen ongeoorloofd is, gaat hij over tot de bespreking der vraag: „Comment ceux qui sont logez à leurs commoditez, et à leur aise, peuvent- ils donc estre Chrestiens"? En dan waarschuwt hij tegen eene enghartige opvatting, alsof alle weelde uit den booze zij: „Si nous faisions scrupule de toutes choses, qu' adviendroit- il? Ou iamais nous ne pourrions remercier Dieu des biens qu'il nous eslargit, d' autant que nous ne serions point certains que l'usage nous en seroit permis: ou bien nous serions endurcis et obstinez, pour en user comme en despit

---

[1] Opera, XXVII, blz. 196 en 197.

de Dieu: et tout seroit corrompu par ce moyen. Ainsi donc il nous faut bien user des maisons comme de toutes autres commoditez de la vie presente, que nous ne facions point scrupule de toutes choses: mais cependant gardons-nous (comme i'ay dit) de lascher la bride à nostre chair, afin de la contenter selon ses convoitises: car c'est un abysme, et iamais nous n'en pourrions venir à bout" [1]).

Treffende gedachten zijn door Calvijn omtrent de kleeding ontwikkeld. In eene preek over Deut. 22 : 5 wijst hij er op, hoe, bij onze kleeding, wel moet worden in het oog gehouden de bedoeling, waarmee zij is ingesteld; dat zij ons om de zonde is gegeven, en te groote opschik dus moet worden vermeden. De wortel der verkeerdheid zit hier in den hoogmoed van den mensch, die telkens naar eene nieuwigheid haakt. Scherp trekt hij te velde tegen de wisselvallige mode, en zij, die geene andere begeerte hebben dan schoone kleederen te bezitten, verdienden allen kleermaker te moeten wezen [2]).

Sterk dringt hij telkens op eenvoud aan. Bij eene bespreking van Deut. 22 : 11 houdt hij een vurig pleidooi tegen allen dwazen opschik en pronk. God heeft den eenvoud lief: „Notons donc que nous prophanons l'usage pur et naturel des benefices de Dieu, quand nous faisons des mixtions trop grandes par nos cupiditez" [3]). Krachtig vermaant hij dan tot matigheid; tot matigheid in ons eten, in ons drinken, in onze kleeding, in geheel ons leven. Niet dat alleen het strikt noodzakelijke bij dit alles mag worden geduld, integendeel eene dergelijke opvatting wordt door hem als barbaarsche gestrengheid verworpen. Zoo beslist mogelijk laat hij

---

[1]) Opera, XXVII, blz. 401 en 402.
[2]) Opera, XXVIII, blz. 22.
[3]) Opera, XXVIII, blz. 84.

zich hier uit, wanneer hij zegt: „Il est dit au Pseau. 104. que non seulement Dieu a donné aux hommes du pain et de l'eau pour la necessité de leur vie: mais qu'il adiouste aussi bien le vin pour conforter, et pour resiouir. Quand nous voyons que Dieu de superabondant nous donne outre la necessité precise plus qu'il ne nous faut: et bien, iouyssons de sa bonté, et cognoissons qu'il nous permet d'en user en bonne conscience avec action de graces. Il feroit bien venir le bled pour nostre nourriture, sans que la fleur precedast: il feroit bien aussi croistre le fruict sur les arbres sans fueille ne fleur. Et nous voyons que nostre Seigneur nous veut resiouir en tous nos sens, et nous a voulu presenter ses benedictions en toutes sortes, et en toutes les créatures qu'il nous offre pour en iouir. Ainsi, il n'est point question d'avoir une rigueur barbare, tellement que les hommes soyent privez de ce que Dieu leur donne: mais seulement reprimons nos convoitises, et que nous advisions bien ce que Dieu nous permet, pour aller iusques là, et ne passons point plus outre, quand nous voyons qu'une chose ne nous est point licite selon Dieu" [1]).

Uit deze enkele grepen uit Calvijn's predikaties blijkt dus duidelijk, hoe hij wel is waar telkens zijne waarschuwende stem tegen alle buitensporigheden der weelde doet hooren, maar nergens die weelde zelve aantast; ja, veeleer ze uitdrukkelijk verdedigt. Ook in zijne exegetische werken volgt hij deze gedragslijn. De uitlegging der onderscheidene teksten, waarbij het hier behandelde punt ter sprake komt, toont dit aan.

Bij de verklaring van Jesaia 3 : 16 zegt hij: „Invehitur ergo in vestes sumptuosas et supervacuum ornatum: quae

---

[1] Opera, XXVIII, blz. 86 en 87.

certa erant signa vanae ostentationis. Et semper, ubi excessus est in cultu et nitore, ambitio perspicitur: ac plura vitia fere inter se coniuncta sunt. Unde enim luxus in viris et mulieribus, nisi e superbia? Primum igitur superbiam merito taxat, ut fontem mali eamque a signo indicat: ab incessu scilicet: quod mulieres erecto collo ingrediantur". Hij toont dan verder aan, dat het zich verheffen, het gaan met uitgestrekten hals de uiterlijke kenteekenen zijn van een hoogmoedig hart, dat de profeet hier wil laken. Terecht gaat deze dan ook op de bron van alles af: „Nam si a signis initium fecisset, veluti a vestibus, incessu et eiusmodi, obiicere promptum erat, animum nihilominus rectum et purum esse: nec vero si elegantius et ornatius paulo vestiantur, esse tamen causam idoneam, cur tam acerbis vocibus ipsas incesseret et citaret ad tribunal Dei" [1]. Hoewel Calvijn zich hier schijnbaar tegen alle weelde verzet, blijkt toch uit het *„excessus* in cultu et nitore" en uit het „si elegantius et ornatius paulo vestiantur" duidelijk, dat slechts de excessen der weelde worden afgekeurd.

Diezelfde opmerking moet worden gemaakt bij zijne uitlegging van 1 Samuel 25, : 36—43. Nabal's dronkenschap geeft hem het volgende in de pen: „Hinc primum animadvertamus qualis quantaque sit hominum intemperantia, ut praeter mensuram sese vino ingurgitent. Nabalis quidem convivium non fuit per se vituperandum: nam et lege divina permittitur amicos ad convivium invitare, et liberalius tractare: sed peccasse in excessu Nabalem apparet, quum fuisse regium convivium dicitur, ut conditionis suae limites transsiliisse notetur" [2].

---

[1] Opera, XXXVI, blz. 91.
[2] Opera, XXX, blz. 584.

Na deze erkenning van het alleszins geoorloofde om met vrienden feest te vieren, volgt de vermaning: „Modus itaque servandus est, ut sine avaritia et tenacitate sobrietas tamen locum obtineat". Aan eene scherpe afkeuring der dronkenschap knoopt hij eene beschouwing vast over het rechte gebruik der stoffelijke goederen: „Tanta enim est ipsius erga genus humanum liberalitas ut non tantum quae ad corpus alendum sufficiunt, sed etiam quae ad abundantiam et iucunditatem faciunt, nobis suppeditet, quemadmodum vinum datum est non tantum ad cor humanum sustentandum, sed etiam ad illud exhilarandum. Nos itaque modum in potu adhibere discamus, ut Deo semper agere gratias possimus, et ne cibo ac potu sic obruamur, ut officio faciendo simus impares, Deo nimirum pure invocando, proximo inserviendo et vocationis nostrae partes implendo" [1]). De slotsom zijner beschouwingen geeft hij dan aldus weer: „Licet igitur Deus nobis, cum gratiarum actione, liberalius et lautius aliquando vivendi potestatem faciat, simul tamen docet nos esse insatiabiles, et ubi cupiditatibus habenas laxaverimus ad quodvis flagitium proclives, et rationis omnis expertes". Wij zien dus, hoe door hem telkens angstvallig wordt gewaakt tegen het post vatten der gedachte, dat alle weelde, zonder meer, zonde is.

Uitdrukkelijk zegt hij dit nog eens bij de bespreking van Amos 6 : 4, waar hij er op wijst, dat het gebruik van elpenbeenen bedsteden op zich zelf volstrekt niet kan worden veroordeeld: „Si lectis eburneis usi fuissent, hoc per se non fuerit vitiosum, nisi quod semper luxuries damnanda est. Nam ubi dediti sumus pompae et delitiis, certe hoc non caret vitio". Hij

---

1) Opera, XXX, blz. 565.

geeft dan deze vermaning: „Semper tenendum est memoria quod admonui, non reprehendi simpliciter a propheta luxum quemadmodum falso quidam putant, et rapiunt has sententias nimis inconsiderate" [1]).

Van hoog gewicht is ook de uitlegging van Jacobus 5 : 5, waar hij dit opmerkt: „Descendit nunc ad aliud vitium, nempe luxum et delitias. Nam qui ultra mediocritatem abundant, raro sibi temperant quin sua abundantia ad immodicas lautitias abutantur. Sunt quidem (ut dixi) nonnulli divites qui in sua copia esuriunt. Neque enim sine causa Tantalum finxerunt poetae in mensa bene referta famelicum. Semper tales fuerunt in mundo Tantali: sed Jacobus (ut dictum est) non de singulis loquitur. Satis est quod vitium hoc videmus communiter regnare inter divites, quod sint in gulae suae delitias nimium sumptuosi ac superflui. Tametsi autem illis Dominus permittit liberaliter de suo vivere: semper tamen cavenda est profusio, et colenda frugalitas. Neque enim frustra tam aspere exagitat Dominus per prophetas eos qui dormiunt in lectis eburneis, qui pretioso unguento sunt delibuti, qui suaviter potando se oblectant ad cantum citharae, qui sunt veluti vaccae pingues in uberibus pascuis. Haec enim omnia eo dicuntur, ut sciamus modum in delitiis tenendum esse, ac displicere Deo intemperantiam" [2]).

Al deze aanhalingen, welke nog met talrijke andere zouden zijn te vermeerderen, stellen zoo duidelijk mogelijk Calvijn's standpunt in het licht. Vermaken, genoegens, genietingen van weelde zijn volkomen goed te keuren, indien zij maar niet in buitensporigheden ontaarden, en de menschen niet afleiden

---

1) Opera, XLIII, blz. 106.
2) Opera, LV, blz. 424 en 425.

van den Heere en Zijnen dienst. In den breede heeft hij dit standpunt ontwikkeld in eene beroemde beschouwing, aan dit onderwerp gewijd, in de *Institutio*. In forsche systematische trekken geeft hij hier zijne leer, die in zijne predikaties en commentaren slechts bij brokstukken voorkomt.

De hoofdinhoud van deze verhandeling moet, om haar buitengewoon gewicht, worden medegedeeld.

Het 10e hoofdstuk van het 3e boek zijner *Institutio* draagt tot opschrift „Quomodo utendum praesenti vita eiusque adiumentis" [1]), en met vaste hand worden hierin door hem de lijnen getrokken, die men heeft te volgen.

Om te kunnen leven is het noodzakelijk, dat men de hulpmiddelen des levens gebruikt. Reeds aanstonds bij het begin der uiteenzetting dezer stelling kiest hij partij, wanneer hij zegt: „Nec fugere ea quoque possumus quae videntur oblectationi magis quam necessitati inservire". Nu komt het er slechts op aan, om de maat te kennen, welke bij het gebruik dezer goederen moet worden gehouden. Veel onmatigheid is gepleegd, en dat heeft sommige uitnemende mannen bewogen, de stelling te verkondigen, dat alleen het strikt noodzakelijke mocht worden genoten.

Hiervan nu zegt hij: „Pium quidem consilium; sed impendio austeriores fuerunt. Nam (quod est valde periculosum) arctiores laqueos induerunt conscientiis, quam quibus verbo Domini stringerentur". Zoover gaat hunne strengheid, dat, volgens hen, voor voedsel eigenlijk slechts brood en water mag worden genuttigd. Anderen gaan nog veel verder, zooals b.v. Crates, de Thebaan, die alle zijne schatten in zee wierp. Dit nu moet beslist worden afgekeurd, als zijnde in

---

1) Opera, II, blz. 528—532.

strijd met Gods Woord. Hierin toch zijn enkele algemeene regelen gesteld, welke men niet straffeloos mag overschrijden. In het feit toch, dat God zoo veel goeds en schoons geschapen heeft, ligt opgesloten, dat men dit niet ongebruikt mag laten. Hierna geeft hij deze geestdriftige verdediging van de weelde: „Iam si reputemus quem in finem alimenta creaverit, reperiemus non necessitati modo, sed oblectamento quoque ac hilaritati voluisse consulere. Sic in vestibus, praeter necessitatem, finis ei fuit decorum et honestas. In herbis, arboribus et frugibus, praeter usus varios, aspectus gratia et iucunditas odoris. Nisi enim id verum esset, non recenseret propheta inter beneficia Dei, quod vinum laetificat cor hominis, quod oleum spendidam eius faciem reddit (Psal. 104, 15). Non commemorarent passim scripturae, ad commendandam eius benignitatem, ipsum eiusmodi omnia dedisse hominibus. Et ipsae naturales rerum dotes satis demonstrant quorsum et quatenus frui liceat. An vero tantam floribus pulchritudinem indiderit Dominus, quae ultro in oculos incurreret, tantam odoris suavitatem, quae in olfactum influeret, et nefas erit vel illos pulchritudine, vel hunc odoris gratia affici? Quid? annon colores sex distinxit ut alios aliis faceret gratiores? Quid? annon colores sic distinxit ut alios aliis faceret gratiores? Quid? annon auro et argento, ebori ac marmori gratiam attribuit, qua prae aliis aut metallis aut lapidibus pretiosa redderentur? Denique annon res multas, citra necessarium usum, commendabiles nobis reddidit? Facessat ergo inhumana illa philosophia, quae dum nullum nisi necessarium usum concedit ex creaturis, non tantum maligne nos privat licito beneficentiae divinae fructu, sed obtinere non potest, nisi hominem cunctis sensibus spoliatum in stipitem redegerit".

Niemand zal durven ontkennen, dat hier met groote beslistheid de weelde wordt gebillijkt, en dat alles, wat op ascese gelijkt zoo krachtig mogelijk wordt verworpen. Zeker dringt Calvijn in het vervolg van deze verhandeling op matigheid aan, maar daardoor wordt het eerste gedeelte van zijn betoog, waarin eene principieele verdediging geleverd wordt van het gebruik der stoffelijke goederen boven de grens van het noodzakelijke, allerminst omvergeworpen. Immers betoogt hij, dat voor alle weelde, die God schenkt, aan Hem de eer moet worden gegeven. En hoe kan nu van die ware dankbaarheid sprake zijn bij overdaad en brasserijen? „Ubi gratiarum actio, si te epulis aut vino ita ingurgites ut vel obstupescas, vel inutilis reddaris ad pietatis tuaeque vocationis officia? Ubi Dei recognitio, si caro ex nimia abundantia in foedam libidinem ebulliens, mentem impuritate sua inficit, ne quid recti aut honesti cernas? Ubi in vestibus gratitudo erga Deum, si sumptuoso earum ornatu et nos admiremur, et alios fastidiamus? Si elegantia et nitore ad impudicitiam nos comparemus? Ubi recognitio Dei, si in earum splendorem defixae sint mentes"? Dan volgt deze pittige opmerking: „Nam totos suos sensus multi sic deliciis addicunt, ut mens obruta iaceat; multi marmore, auro, picturis ita delectantur, ut marmorei fiant, vertantur quasi in metalla, similes sint pictis figuris. Nidor culinae vel odorum suavitas alios obstupefacit, ne quid spirituale olfaciant".

Zoo moet dan alle onmatig gebruik worden bestreden, en op den voorgrond staat de gedachte, dat alleen die weelde toelaatbaar is, welke de harten niet afkeerig maakt van het bedenken der hemelsche dingen.

Deze korte uiteenzetting van Calvijn's denkbeelden doet zien, welk een onrecht men hem aandoet, zoo men hem voorstelt als eenen, die, in strenge wereldmijding, alle geneugten en alle weelde verfoeide. Hij zelf werpt eene theorie, die den mensch de voldoening van de strikt noodzakelijke behoeften tot ideaal stelt, als „inhumana philosophia" verre van zich. Met bitteren spot vervolgt hij hen, die wetenschap, kunst, opschik in de kleeding, overvloed bij de maaltijden, vermaken, kortom alle weelde veroordeelen. Geheel onwaar is dus het verwijt van Theo Sommerlad, als hij zegt, dat Calvijn opging „in einseitigen Klagen über die Schädlichkeit des Luxus" [1]. Zeker in Calvijn's geschriften zijn de klachten over de buitensporige weelde talrijk, maar eenzijdig zijn zij nimmer, want uit al de hier aangehaalde plaatsen blijkt duidelijk, dat telkens, wannneer door hem eene veroordeeling van de buitensporige weelde is uitgesproken, daarop eene vermaning volgt, om niet uit zijne scherpe bestrijding van de excessen tot het afkeurenswaardige van alle weelde te besluiten. Baudrillart [2] geeft eene geheel onwaardige caricatuur van Calvijn's opvattingen, wanneer hij, na een huiveringwekkend beeld te hebben ontworpen van al de ellende en al de ongerijmdheden, waartoe het innemen van het zoogenaamde rigoristische standpunt leidt, het voorstelt, alsof die teekening voor Calvijn's leeringen eer te zacht dan te schril is. De waarheid is, dat Calvijn, met niet minder kracht dan Baudrillart, den strijd tegen alle wereldmijding heeft aangebonden, en alleen geheele onbekendheid met het-

---

[1] In een artikel *Luxus*, geplaatst in het *Handwörterbuch der Staatswissenschaften*, band 5, blz. 652—660. Men vindt deze woorden blz. 658.

[2] Eigenaardig is, dat deze miskenning van Calvijn's opvatting omtrent de weelde gepaard gaat met eene juiste waardeering van zijne verdiensten ten opzichte der rente. Hij schrijft er dit over: „Calvin, dans un curieux passage, devait rouvrir aux nations protestantes la voie du crédit à demi fermée alors aux nations catholiques. Il prouve par les arguments qu' un économiste aurait pu faire valoir, du même coup la fécondité du capital et sa légitimité'' (t. a. p., deel II, blz. 407 en 408).

geen door Calvijn is geleerd, kan den schrijver van *Histoire du luxe* hebben bewogen, om zulk een verminkt historisch beeld te scheppen. In zijnen strijd tegen „Libertijnsche losbandigheid" heeft Calvijn nooit den kamp tegen de „Doopersche mijding" vergeten, en met recht zegt L. Nazelle [1]: „Calvin est donc loin d'être un ascète rigide".

Dat Calvijn's leer inderdaad van alle ascese vrij is, wordt ook erkend door sommigen, die hem toch eene bekrompen opvatting ten opzichte van het gebruik der stoffelijke goederen verwijten. Tegenstrijdigheid van leer en leven wordt aan Calvijn ten laste gelegd, en men laakt het in hem, dat hij, in schrille tegenstelling met de door hem ontwikkelde denkbeelden, in het practisch leven alle weelde veroordeelde. Lobstein geeft uiting aan dit gevoelen, als hij, na de juiste teekening, „dass Calvins Ethik nicht sowol die Weltflucht in asketischer Weise sondern die Weltüberwindung in evangelischem Geiste dem Christen zur Aufgabe macht" [2], daarop laat volgen: „Das ist wenigstens Calvins Theorie". De tegenstelling tusschen theorie en praktijk wordt daarmede reeds *implicite* aangeduid, en iets verder zegt hij dan ook uitdrukkelijk: „In der That zeigt sich Calvin in der Theorie milder als in der Praxis; dort begnügt er sich den Mittelweg zwischen stoischer Verachtung und epicuräischer Genussvergötterung zu empfehlen; hier kennt er keine solche Vermittelungen, und die Strenge, mit welcher er die Disciplin im rigoristischsten Sinne geltend machte, entspricht voll-

---

[1] In zijn *La morale de Calvin d'après l'Institution de la réligion chrétienne*, Lausanne, 1882 (blz. 53.). Veel verdienste heeft dit werkje overigens niet. Het is niet veel meer dan een teruggeven van enkele hoofdstukken uit Calvijn's Institutie met kantteekeningen daarop. Lobstein's *Ethik* staat veel hooger.
[2] T. a. p., blz. 110.

komen dem Bilde, das er in der Institutio entwirft, um es dort als übertriebene Weisheit, als inhumana philosophia zurückzuweisen" [1]).

Het bewijs voor deze uitspraak put hij dan uit de geschiedenis van Genève tijdens Calvijn. Reeds in de inleiding voor dit geschrift hebben wij tegen eene dergelijke wijze van argumenteeren gewaarschuwd. Men is toch op zeer gevaarlijk terrein, wanneer men uit maatregelen, te Genève genomen, Calvijn's opvatting omtrent een of ander punt wil afleiden. Met de uiterste behoedzaamheid dient hier te worden opgetreden, en veel van hetgeen aldus op de debetzijde van Calvijn wordt gesteld, kan, bij getrouw, historisch onderzoek, onmiddellijk daarop worden geschrapt.

Het is natuurlijk aan niet den minsten twijfel onderhevig, of Calvijn's optreden te Génève heeft zich gekenmerkt door eenen onvermoeiden kamp tegen overdaad en weelderigheid. De processen tegen Ameaux, de Favre's, Perrin, Gruet e. a. [1]) hadden niet hunne oorzaak in dogmatische verschilpunten, maar vonden hunnen diepsten grond in eene bijna wanhopige worsteling tegen de buitensporigheden dezer hooggeplaatste familiën, welke zich aan de strenge kerkelijke discipline zochten te onttrekken. Dat hier echter geen overdreven puriteinsche hardvochtigheid oorzaak voor een dergelijk optreden was, maar de grove buitensporigheden dezer familiën wel degelijk

---

1) T. a. p., blz. 113 en 114.
2) Tegenover de verminkte voorstellingen, die men van den loop dezer procedures heeft gegeven, zijn in vele opzichten uitnemende denkbeelden ontwikkeld door O. A. Cornelius, *Historische Arbeiten vornehmlich zur Reformationszeit*, Leipzig, 1899. Calvijn's optreden beslaat hierin eene ruime plaats. De bladzijden 105 tot 558 handelen over hem.

eene scherpe bestrijding billijkten, wordt door onderscheidene schrijvers erkend.

Niet hierop baseert zich dan ook allereerst de heftige afkeuring van Calvijn's enghartig tegengaan van alle vermaak, maar veeleer vindt dit zijnen grond in een tweetal verordeningen, welke direct tegen de weelde gericht zijn, en van een benepen ascetisme getuigen.

Dat tweetal verordeningen dan heeft betrekking op het verbod van herbergbezoek te Genève en eene geheele regeling der weelde.

Over de eerste kunnen wij kort zijn [1]. In het voorjaar van 1546 besloot de Raad der tweehonderd aan het onmatig herbergbezoek paal en perk te stellen, door aan de inwoners van Genève het bezoeken van deze gelegenheden te verbieden op straffe eener boete van 10 stuivers en 3 dagen hechtenis. Slechts voor vreemdelingen mochten de gewone herbergen, waarin ruwe tooneelen van dronkenschap en brasserijen waren voorgevallen, openstaan. Om nu toch aan de burgers de mogelijkheid te verschaffen, elkander in gezellig samenzijn te ontmoeten, werd op verschillende hoeken der stad een vijftal modelherbergen opgericht, en voor de inrichting van deze een uitvoerig reglement vastgesteld. De „abbayes" stonden onder contrôle der burgemeesters of „lieutenants." In het reglement werd eene uitgewerkte regeling

---

[1] Zie over deze aangelegenheid: Kampschulte, *Johann Calvin*, deel I, blz. 445 en 446; Galiffe, *Nouvelles pages*, blz. 62 en 63; maar vooral Roget, *Histoire du peuple de Genève*, deel II, blz. 232—234. De historie van het kortstondig bestaan des verbods van herbergbezoek (29 April—22 Juni 1546) wordt hier getrouw meegedeeld. Gaberel is in zijne voorstelling verre van nauwkeurig. Zoo is o. a. foutief zijne opgave dat slechts 4 casino's werden opgericht; zij waren 5 in getal en stonden op den Bourg-de-Four, den Molard, Longemalle, la Monnaie en St. Gervais. Hij schijnt deze regeling te verwarren met enkele vroegere besluiten.

gegeven, en een sluitingsuur bepaald. De kastelein, die aan het hoofd stond, moest toezien, dat alles een ordelijk verloop had. Dobbelspel, vloeken, oneerbare liedjes werden geweerd; bij het eten moest worden gebeden en gedankt [1]).

Lang hielden deze inrichtingen geen stand. Het overdrukke bezoek maakte een goed toezicht onmogelijk, en zoo gaven zij tot niet minder schrikkelijke tooneelen aanleiding dan de gewone herbergen. Daarom zag de Raad zich genoodzaakt, reeds na enkele weken, den ouden stand van zaken te herstellen, en aan de burgers het bezoeken der herbergen weer toe te staan.

Uit deze regeling nu eenig argument te putten voor de beoordeeling van Calvijn's standpunt tegenover de weelde, lijkt ons ongeoorloofd. Reeds verzet zich daartegen de onmiskenbare waarheid, dat een gevoelen, hetwelk aan stadsherbergen de voorkeur geeft boven de gewone, allerminst eenige aanleiding kan geven, om daaruit tot eene veroordeeling van alle weelde te besluiten. Maar bovendien, aangenomen, dat uit de geheele regeling dezer aangelegenheid eene rigoristische richting spreekt, dan nog zal met kracht moeten worden geprotesteerd tegen de opvatting, die de verantwoordelijkheid van dezen maatregel van Genève's Raad op Calvijn's schouders legt. In 1546 toch was de verhouding van Calvijn tegenover de Overheid van dien aard, dat zijn invloed waarlijk niet overwegend

---

[1] 28 Mei werd deze verordering vastgesteld. Kenschetsend zijn de volgende bepalingen: „L'hoste ne permettra boire ou manger à personne de quelque qualité que soit, que premièrement la prière ne soyt faite pour la bénédiction, et aussy à la fin la prière avec action de grâces comme est le debvoir de chrestiens et fidelles". „Sera tenu ledict hoste avoir en sa maison une Bible en français dedans laquelle puysse lire chacun qui vouldra et n'empescher que librement et honestement on ne parle de la parolle de Dieu en édification ains qu'il y donne tout le faveur possible". Meegedeeld door Roget, t. a. p., blz. 284, noot.

kan worden genoemd, en er bestaat niet de minste zekerheid, dat deze regeling van Calvijn is uitgegaan, of dat hij zelfs eene invloedrijke stem in het kapittel gehad heeft.

Zeer zeker is mogelijk, dat hij ook heeft willen beproeven, den geest van Genève in betere richting te leiden, maar meer dan eene gissing is dit niet, en er is geen schrijver [1]), die kan aantoonen, dat er, zoo al geen zekerheid, dan toch groote waarschijnlijkheid bestaat, dat in deze regeling Calvijn's gedachten belichaamd zijn.

Moet zoo het odium, dat men Calvijn voor deze besluiten tracht op te dringen, met beslistheid worden verworpen, eene dergelijke gedragslijn kan niet worden gevolgd tegenover de weeldewetgeving van 1558.

Toen toch in 1555 de politieke Libertijnen, na hardnekkige worsteling, ten onder waren gebracht, brak een tijdperk aan, waarin Calvijn in Genève's wetgeving en bestuur met kracht zijne beginselen kon doen doordringen. En al geven nu de verordeningen en maatregelen, in dezen tijd uitgevaardigd, niet volkomen zijne bedoeling weer, al werd meermalen de zuiverheid van het beginsel opgeofferd aan den eisch der historisch geworden toestanden, toch mag niet worden ontkend, dat op alle belangrijke besluiten uit deze periode Calvijn's reuzengeest zijnen stempel gezet heeft. Uit de historische wording van de *Lois somptuaires* is dan ook afteleiden, hoe in deze wetgeving de uitdrukking van Calvijn's gedachten is te zien, en hoe dus nauwkeurige bestudeering van deze verordening noodzakelijk is voor de beantwoording der vraag, of de milde

---

[1] Kampschulte, geeft geenen enkelen grond aan voor zijne voorstelling, die Calvijn als den bewerker van dit alles aanmerkt. Toch spreekt hij zoo bout mogelijk: „Calvin ging noch weiter und verlangte sogar die Abschaffung der Wirthshaüser". T. a. p., blz. 445.

opvattingen omtrent de weelde, door hem in theorie gehuldigd, ook in het practisch leven tot haar recht kwamen. Wij laten deze belangrijke regeling in haar geheel volgen [1]):

LOIS SOMPTUAIRES
Des habits

„Est défendu à tous citoyens, bourgeois, habitants et sub-

---

1) Zij wordt *in extenso* meegedeeld door Gaberel, deel 1, blz. 339—342 Ook Kampschulte wijdt vrij uitvoerige beschouwingen aan deze wetgeving, in het tweede deel, blz. 348—358. In eene noot geeft hij deze opmerking: „Diese Edikte gedr. bei Gaberel I, 339—342; Roset VI c. 43. Der Schlusssatz findet sich wörtlich wieder am Schluss der revidierten kirchlichen Ordonnanzen von 1576 und gehört wohl auch späterer Zeit an, da die Ordonnanzen von 1561 noch eine dreijährige Publikation festsetzen. Selbst der Text scheint, obgleich er sich in der Hauptsache an das Ratsprotokoll vom 11 Okt. 1558 durchaus anschliesst, doch einzelne Änderungen erfahren zu haben, wie z. B. was die Zahl der Schüsseln und Vertugales angeht. Doch betreffen die Abweichungen kleine Äusserlichkeiten, nicht den Geist des Gesetzes. — In formeller Hinsicht ist auch diese Verordnung wie fast alle Ordonnanzen der calvinischen Behörden kein Muster: es fehlt nicht an Ungenauigkeiten, Wiederholungen, selbst nicht an kleinen Widersprüchen. Es scheint, dass Calvin zufrieden war, wenn die Sache durchgedrungen war, ohne um die Form sich viel zu kümmern." (deel 2, blz. 352.)

Even te voren klaagt hij er over, dat Gaberel niet de bron vermeldt, waaraan hij zijne gegevens heeft ontleend: „Gaberel giebt einen Abdruck I, 389 ff., ohne sich über seine Quelle auszusprechen, was um so mehr zu wünschen gewesen wäre, als das vorliegende Gesetz nicht ganz den Andeutungen des Ratsprotokolls entspricht, indem es die *vertugales* (sic!) nicht verbietet". (deel 2, blz. 349, noot).

Ook Stähelin geeft in zijn *Johannes Calvin* eene korte en niet geheel nauwkeurige schets van deze wetten (deel 1, blz. 342—344).

Foutief is het van hem en Gaberel, om ze als een onderdeel der gewone kerkelijke wetgeving voor te stellen. Roget verhaalt in zijn *Histoire du peuple de Genève*, deel 5, blz. 170 en vlgg. slechts kort de wijze van ontstaan, zonder op den inhoud diep in te gaan. Hij vermeldt de *ratio legis* die in het protokol aldus wordt weergegeven: „Arresté qu'on y pourvoie par le moyen de cries, et pour icelles faire, qu'on ait advis avec les ministres, pour trouver quelque bon moyen et empescher telles superfluités, lesquelles engendrent plusieurs maux et nourrissent orgueil, gourmandise, puis amènent pauvreté, cherté de vivres, et sont cause de la destruction de plusieurs, oultre le principal qui est que Dieu y est grandement offensé, et donne mauvais exemple à ceux qui ont meilleure estime de nous, qu'est indécant et indigne de chrestiens et d'une république si bien réformée que ceste-cy, grâce à Dieu".

iects de ceste cité, tout vsage d'or ou d'argent en porfilleures, broderies, passemens, canetilles, fillets, ou autres tels enrichissemens d'habits en quelque sorte et manière que ce soit".

„Sont défendues toutes chaînes, bracelets, carquans, fers, boutons, pendans d'or sur habits, cordons d'or ou d'argent, et ceintures d'or, et en général tout vsage d'or et de pierrerie, soyent pierres, perles, grenats ou autres, sur habits, en ceintures, colliers, ni autrement".

„Tous habits de soye, et bandes de velours, aux artisans mécaniques, et autres gens de basse condition, et à leurs femmes et filles, tous rabats doubles. Tous pourpoincts à pointe, enflez ou bourrez sur le deuant".

„Tous chappeaux, bonnets, fourreaux d'espées, ou pantoufles, canons aux chausses, paremens de velours aux manteaux, sauf à ceux ausquels selon leur qualité il peut estre permis".

„Est défendu aux hommes de porter de longs cheueux, avec passefillons, et bagues aux oreilles".

„Est défendu aux femmes et filles toute frisure, releuement et entortillement de cheueux, et de porter aucuns grenats ou pierreries en leurs coiffures et cornettes".

„Toutes façons superflues et excessives de poinct coupé ou autre ouurage ou pointes excessiues, soit en valeur ou grandeur, sur les collets et rabats".

„Toutes fraises excessives et fraises au poinct coupé, tant aux hommes qu'aux femmes, et tous rabats doubles excessifs".

„Tous habits de soye, et tous habits découppés aux femmes".

„Toutes mitaines excessiues".

„Tous enrichissemens aux habits desdites femmes, robbes ou cottes, excedans deux bandes médiocres pour celles de qualité".

„Leur est defendu de porter plus de quatre anneaux d'or, excepté aux espouses le jour et le lendemain de nopces".

„Pareillement est défendu aux femmes des artisans mecaniques de porter aucuns anneaux d'or.

„Que nulles filles de qualité que elles soyent, n'ayent à porter aucuns anneaux auant qu'estre fiancées, à peine de soixante sols, et confiscation desdites bagues".

„Est defendu ausdits artisans mecaniques viuans du travail de leurs mains, à leurs femmes, enfans et seruiteurs, de porter camelot de leuant, fins draps, ni sarge de Florence, escarlate, escarlatin, migraines, ni fourrures precieuses, ni aucunes bandes de soye en leurs habits, et ne porteront lesdites femmes ni leurs filles coiffes qui coustent plus d'vn escu".

Item, lesdits artisans mecaniques, ni les paysans, ne deuront porter aucunes bandes de velours ni d'autre soye en leurs habits, ni aucuns chappeaux ou collets de manteaux doublés de velours, ou d'autre soye".

„Les seruantes ne s'accoustreront d' aucun drap de grand prix, et particulièrement d'aucune couleur de pourpre ou autre cramoisie, mais elles se contenteront de petits draps et toiles comme elles auoyent accoustumé, et ne porteront coiffes de plus haut prix que de dix-huit sols, ni aucuns collets froncés, ni pointes en leurs collets, ou rabats".

„Que nulles femmes n'ayent à porter chapperons de velours sinon celles ausquelles selon leur qualité il est permis".

„Et en general, que chacun ait à se vestir honnestement et simplement selon son estat et qualité, et que tous, tant petits que grands, monstrent bon exemple de modestie chrétienne les vns aux autres, estant aussi defendu aux pères et mères de vestir et parer leurs enfans contre ce qui est permis par la presente ordonnance. Le tout sous peine aux contreuenans pour la première fois de cinq florins, la seconde de dix, et la troisième de vingt-cinq, et confiscation desdits vestemens ou bagues qui seroyent porteés contre la presente défense, et autre peine arbitraire".

„Est de même défendu aux cousturiers de faire doresennauant aucunes nouuelles façons d'habits sans la permission de nosdits Seigneurs, ni aucuns autres accoustremens et ouvrages contre-venans à la presente ordonnance, pour aucun citoyen, bourgeois, habitant, ou suiet de ceste cité, sur peine de dix florins pour la première fois, la seconde vingt-cinq, et d'estre en outre chastié selon l'exigence du cas".

„N'entendans toutes fois au port desdits habits comprendre les Seigneurs et Dames de qualité qui se pourroyent trouver riere de ceste seigneurie".

Des nopces et autres banquets.

„*Item*, que nul faisant nopces, banquets ou festins, n'ait à faire au seruice d'iceux plus haut d'vne venue ou mise de chair ou de poisson, ou de tous deux ensemble, et de cinq plats au plus, honnestes et raisonnables, en ce non comprinses les menues entrees, et huict plats de tout dessert, et qu' audit dessert n'y ait pastisserie, ou piece de four, sinon vne tant seulement, et cela en chacune table de dix personnes".

„*Item*, sout defendues ausdites nopces ou banquets toutes sortes de confitures seches, excepté la dragee, le tout à peine de soixante sols, pour celuy qui aura fait le banquet".

„Est defendu doresennavant de faire aucuns festins aux fiançailles et baptisailles, sauf une table iusques à dix personnes au plus, pour gens de qualité et de moyens".

„Est defendu d'inuiter et assembler doresnauant aux nopces plus d'vne tablee de dix personnes pour les moindres, deux pour les médiocres, et trois pour les autres, et ce vne fois pour toutes, sans qu'il soit loisible de continuer aux autres iours suiuans, sans congé de la Seigneurie, et qu'ils ne puissent auoir pour les plus aisés que six seruans et six filles".

„Que les artisans et autres de moindre qualité, n'ayent à servir aux banquets qu'ils feront de dindes, perdrix, venaison, gibler et pastisserie, le tout à peine de vingt-cinq florins".

„Que nul cuisinier n'ait à apprester aucun festin contreuenant à la presente defense, sous la mesme peine de vingt-cinq florins".

„Est defendu à toutes personnes de provoquer autruy à boire, ni l'accepter, en aucuns festins ou autres repas".

Des présents.

„Est defendu aux espoux et espouses de faire aucuns dons et presens autres qu'a eux, ni mesmes aux seruants et filles, et que ceux qui se feront mutuellement soyent en toute médiocrité, et sans excès, à peine de vingt-cinq florins payables par celui qui donnera et autant par celui qui receura".

Des bouquets.

„Est defendu de donner ausdites fiançailles, nopces ou baptisailles, des bouquets liés d'or ou canetilles, ou garnis de grenats, perles, et autres pierreries".

Des accouchements.

„Item est defendu aux femmes d'entrer dans les maisons des accouchees pour les voir le jour des baptisailles, excepté à la commere et aux plus proches parentes, à peine de soixante sols".

„Item est defendu ausdites accouchees de se parer pendant

leur couche, excessivement, et contre l'ordonnance sus déclaree".

„*Item*, qu'elles n'ayent à porter en leur dites couches, des casaques ou manteaux nouuellement inuentés, mais qu'elles gardent en leur habit toute honnesteté et modestie, sous la mesme peine que dessus".

„Et afin que cest ordre et police soient tant mieux observées et entretenues, nous avons ordonné que la publication et lecture en serait faite de cinq en cinq ans, au Conseil Général, qui sera à ces fins assemblé au premier dimanche du mois de juin, sans qu'il soit permis ni loisible à personne quelconque d'y contrevenir, soit en y ajoutant ou diminuant, sinon qu'il ait été au préalable proposé et conclu par le Petit, Grand et Général Conseil de cette cité".

Deze verordening vooral is aangegrepen, om Calvijn voor te stellen als eenen man, die uit Genève alle vermaak zocht te bannen, en een bestuur trachtte in te voeren, dat de bevrediging van elke meer dan noodzakelijke behoefte als onzedelijk brandmerkte. Ons dunkt geheel en al ten onrechte.

Het kan grif worden toegegeven, dat hier eene inmenging van staatswege in het huiselijke leven valt waar te nemen, die, zoo zij in onze dagen plaats vond, zeker algemeene afkeuring zou ontmoeten. Maar de historische toestand van Genève, met zijne ineenstrengeling van kerkelijk en staatkundig leven, verklaart dat ingrijpen voor een goed deel. Wij behoeven echter hierop niet verder in te gaan, daar dit voor ons betoog niet ter zake doet. Het eenige punt, dat oplossing eischt, is de vraag, of uit deze verordeningen eene ascetische neiging spreekt.

En dan kan zeker allerminst het bestaan van eene weeldewetgeving op zich zelf worden aangevoerd ter bevestiging van deze vraag. Verordeningen tegen overdaad in kleeding en maaltijden waren vóór en in Calvijn's tijd zóó menigvuldig [1]), dat alleen gebrek aan historische kennis kan doen spreken van een geheel ongewoon betreden van een terrein, dat door alle wetgevers gemeden werd. Inzage van andere verordeningen van denzelfden aard toont, dat, hetgeen Calvijn gaf, zich volstrekt niet door bijzondere gestrengheid onderscheidde van dergelijke maatregelen, in andere staten uitgevaardigd.

Zoo werd nog op het einde der zestiende eeuw te Bern het bedrag vastgesteld, dat men 's avonds in de herberg mocht verteeren; het musiceeren, het dichten, het zingen gedurende den Kerstnacht, het dansen tijdens den wijnoogst was verboden [2]). In Frankrijk werd nauwkeurig bepaald, hoeveel gewicht de verschillende gouden en zilveren voorwerpen mochten hebben [3]). De *Reichspolizeiordnungen* der 16e eeuw verklaren het voor „ehrlich, ziemlich und billig, dasz sich ein Ieder nach seinem Stande, Ehren und Vermögen

---

1) Eene in vele opzichten goede historische beschouwing der weeldewetten vindt men bij Roscher, *System der Volkswirthschaft*, deel 1, blz. 563—571.

Ook het reeds aangehaalde artikel van Theo Sommerlad in het *Handwörterbuch der Staatswissenschaften* geeft onder het hoofd: *Die Aufwandgesetzgebung* eene vrij volledige schets (t. a. p., blz. 655—660).

Meer uitvoerige beschouwingen treft men aan in het werk van S. Runde, *Beitrag zur Geschichte der Aufwandsgesetze*, Göttingen, 1857.

Het niet zeer belangrijke proefschrift van A. E. Penning, *De luxu et legibus sumptuariis*, Leiden, 1826, bevat ook enkele gegevens.

De Romeinsche weeldewetgeving is behandeld door J. F. Houwing, *De Romanorum legibus sumptuariis*, Leiden, 1883.

2) Zie Roscher, *Ansichten der Volkswirthschaft*, blz. 468.

3) Men vergelijke een artikel van Lexis, *Die volkswirtschaftliche Konsumtion* in Schönberg's *Handbuch der Politischen Oekonomie*, deel I, blz. 685 en volgg. Over de weeldewetten spreekt hij slechts kort op blz. 715.

trage, damit in jeglichem Stande unterschiedlich Erkänntnüsz sein möge" [1]).

De lagere volksklasse op het land mocht slechts inlandsche stoffen dragen, de rokken moesten tot eene bepaalde hoogte reiken; wijde mouwen, uitgesnedene kleedingstukken, alle gouden of zilveren sieraden waren verboden; paarlen, zijde, gestikte kragen of uitgesneden schoenen konden niet worden geduld. Het pelswerk der vrouwen moest van lammeren- of geitenvel wezen. De stedelingen werden in drie klassen verdeeld en de kleeding van ieder, tot in bijzonderheden, geregeld. Zoo werd b.v. het gewicht en de waarde der kettingen aangegeven. Op de overtreding van al deze regelen werden zware boeten gesteld.

Ook in ons land hebben dergelijke bepalingen gegolden. Penning [2]) deelt mede, hoe Karel V, bij ordinantie, het getal gasten bij bruiloftsmaaltijden beperkte tot de verwanten, terwijl er nimmer meer dan 20 mochten aanzitten. Het feest mocht niet langer worden voortgezet dan tot den volgenden dag, op boete van 10 Carolusguldens. Ook gaf hij verordeningen tegen te grooten opschik in de kleedij. In Haarlem bepaalde eene verordening het getal bezoeken, dat eene kraamvrouw mocht ontvangen. Op het eiland Texel gold: „Waar eenige Memorie van dooden gedaan word, daar en moet niemand gaan ten eeten ofte drincken van diere spijs, of drancke, hij en zijn zusterling. of daar en binnen, die agt de naaste huise, van daar die doode uitgedragen is, te verbeuren 5 schell".

Van Hasselt deelt in zijne *Arnhemsche Oudheden* mede,

---

[1] Roscher, *Ansichten der Volkswirthschaft*, blz. 465 en volgg.
[2] T. a. p., blz. 48 en volgg.

hoe te Arnhem bruidegom en bruid bij hun huwelijksmaal, ieder niet meer dan zes gasten mochten noodigen. Begrafenismaaltijden waren kortweg verboden: „Item gheen cost te doen mit doden". In Deventer was vastgesteld: „Op bruyloften, kinderbieren, of andere maeltijden sal alle spijze teffens, ende niet meer dan eenmael aengericht worden, bij poene van vijftich goltgulden, zijnde het bancquet hier inne niet begrepen. Onder het bancquet sullen geen marcipainen, confituren, of suykergeback voorgeset worden, bij poene van hondert goltgulden". In het land van Soest bepaalde eene verordening: „Vort mer des Avendes, wanner des morghens de Bruytlocht wesen sal, so muyt de Bruydenghame unde de Bruyt wail tuzamenne hebben tweüntsieventich man unde nicht meer, do niet en drinken; unde den muyt men wail gheven ein Gherichte aude Keyse ende nicht meer. Unde ein Juwelic man sall gheven einnen penninc. Vort mer desselven avendes so mach de Bruyt unde de Brudeghame in eyne Huis gheven den Vrunden ein Gherichte aude keyse unde nicht meer sunder Ghelt".

Onpartijdige vergelijking van deze bepalingen en Genève's wetgeving toont aan, met hoe weinig recht men de laatste van bijzondere hardheid beschuldigt. Het is daarom te betreuren, dat Roscher, zonder de weeldewetten uit Genève nauwkeurig te vermelden, haar als bij uitstek gestreng voorstelt [1]).

Nog afkeurenswaardiger is de wijze, waarop W. T. H. Wunderlich in zijn met veel ophef aangekondigd *Geschiedenis van de Weelde* [2]), dat in werkelijkheid niet veel meer is dan eene beknopt uittreksel van Baudrillart's boek, Calvijn's optreden beschrijft. Hij zegt: „Ten slotte slaan we nog het

---

1) *Ansichten der Volkswirthschaft*, blz. 468.
2) Zutphen, 1888.

oog op den Savonarola van Genève, op Calvijn, wiens geheele leerstelsel eene doorloopende bestrijding van aardsche weelde en grootheid is. Bij geen der hervormers treedt dit zoo sterk op den voorgrond, zelfs niet bij Luther en diens vriend Melanchton. Met recht heeft men daarom ook Calvijn een Stoicijn genoemd. Den invloed, welken hij te Genève verworven had, gebruikte hij om met Draconische gestrengheid niet alleen de godsdienstige, maar ook de zedelijke hervorming tot stand te brengen, om alles, wat maar eenigszins als zonde kon beschouwd worden, met wortel en tak uit te roeien... Calvijn heeft zijn doel bereikt; aan weelde en verkwisting werd tijdelijk paal en perk gesteld, maar het is zeer de vraag of hetgeen aan den eenen kant gewonnen werd aan den anderen kant niet verloren ging, door de willekeurige en alle vrijheid schendende wijze, waarop hij optrad" [1]).

Zeker, wat de verschillende verbodsbepalingen betreft, kan niet worden ontkend, dat deze, met name in het hoofdstuk over de kleeding, enkele zaken tegengaan, die ons alleszins geoorloofd voorkomen, maar hierbij mag niet worden vergeten, dat de van onzen tijd geheel verschillende omstandigheden der 16e eeuw het gebruik van tal van dingen tot misdadige overdaad stempelden, wier benuttiging thans strikte eenvoud is, terwijl het omgekeerde verschijnsel zich eveneens voordoet. Hetgeen toch omtrent de kraamvrouwen bepaald wordt, en het verbod om bloemwerken te geven, met paarlen gegarneerd, toont duidelijk aan, op wat gansch andere gewoonten en toestanden deze regeling ziet. Wie dit in het oog houdt, kan tot geene andere conclusie komen, dan dat zich in deze wetgeving allerminst

---

[1]) T. a. p., blz. 337 en 388.

openbaart een streven om eene harde en onmeedoogende ascese in te voeren, maar veeleer eene ernstige poging om, bij het bekampen van allerlei buitensporigheden, toch aan de eischen eener goede weelde recht te laten wedervaren. De geschenken moesten gegeven worden „en toute mediocrité et sans exces", en deze stelregel stond bij alles op den voorgrond.

Tot een recht begrip van deze wetgeving is ook noodig, dat men in het oog houde de verschrikkelijke misbruiken van Genève's bevolking, waartegen deze ordonnantiën gekeerd waren. De geschiedschrijvers wijzen er toch op, hoe, tijdens de aanneming der Reformatie door Genève, in die stad diep zedelooze toestanden heerschten. Het vechten en dansen in de herbergen was aan de orde van den dag; overspel en echtbreuk werden zeer licht geacht; veel tijd werd zoek gebracht in badhuizen, welke destijds het karakter van bordeelen droegen. Zelfs heeft Genève de treurige vermaardheid van de eerste stad in Europa te zijn geweest, waar de prostitutie gereglementeerd werd. Het spreekt van zelf, dat die geest door de Reformatie niet aanstonds werd gebannen, er bleef eene zeer sterke Libertijnsche strooming over, die wars was van alle beteugeling der vermaken, welke zij volop wilden genieten. Voegt daarbij, dat deze strooming door de talrijke Fransche vreemdelingen, die zich te Genève vestigden, niet onbelangrijk gevoed werd, en men begrijpt, wat strenge maatregelen noodig waren, om deze diep zondige toestanden te keeren. Het was onder den indruk van de dure roeping, welke men gevoelde, om brasserijen en weelderigen overdaad uit te roeien, dat deze verordening werd uitgevaardigd, en door de verschillende colleges, zelfs door den *conseil général*, die anders dikwijls tegenstand boden, met algemeene stemmen werd aangenomen. Men besefte, dat de weelde te ver gegaan was, en gevoelde behoefte aan zekeren uitwendigen band, die zedelijken steun gaf, en, door zijn rekening houden met de verschillende positie der onderscheiden standen, aan het willekeurig opdrijven der levenseischen een einde maakte. Het acht slaan op deze omstandigheden maakt onverbiddelijk een einde aan alle valsche voorstellingen, alsof Calvijn's regiment te Genève een schier ondragelijk, droefgeestig en van iedere weelde gespeend leven noodzakelijk maakte [1]. Terecht heeft Bungener opgemerkt: "Les lois somptuaires n'avaient non plus, pour le temps, rien d'excessif et nous ne devons les juger ni sur nos moeurs, ni sur les murmures de ceux qu'elles contrariaient" [2]. In stede van te klagen over de rigoristische strekking van deze maatregelen moet men veeleer erkennen de zeer ruime en milde opvatting, welke zij huldigen; bij de ernstige misbruiken, die heerschten, vervallen deze reglementen allerminst in het gevaar, dat hen zoo licht bedreigt, om namelijk bij den strijd tegen de buitenspo-

---

1) Welke waarde aan deze voorstellingen te hechten is, wordt duidelijk, wanneer men bedenkt, dat de verbreiding er van het werk van de Galiffe's is, en nu is het eigenaardig, dat J. B. Galiffe luide jammerklachten aanheft over de brasserijen en den overdaad, welke onder Calvijn's bestuur en toezicht bij de vele officieele maaltijden plaats hadden. Hoe deze voorstelling in besliste tegenspraak is met het tafereel, dat hij elders over Genève's somberheid en Calvijn's onmenschelijke gestrengheid ophangt, springt in het oog. Het zou te ver voeren, deze beschuldiging van overtreding der weeldewetten door Calvijn in den breede te weerleggen. Zijn voorstelling gaat uit van talrijke onjuistheden, als o. a. van een veel te hoog schatten der destijds in omloop zijnde munt, van de meening, alsof iedere vleeschsoort, die genoemd wordt, een aparte schotel vormde, terwijl bijv. pasteien onderscheidene soorten vleesch bevatten. Zie over dit alles *Nouvelles pages*, blz. 45 en vlgg.

Op de beschuldiging van groote weelderigheid wijst Calvijn zelf in zijne Voorrede voor den Commentaar op de Psalmen, waar hij zegt: "Ab aliis iactantur meae lautitiae...." (Opera, XXXI, blz. 81).

2) *Calvin sa vie, son oeuvre et ses écrits*, Parijs, Amsterdam, 1862, blz. 168.

righeden ook de geoorloofde weelde te bekampen. Onbevooroordeelde overweging van dit alles stelt in het licht het ongerijmde van de beweringen, die Calvijn ten laste leggen, dat alle vermaak, alle weelde in kleeding en maaltijden door hem werden geweerd, en dat naar aanleiding van eene verordening, die aan de vrouw het dragen van 4 gouden ringen toestaat en feestmaaltijden geoorloofd acht, waar 30 personen aanzitten, en waar, behalve een uitgewerkt dessert, nog 12 schotels worden opgediend.

Wij achten hiermede het verwijt omtrent Calvijn's practisch optreden voldoende weerlegd, en duidelijk blijkt, hoe de maatregelen, door hem in Genève genomen, volkomen in overeenstemming waren met de theoretische bespiegelingen in zijne werken. Met wat beslistheid hij in zijne geschriften de verwerping van alle weelde bestrijdt, hebben wij aangetoond. Zeker eene nauw sluitende bepaling van wat geoorloofde weelde is vinden wij bij hem niet, maar dat kan hem toch kwalijk euvel worden geduid. [1]) Uitgemaakt moest worden of Calvijn de bevrediging van de behoeften, die boven de grens van het noodzakelijke gingen, wilde bestrijden dan wel aanmoedigen, en nu laten zijne beschouwingen daaromtrent geen twijfel over. De onjuiste voorstelling van Calvijn's leer omtrent het gebruik der aardsche goederen, die bij nagenoeg

---

1) In het reeds geciteerde opstel van Sommerlad vindt men eene schets van verschillende definities, omtrent de weelde gegeven. Van hetgeen onder weelde kan worden gebracht krijgt men eenen indruk uit de werken van P. Studemond, *Die Stellung des Christen zum Luxus*, Stuttgart, 1898 en C. W. Kambli, *Der Luxus nach seiner sittlichen und sozialen Bedeutung*, Frauenfeld, 1890. Beide hebben niet veel beteekenis. Het laatste telt een drietal hoofdstukken, waarvan het eerste algemeene beschouwingen levert, terwijl de volgende twee onder de hoofden *Luxus in der Lebenshaltung* en *Luxus der geistigen Genusse und der Geselligkeit* eene zeer gespecificeerde opgave bevatten van de levensverschijnselen, waarin de weelde tot uiting komt.

alle schrijvers wordt gevonden, is daarmede voldoende weerlegd.

In ruimte en mildheid van opvatting staat zijne leer omtrent het goed recht der weelde in niets bij Baudrillart's beschouwing ten achter. Van hoe hooge beteekenis eene dergelijke theorie voor de ontwikkeling van het economisch leven is, heeft Baudrillart zelf schitterend aangetoond, en wordt thans in economische kringen vrij algemeen erkend.

Met recht mag aan de Laveleye [1]) en zijne medestanders worden verweten, dat ondermijning der productieve krachten het noodlottig gevolg moet wezen van de doorvoering hunner leer. Slechts dan staat de Laveleye sterk, wanneer hij tot zijne tegenstanders het verwijt richt, dat hunne opvatting omtrent het gebruik der aardsche goederen gemakkelijk tot de meest betreurenswaardige buitensporigheden moet leiden. Maar tegen Calvijn kan deze beschuldiging niet worden ingebracht, want door, bij zijne leer van het gebruik der aardsche goederen, op den voorgrond te stellen den eisch, dat ook hierin zou worden gezocht de verheerlijking van den Gever dezer goederen, schiep hij naast de vrijheid, om de weelde te

---

1) *Le luxe*. Het werkje is eene doorloopende bestrijding van Baudrillart's arbeid. Hij verklaart zich eenen onvoorwaardelijke voorstander van de door Baudrillart gewraakte rigoristische richting en stemt volkomen in met de bepaling door Say van de weelde gegeven („l'usage des choses rares et coûteuses"). Hij omschrijft de weelde aldus: „J'appelle objet de luxe, toute chose qui ne répond pas à un premier besoin et qui coûtant beaucoup d'argent et par suite de travail, n'est à la portée que du petit nombre" (blz. 12). En verder heet het: „Une consommation de luxe est celle qui détruit le produit de beaucoup de journées de travail, sans apporter à celui qui la fait aucune satisfaction rationnelle" (blz. 12). Dit alles is zeer vaag, maar duidelijk blijkt uit zijn geschrift, hoe hij van eene beoordeeling van het al of niet afkeurenswaardige der weelde naar gelang van het verschil in stand en de eigenaardige gesteldheid der onderscheidene tijdperken, geheel afkeerig is.

genieten, tevens de grenzen, waarbinnen zich dat genot moest bewegen, en Genève's weeldewetgeving staat daar als een monument van den ernst en de vastberadenheid, waarmede de strijd tegen alle uitwassen, die de weelde deden ontaarden, werd aangebonden.

HOOFDSTUK V.

Calvijn en het Communisme.

Joseph de Maistre heeft in zijn veelszins voortreffelijk *Essai sur le principe générateur des constitutions politiques et des autres institutions humaines* [1]) enkele schoone bladzijden gewijd aan de beteekenis van den naam. Sprekend over den hoogmoed des menschen, die zich eenen schepper waant, merkt hij op, dat deze niet slechts onmachtig is tot het scheppen van eenig ding, maar ook het vermogen heeft verloren, om aan het geschapene zijnen rechten naam te geven. Hij wraakt de beschouwing, welke in den naam iets zinledigs ziet; wijst op zijn hoog belang en waarschuwt tegen elke poging, om door onware benaming het wezen eener zaak te bemantelen.

Meer dan ergens anders is die herinnering en waarschuwing van noode bij het bezigen der woorden *socialisme* en *com-*

---

1) Met de *Considérations sur la France* en de *Lettres à un gentilhomme russe sur l'inquisition espagnole* vormt deze verhandeling het zevende deel in de uitgave zijner werken, die in 1844 te Brussel verscheen. Men vindt de hier bedoelde beschouwingen in de paragrafen XLVII en volgg.

Vergelijk ook Fabius, *Voortvaren*, Leiden, 1898, blz. 188, noot 2.

munisme. Van eene vaststaande beteekenis der begrippen, aan deze uitdrukkingen gehecht, is geene sprake en natuurlijk kan evenmin op eene scherpe afbakening van beider gebied worden gewezen. Omtrent de onderlinge verhouding dezer twee termen bestaat eene grenzelooze verwarring. Daar is eene groep schrijvers, die van alle verschil in de begripsbepalingen van communisme en socialisme hebben afgezien, en beide benamingen gebruiken ter aanduiding van eenzelfde stelsel. Zoo heeft Georg Adler zijn bekend geschiedwerk betiteld *Geschichte des Sozialismus und Kommunismus von Plato bis zur Gegenwart* [1]), en in zijne *Einleitung* omschrijft hij beide „gleichmässig", als „einen *Gesellschaftszustand*, bei dem in weitem Umfange mit den Mitteln der Gesamtheit auf der Basis des *Kollektiv*eigentums gewirtschaftet wird" [2]). Principieel verdedigt hij deze gelijkstelling niet, want zijn eenige argument ontleent hij aan de heerschende gewoonte, om de twee begrippen als „gleichbedeutend" te gebruiken. Dit nu is z. i. een feit, dat de wetenschap eenvoudig heeft te aanvaarden. En dien knieval voor de macht der gewoonte maakt de man, die, bij de bespreking van het misbruik, om iedere staatsbemoeiing met de stoffelijke welvaart als socialisme te betitelen, de juiste opmerking maakt: „Wenn sich die wissenschaftliche Definition somit an den Sprachgebrauch anschliesst, darf sie jedoch anderseits nicht

---

1) Leipzig, 1899. Van de twee deelen, waaruit dit werk bestaan zal, verscheen tot nu toe alleen het eerste, dat loopt tot de Fransche revolutie. Niet geheel juist is het opschrift boven dit deel: *Kommunismus und Anarchismus als Konsequenzen philosophischer und religiöser Spekulation*, daar dit de gedachte doet ontstaan, dat de hieronder niet behandelde stelsels, b.v. het Marxisme, eenen empirischen grondslag hebben. Een uittreksel van dit werk geeft Adler in het *Handwörterbuch der Staatswissenschaften*, deel VI, blz. 811 en volgg.

2) T. a. p., blz. 1.

Missbräuche, die sich hier und dort eingenistet haben, mit in den Kauf nehmen. Es ist vielmehr grade die Aufgabe der wissenschaftlichen Definition, den Sprachgebrauch von Widersinnigkeiten, die sich etwa eingeschlichen haben, zu reinigen" [1]).

Diezelfde blinde vereering voor den sleur der gewoonte treffen wij aan bij Woolsey, die, hoewel voor zich zelf bewust van het wezenlijk onderscheid tusschen communisme en socialisme, toch dit verschil niet wil handhaven, aangezien zoo velen het hebben prijsgegeven. Zijn gedragslijn bepaalt hij aldus: „But although the term (socialism) thus differs from the term *communism*, we may pardoned if, in following other writers' examples, we use the two as synonymous now and then, since they both cover part of the same ground" [2]).

Ook enkele bekende economen geven blijk, van geen scherp getrokken grenslijn tusschen beide te willen weten. Roscher [3]) wijdt in zijn handboek eenige paragrafen aan *Socialismus*

---

[1] T. a. p., blz. 2.

[2] *Communism and socialism in their history and theory*, Londen, 1879, blz. 4. Eigenlijk houdt hij socialisme voor ruimer dan communisme. Op blz. 3 toch zegt hij: „Socialism is therefore a broader term than communism... But in matter of fact, having been coined by those who had communistic principles, and in an age when it was desirable to avoid the terms *communist* and *communism*, as being somewhat odious, it denotes almost universally a theory or a system, into which community of goods, or better, abolition nearly or quite complete of private property, enters as an essential part; and again a system, which embraces an entire society or state, if not a cluster of contiguous states, or even the world". Sterk is ook zijne uiting op blz. 9: „Socialism, then, under one definition of it, in its theoretical existence — for it has no actual habitation on earth — differs in important respects from communism." Toch worden socialisme en communisme telkens als woorden van gelijke beteekenis gebruikt.

[3] *System der Volkswirthschaft*, deel I, blz. 164—175. Hij roert het verschil tusschen beide niet aan, maar gebruikt de woorden voortdurend in denzelfden zin.

und Communismus, en uit zijne bespreking blijkt niet, dat hij van eenig verschil wil uitgaan. Gustav Cohn behandelt in zijne *Grundlegung der Nationalökonomie* dit punt weinig diep, en verwijst daarvoor naar zijn geschrift: *Was ist Socialismus?*; maar toch komt zijn standpunt duidelijk uit, wanneer hij, bij de bespreking van de verschillende namen, ter aanduiding van het socialisme ook nog gebezigd, zegt: „auch geben sie sich selber oder geben andere ihnen mannigfaltige Namen, unter welchen der Name des Communismus theils für einzelne, theils für alle mit einander verwendet wird, ohne dasz man im Stande wäre — wie es öfters versucht worden ist — eine grundsätzliche Scheidelinie zwischen den Begriffen „Socialismus" und „Communismus" zu ziehen" [1].

Veel talrijker dan de groep van hen, die socialisme en communisme in denzelfden zin opvatten, is de reeks schrijvers, die ze niet als synoniemen aanduidt, en een onderscheid tusschen beide handhaaft. Toch heerscht onder dezen volstrekt geene eenheid van beschouwing; integendeel vormen zij eene bont gekleurde rij. Met velerlei schakeering zijn de vertegenwoordigers dezer richting tot twee groepen te herleiden: de eene neemt socialisme als verzamelnaam en communisme als

---

[1] T. a. p., blz. 183 en 184. Een der weinigen, die zijne gedragslijn motiveert, is Hundeshagen in zijn artikel: *Der Communismus und die ascetische Socialreform im Laufe der christlichen Jahrhunderte*, geplaatst in *Theologische Studien und Kritiken*, 18 jaargang, 2e band, Hamburg, 1845. Op blz. 589 zegt hij: „Communismus und Socialismus gehen daher stets Hand in Hand, mögen wir nun den letzteren noch ziemlich unbestimmt gebrauchten Ausdruck für die Wissenschaft von der Organisation der communistischen Vereinigung als den untergeordneten fassen, oder den Socialismus voranstellen und den Communismus nur als eine einzelne Sphäre der Socialreform einordnen. Ersteres wird da der Fall seyn, wo die Sache, an practischen Bedürfnissen erwacht, vom Einzelnen zum Allgemeinen fortgetrieben wird; Letzteres, wo der theoretische *Gedanke* aus dem Allgemeinen das Besondere entwickelt".

soortnaam, terwijl de andere, juist omgekeerd, in het laatste het algemeene en in het eerste het bijzondere ziet.

De eerste, bijna algemeen gangbare opvatting, wordt o.a. voorgestaan door von Scheel [1]), die communisme „eine extreme Form des Socialismus" noemt, en voorts als onderdeel van het communisme het *collectivisme* vermeldt. Robert Flint heeft het hooge belang eener juiste benaming gevoeld, en in de eerste drie hoofdstukken van zijn *Socialism* zich met de vaststelling der onderscheidene begrippen bezig gehouden. Met eene duidelijkheid, die zijn geheele werk kenmerkt, komt hij tot deze conclusie: „Communism is related to Socialism as a species to its genus. All Communists are Socialists, but all Socialists are not Communists" [2]). Op die helderheid van omschrijving kan zeker niet bogen het artikel van Dr. Warschauer in het *Zeitschrift für die gesamte Staatswissenschaft* van 1890 [3]).

---

1) In zijn bekend artikel *Socialismus und Kommunismus*, in Schönberg's *Handbuch der politischen Oekonomie*.

2) Zijn voortreffelijk boek verscheen in 1895 te Londen. De hier aangehaalde woorden vindt men op blz. 55. Het collectivisme is hem niet, als von Scheel, een onderdeel van het communisme, maar een bijzondere hoofdvorm van het socialisme: „The two chief forms of Socialism are Communism and Collectivism. Both are clearly included in Socialism, and they are easily distinguishable" (blz. 55).

3) Bedoeld wordt zijne verhandeling *Geschichtlich Kritischer Ueberblick über die Systeme des Kommunismus und Sozialismus und deren Vertreter*. Onjuist geeft hij als een der geschilpunten tusschen communisme en socialisme aan, dat alleen het eerste den particulieren eigendom aanrandt. Geheel foutief is ook zijn beweren: „Der Kommunismus stellt den Staat als allein berechtigt zur Erzeugung und Verteilung der wirtschaftlichen Güter hin und fordert von ihm die gleichmässige Erziehung und Ernährung Aller" (blz. 808). Er is menigerlei soort van communisme, dat beslist afkeerig is van de opvatting, alsof de Staat de eenige producent moet wezen. Hij zelf raakt trouwens met deze omschrijving in tegenspraak, wanneer hij zegt: „Das Altertum und Mittelalter hat vielseitige kommunistische Bestrebungen litterarisch und politisch aufzuweisen, aber für die Gemeinsamkeit der Erwerbsmittel finden sich keine Vertreter". Marx wordt door hem tot de communisten, en niet tot de socialisten gerekend.

Zeer verward is hij in de opsomming der onderscheidene geschilpunten, die hem tot de conclusie brengen, dat socialisme en communisme tot geenen prijs op ééne lijn mogen worden gesteld, en hem het communisme veel gevaarlijker dan het socialisme doen bestempelen. Ook Wagner [1]) en Paul Leroy-Beaulieu [2]) doen tegen de hier besprokene vereenzelviging hunne waarschuwende stem hooren. Toch mag daarom niet zonder meer worden gezegd, dat bij hen het communisme een onderdeel van het socialisme is. Leroy-Beaulieu moge al door sommige zinsneden aanleiding geven, hem deze meening toe te schrijven, toch is het beter, om hem en Wagner te beschouwen als verdedigers van het standpunt, dat aan socialisme en

---

Onder de laatsten rangschikt hij St. Simon en de St. Simonisten, Fourier, Louis Blanc, Rodbertus en Ferdinand Lasalle. Het verschil tusschen beide wordt door hem in deze punten saamgevat: „Der Socialismus will eine Gemeinsamkeit der *Erwerbsmittel*, der Kommunismus eine Gemeinsamkeit der *Genussmittel*. Der Sozialismus will den Erwerb Jedes erleichtern, der Kommunismus den Besitz Allen sichern. Der Sozialismus sucht die *Ursachen*, der Kommunismus die *Wirkungen* der Kapitalbildung aufzuheben" (blz. 307). Wanneer men deze opsomming vergelijkt met de hierboven gegeven omschrijving van het communisme, blijkt duidelijk, hoe weinig logisch verband er in dit opstel zit.

1) Sprekend over de verschillende standpunten, ten aanzien van de distributie ingenomen, behandelt hij ook het communisme en socialisme, en betoogt dan, dat deze uitdrukkingen zoo verschillend worden opgevat en in het populaire spraakgebruik „so wenig mit einem klaren Begriff verbunden", dat het hoogst noodzakelijk is eerst den zin dezer woorden vast te stellen. Zie blz. 751—760 van zijn *Grundlagen der Volkswirthschaft*, deel I.

2) *Le collectivisme, examen critique du nouveau Socialisme et l'évolution du Socialisme depuis 1895*, 4e druk, Parijs, 1903. In het eerste hoofdstuk zegt hij den naam collectivisme te hebben ingevoerd, omdat die uitdrukking eene eigen beteekenis heeft: „elle indique bien un système, un ensemble de conceptions qui diffère du socialisme en général et du communisme en particulier" (blz. 3). Hier doet hij dus den indruk ontstaan, alsof hij socialisme als genus en communisme als species beschouwt. Men zou dit ook kunnen afleiden uit het verwijt, tot Jean Jaurès gericht, dat deze *communisme* gebruikt als synoniem „non seulement du collectivisme, mais même du socialisme" (blz. 10, noot 3).

communisme beide eene geheel zelfstandige beteekenis toekent.

Tegenover de zeer sterke strooming nu, die in communisme eene bijzondere soort van socialisme ziet, staan slechts zeer weinig schrijvers, die de rollen juist omkeeren, en het communisme als den genusnaam bezigen. Victor Cathrein vooral heeft zich verdienstelijk gemaakt door zijne poging, om op dit terrein scherpe grenzen te trekken. „*Kommunismus*" - zoo schrijft hij — „hat eine weitere Bedeutung als Sozialismus. Unter Kommunismus im weiteren Sinn versteht man jedes volkswirtschaftliche System, durch welches das Privateigentum, wenigstens an allen Produktionsmitteln, beseitigt und dafür Gütergemeinschaft (communio bonorum) eingeführt werden soll" [1]. Na zoo het begrip communisme te hebben vastgesteld, worden de verschillende vormen besproken, die dit communisme kan aannemen, en daarin allereerst twee hoofdvormen onderscheiden, namelijk het *negatieve*, waarvan de voornaamste karaktertrek is de loochening van allen particulieren eigendom en de erkenning van aller recht tot vrije beschikking daarover, en het *positieve*, dat de stoffelijke goederen, geheel of gedeeltelijk, wil overdragen aan een „Gemeinwesen", dat het beheer en de verdeeling daarvan op zich neemt. Een der drie [2]

---

[1] *Moralphilosophie*, 4e druk, Freiburg, 1904, band II, blz. 124.

Wij gebruiken dit werk en niet zijn eveneens te Freiburg verschenen *Der Socialismus*, omdat de uitgave van lateren datum is dan de ons ten dienste staande zevende druk van *Der Socialismus*. Naar hij mededeelt is dit laatste oorspronkelijk een afdruk van het over dit onderwerp handelend hoofdstuk in zijn standaardwerk. In de laatste uitgave heeft hij eenige wijzigingen aangebracht, zoodat de tekst der *Moralphilosophie* eenigszins verschilt van dien in *Der Socialismus*.

[2] Hij geeft de volgende groepeering:

a. Der *extreme positive Kommunismus* will alle Güter ohne Ausnahme an irgend ein Gemeinwesen übertragen und gemeinsame Produktion und Benutzung der Güter einführen (gemeinsame Mahlzeiten, Schlafstätten, Krankensäle u. s. w).

onderdeelen van dit positieve communisme is dan het *socialisme*, dat de productiemiddelen wil zien overgaan in het eigendom van den als staat georganiseerde maatschappij, die ook met de productie en de verdeeling der producten belast is.

Ook Heinrich Pesch [1]) gaat met Cathrein mede in de rangschikking van het socialisme onder het communisme, terwijl hij eveneens dezelfde verdeeling schijnt over te nemen, hoewel dit niet nader door hem wordt verdedigd. Nog een Roomsch schrijver, en wel Biederlack [2]), beschouwt communisme als verzamelnaam, maar blijft bij de verdere onderverdeeling eigenlijk niet aan dit beginsel getrouw, en neemt een van Cathrein geheel afwijkend standpunt in. Henry Joly [3]) mag niet onder deze groep worden gerekend; slechts kan van hem

---

b. Der gemässigte positive Kommunismus (auch *Anarchismus* genannt) will nur das Privateigentum an Arbeitsmitteln (Produktivgütern im Gegensatz zu blossen Genuszgütern) abschaffen und dieses Eigentum an die voneinander unabhängigen, föderativ verbundenen Gemeinden oder Arbeitergruppen übertragen (nicht an den Staat).

Dan volgt der *sozialistische kommunismus*, waarvan wij de omschrijving in den hoofdtekst hebben vermeld.

1) T. a. p., deel 8, blz. 4 en volgg. In eene noot op blz. 4 vermeldt hij de onderscheiding van *positief* en *negatief* communisme. Op de vraag, welke plaats het socialisme inneemt in de communistische stelsels, geeft hij ten antwoord: „Ging das Verlangen älterer Communisten auf eine totale Gütergemeinschaft und vollkommene Gleichheit des Lebensgenusses, so begnügen sich die modernen communistischen Systeme, unter Verwerfung jeder „rohen Gleichmacherei", durchgehends mit partiellem Communismus, mit der Gemeinschaft einer bestimmten Art oder Klasse von Gütern". Verschillende soorten van dit partieel communisme worden dan vermeld.

2) *Het Maatschappelijk vraagstuk*, met toelating des schrijvers uit het hoogduitsch vertaald door A. J. Verhaegen, 2e druk, Averbode, 1902. Zie blz. 65 en volgg. Jammer is het, dat hij spreekt van *communisme* of *collectivisme*. Uitvoerig houdt hij zich bezig met de onderscheidene soorten communisme en geeft eene verdeeling naar verschillenden maatstaf.

3) *Le socialisme chrétien*, Parijs, 1892. Zie het eerste hoofdstuk. Uitnemend is de waarschuwing, waarmede hij het vijfde hoofdstuk inleidt: „Il faut s'y résigner; la langue, avec ses usages ayant pris force de loi, est très souvent gênante pour la liberté des penseurs". (blz. 288 en 289).

worden getuigd, dat hij breekt met de gewoonte om socialisme als de alles in zich sluitende benaming te gebruiken. Sudre [1]) gaat verder; wel wordt bij hem iedere verklaring gemist ter rechtvaardiging van de door hem gevolgde gedragslijn, en is zijne terminologie niet vast, maar toch is ook voor hem communisme de meest ruime omschrijving.

Wij gaven opzettelijk dit overzicht van de verschillende meeningen, om te doen zien, hoe het plaatsen van het opschrift boven dit hoofdstuk niet willekeurig geschiedde, en om al aanstonds den indruk te wekken, dat hier inderdaad aan de woordenkeus een hoog belang is verbonden. Immers het geldt niet eene bloot formeele kwestie, maar hier dient voor het volgen eener gedragslijn aan het *principiis obsta* te worden herinnerd. Het is toch een veelvuldig voorkomend verschijnsel, dat stelsels en richtingen worden aangeduid met benamingen, waarvan men oorspronkelijk overtuigd is, dat zij niet ten volle het wezen er van uitdrukken, maar die toch worden gebezigd, omdat zij althans in één of meer punten aan den aard van zulk een systeem recht laten wedervaren.

Aanvankelijk weet dan ieder, dat aan den naam een gebrek kleeft, maar niemand is zoo kleingeestig, hem daarom te verwerpen, en naar juister benaming uit te zien. Algemeen immers is bekend, wat eigenlijk onder dien naam moet worden verstaan, dies kan, bij armoede van woordenkeus, geen redelijk bezwaar worden geopperd tegen zijne aanwending in gevallen, waar hij feitelijk niet toepasselijk is. Langzamerhand

---

1) *Histoire du communisme ou réfutation historique des utopies socialistes*, herziene uitgave, Brussel, 1849. Dat hij het communisme in den meest algemeenen zin gebruikt, blijkt duidelijk uit het eerste hoofdstuk.

slijt echter de kennis aan het *vitium originis* uit, en straks wordt op den naam een beroep gedaan, om daaraan gedachten te ontleenen, die, aan het zoo genoemde stelsel toegevoegd, zijn wezen geheel vervormen. Dan wreekt zich de toeschietelijkheid van weleer, en zoo ontstaat de noodlottige toestand, dat de taal hinderlijk wordt voor de vrijheid van gedachtenuiting.

Aan dien gang van zaken worden wij levendig herinnerd bij de geschiedenis van het woord socialisme. Sinds Louis Reybaud deze uitdrukking verbreidde [1]) ter aanduiding van een stelsel, waarin de individu afstand doet van zijnen eigendom ten bate der gemeenschap, die de productie op zich neemt, en met de verdeeling der producten belast is, is zij dikwijls gebruikt in eenen zin, die met de oorspronkelijke beteekenis bijna in geen verband staat. De bekende verklaring van Proudhon [2]), die, toen hij in de dagen na de Juni-revolutie van 1848 door den rechter werd ondervraagd omtrent de beteekenis, welke aan *socialisme* moest worden gehecht, het kortweg omschreef als: „Ieder streven naar

---

1) Met opzet kiezen wij dit woord. Reybaud schrijft in het voorwoord voor den 7den druk van zijn *Etudes sur les réformateurs ou socialistes modernes* (Parijs, 1864): „Au début, et quand j'eus le triste honneur d'introduire dans notre langue le mot de *socialisme*, j'étais loin de prévoir quel bruit et quelles luttes y seraient associés". (blz. II) Dit is echter onjuist. Ingevoerd is dit woord door Pierre Leroux, en *gepopulariseerd* door Reybaud. Wij moeten dit tegenover Flint, die in Reybaud den *Urheber* ziet, staande houden. Uit eenen brief van Louis Pierre Leroux in de *Revue scolaire*, en vertaald in *Die Neue Zeit*, blijkt, dat zijn vader dezen naam reeds heeft gebezigd in een artikel in de *Revue Encyclopédique* van 1832, en dat hij in 1834 eene studie in het licht gaf onder den titel van *Individualisme et Socialisme*. Zie voor dit alles *Die Neue Zeit*, Stuttgart, 14e jaargang, blz. 283 en 284.

De meening van Kirkup e. a., dat de naam zou zijn ontstaan in den kring der Owenisten, moet worden verworpen. Zie Flint, t. a. p., blz. 11—13.

2) Zie Yves Guyot, *Tyrannie Socialiste*, 9de duizendtal, 1895, blz. 2.

maatschappelijke verbetering," is het sterkst sprekend voorbeeld van de vervorming, die dit begrip heeft ondergaan. Eene groote reeks van gezaghebbende schrijvers zou zijn te vermelden, die eene opvatting huldigen, waarin de eigenlijke zin van socialisme niet meer is te onderscheiden. Zoo bezigt von Scheel [1]) het in tegenstelling met individualisme, en ook Wagner, die overigens blijk geeft veel te gevoelen voor nauwkeurige omschrijving, zegt: „Im allgemeineren Sinn ist „Socialismus" der Gegensatz zum „Individualismus", daher ein Princip der Ordnung der Gesellschaft und Volkswirthschaft zunächst nach den Bedürfnissen dieser als Gesammtheiten, Gemeinschaftsheiten, Totalitäten, oder von Gesellschaftswegen, wahrend „Individualismus" ein Princip ist, das in Gesellschaft und Volkswirthschaft das Individuum voran stellt, zum Ausgangspunkt nimmt und dessen Interessen und Wünsche zur Norm für die Gesellschaft und Volkswirthschaft macht" [2]). Dr. Warschauer verstaat er onder „jeder Versuch einer radikalen Besserung der materiellen Lage besitzloser Klassen" [3]).

Niet minder zwevend is de bepaling van Leroy—Beaulieu, als hij zegt: „Le socialisme est un terme générique qui exprime certains modes d'ingérence de l'État dans les relations entre producteurs ou entre producteurs et consommateurs" [4]).

---

[1]) T. a. p., blz. 111.
[2]) T. a. p., blz. 753 en 754. Hij zegt dan verder, dat op den bodem van dit socialisme zich ontwikkeld heeft: „der Socialismus im *specielleren* Sinn". Hij spreekt hier ook van, als van „den *extremen* Socialismus*" of „den *modernen wissenschaftlichen ökonomischen Socialismus*". Dit socialisme noemt hij „eine *Uebertreibung* eines *partiellen* Socialismus", als hoedanig het staatssocialisme behandeld wordt (t. a. p., blz. 755 en 756).
[3]) T. a. p., blz. 307.
[4]) T. a. p., blz. 6. Hij vervolgt dan aldus: „Cette ingérence n'aurait pas pour objet seulement la sécurité, la fidélité aux engagements librement pris par

Denkt men na deze omschrijvingen nog aan de definities van Adolf Held, Claudo Janet en Emile de Laveleye [1]), dan gevoelt men met wat treffende juistheid Joly al deze opvattingen heeft vereenigd, toen hij hunnen korten inhoud aldus samenvatte: „Le socialisme est la recherche de l'amélioration du sort du plus grand nombre par les efforts réunis du penseur, du législateur et de l'homme d'État" [2]).

Het is gemakkelijk te begrijpen, dat bij dergelijke ruime opvatting de aanhangers van geen enkel stelsel tegen den naam van „socialisme" bezwaar zullen hebben. Allen willen zich wel scharen onder de socialistische vaan. Het socialisme is dan — naar de kerachtige uitdrukking van Leroy-Beaulieu — een Proteus. Wat grenzelooze verwarring, bij zoo velerlei beteekenis van dit woord, moet ontstaan, springt in het oog, en men leze slechts Ludwig Stein's: *Die soziale Frage im Lichte der Philosophie*, om zich hiervan te overtuigen. Wie toch kennis neemt van zijn geestige eerste voorlezing, waarin hij de toenemende macht van het socialisme teekent, moet het betreuren, dat een schrijver, die blijk geeft een zeldzaam

---

les individus; elle se proposerait de rectifier ou de corriger les inégalités sociales, de modifier le cours naturel des choses, de substituer aux contrats librement consentis et débattus des types officiels de contrats, de venir au secours de la partie réputée faible et d'empêcher le contractant réputé fort de tirer tout le parti possible de ses avantages naturels ou économiques. Le socialisme procède par la voie de réglementation ou par la concurrence que l'Etat fait aux industries privées. Le socialisme a donc un champ indéfini et prend les formes les plus variées. C'est un Protée".

1) Men zie hiervoor Flint, t. a. p., blz. 23—27. Ook zijn zij te vinden op blz. 4—7 van Th. Kirkup's *Geschiedenis van het moderne socialisme*, naar het Engelsch bewerkt door J. en W. van Woensel Kooij, Utrecht, 1902.

Bekend is b.v. de omschrijving van de Laveleye in zijn *Le socialisme contemporain*, 8e drnk, Parijs, 1896, blz. IV: „Premièrement toute doctrine socialiste vise à introduire plus d'égalité dans les conditions sociales, et secondement, à réaliser ces réformes par l'action de la loi ou de l'État".

2) T. a. p., blz. 2.

meesterschap over de taal en eenen haast ongeëvenaarden beeldenrijkdom te bezitten, iedere grens uit het oog verliest, wanneer hij over socialisme spreekt. De meest tegenstrijdige stelsels worden hieronder gebracht. Een enkel staaltje uit de vele, die hier zouden zijn te vermelden: Hij wijst er op, hoe ook in het staatswezen het socialisme aan invloed wint. In Frankrijk was Millerand minister. „Staatssozialistische Experimente" worden zelfs door conservatieve partijen voorgestaan. De tegenwoordige wetgeving neemt veel socialistische tendenzen in zich op, en het staatssocialisme heeft dieper wortel geschoten, dan veelal gedacht wordt. Onmiddellijk daarop volgt dan: „Wie die politischen, so verraten auch die *religiösen* Parteien die offensichtliche Neigung, sich entweder mit dem Sozialismus zu vergesellschaften, oder sich wenigstens mit einigen Tropfen sozialistischen Oeles zu versehen. In Frankreich traten Lamennais und de Maistre, in England Charles Kingsley, Frederik Denison, Maurice u. a. schon vor einem halben Jahrhundert mit einem stark christlich gefärbten Sozialismus hervor. Die katholische Philosophie hat in den soziologischen Werken von Pesch, Hitze, Biederlack, Ruyssen, Overbergh und von Hertling beachtenswerte Vertreter gefunden. Die belgische Revue Néo-Scolastique verficht mit Ernst und Eifer den Gedanken einer katholischen Soziologie" [1]).

Het ligt in den aard der zaak, dat eene dergelijke vermenging van de meest verschillende stelsels onder éénen naam tot vele practische moeilijkheden aanleiding moet geven. Er bestaat echter een nog veel ernstiger bezwaar, dat ons noopt bij het geven van den naam „socialisme" geen overgroote mildheid te betrachten, en dien term te beper-

---

1) T. a. p., blz. 7.

ken tot het terrein, waar daarvan alleen sprake mag wezen.

Indien men toch socialisme in zoo weidschen zin bezigt, als door ons is vermeld, ontstaat groot gevaar voor verflauwing der grenzen op principieel gebied. Door zijne onbestemde beteekenis, die als een *passepartout* voor alle richtingen geldt, is die naam voor onderscheidene stelsels in zwang gekomen, en wanneer dan straks de vertegenwoordigers van het eigenlijke socialisme, die naar waarheid zich alleen met den naam van socialist mogen tooien, de pinnen hunner tente wijd zoeken uit te slaan, wordt een beroep gedaan op de geestelijke voorouders van de aangezochten, die zich ook met den naam van socialist sierden, waaruit moet worden afgeleid, dat verschil in sommige beginselen geen hinderpaal aan de toetreding in den weg mag leggen. Zoo heeft men bijvoorbeeld uit het feit, dat sommige Christenen zich voor Christensocialist uitgaven, de gevolgtrekking gemaakt, dat Christendom en socialisme in strikten zin genomen, vereenigbaar zijn [1]).

De onbepaaldheid van uitdrukking wordt zoo eene bron

---

1) Een sterk sprekend staaltje hiervan vindt men in de rede, door den heer Melchers op 5 December 1901 in de Tweede Kamer der Staten-Generaal gehouden. Hij zeide: „Wij willen geene utopieën najagen. Dat hebben de socialisten in vroegere eeuwen gewild en het waren niet de slechtste Christenen, die het communisme aanprezen en toepasten, en daarvoor vervolging van gezag en kerk, ten bloede toe vaak, verduurd hebben.

Waren het geen vrome Christenen, die Albigenzen, Waldenzen, de boeren uit den Boerenkrijg, met hun twaalf artikelen, de Levelley's in Engeland, de Labadisten in ons land, de Broeders des gemeenen Levens, die Zwijndrechtsche Nieuwlichters of hoe al die secten, die professor Quak opnoemt in zijn werk, mogen heeten? Maar eerst, nu in de vorige eeuw, is het mogelijk geweest die utopieën van vroeger in wetenschap om te zetten, omdat deze eeuw de oeconomische voorwaarden en middelen aan de hand heeft gedaan om de vroegere droomen en denkbeelden te verwezenlijken". (Handelingen van de Tweede Kamer der Staten-Generaal, 1901/1902, blz. 347.)

van allerlei misbruiken, die wij meenden te moeten weren, door op juistheid van benaming bedacht te wezen. Vandaar, dat wij oordeelden, de besprekingen in dit hoofdstuk te moeten voeren onder het hoofd Calvijn en het *communisme*. Met Cathrein toch zijn wij van oordeel, dat communisme als verzamelnaam moet worden aangenomen, en daaronder moeten worden begrepen die stelsels, welke den particulieren eigendom in zijn wezen aantasten, en daarvoor goederengemeenschap willen invoeren. Wagner's voorstelling, alsof onder communisme niets anders dan gemeenschappelijke huishouding mag worden verstaan [1]), gaat te zeer in tegen de beteekenis, die, alle eeuwen door en op goeden grond, aan dit woord is gehecht, dan dat zij eenige verandering in onze gedragslijn kan brengen. Terecht heeft Flint dit gezichtspunt als „confused and misleading," en Held het als „provocirend und irreführend" verworpen. Steeds was de gedachte aan eene *communio bonorum* met het gebruik van het woord communisme verbonden, en de nadere regeling dier *communio* moet als maatstaf dienen voor de verschillende rubrieken, waarin het communisme wordt verdeeld. Het socialisme is een der meest belangrijke onderdeelen van dit communisme, en moet worden opgevat als een stelsel, dat de productiemiddelen wil brengen aan den uit de maatschappij opgebouwden staat, die tevens met de regeling der productie belast is. Aan ieder systeem nu, dat deze beginselen niet erkent, moet de naam socialisme worden onthouden, en daarom zou het wellicht toejuiching verdienen, den naam staatssocialisme niet langer

---

1) Zoo beslist mogelijk drukt hij zich uit: „*Wissenschaftlich* kann unter „*Communismus*" nichts Anderes verstanden werden als „*Gemeinwirthschaft*". Jeder andere „Sinn" des Worts ist „Unsinn". Soweit Gemeinwirthschaft besteht, ist daher „Communismus" vorhanden" (t. a. p., blz. 752).

in de thans gangbare beteekenis te gebruiken [1]). Ook zou het aanbevelenswaardig wezen, om telkens, waar dit economische socialisme, dat natuurlijk weer door algemeene wijsgeerige gedachten beheerscht wordt, in eene bepaalde richting wordt gedreven, die haren vasten stempel op het socialisme zet, deze bijzondere gesteldheid in den naam te doen uitkomen. Zoo zou men het socialisme in Nederland veilig als Marxisme kunnen betitelen.

Het communisme verzamelnaam, en het socialisme soortnaam — aldus is het standpunt, waarop men zich, naar onze meening dient te plaatsen, en wij worden nog versterkt in de juistheid van ons gevoelen, wanneer wij zien, hoe onderscheidene schrijvers, waaronder ook zij, die communisme als een onderdeel van socialisme beschouwen, op de overheerschende communistische strekking van het socialisme wijzen. Kenschetsend is ten dezen opzichte de houding van Flint, die met de meeste beslistheid uitsprak: „Communism is related to Socialism as a species to its genus. All Communists are Socialists, but all Socialists are not Communists" [2]), en dan eenige bladzijden verder zegt: „It may be doubted if other Socialists have any economic doctrines which they have not derived in some measure from the Communists. All truly socialistic systems logically gravitate towards Communism" [3]).

Zoo is het inderdaad. Het socialisme is een soort communisme, en geheel misplaatst is de verwondering van Leroy

---

[1] Ook Cathrein (t. a. p., blz. 127) oppert twijfel aan de juistheid van deze benaming.
[2] T. a. p., blz. 55.
[3] T. a. p., blz. 84.

Beaulieu [1]) over Jaurès, als deze in zijn *Etudes socialistes* [2]) met zekeren nadruk het socialisme communistisch noemt. *Het Communistisch Manifest* [3]) en bijna de gansche socialistische literatuur wijzen telkens op den overheerschenden communistischen karaktertrek van het socialisme.

Wij deden deze algemeene inleidende beschouwingen voorafgaan, om direct alle verkeerde gedachten omtrent den inhoud van dit hoofdstuk af te snijden, en door ons scherp aandringen op nauwgezetheid in het kiezen van den naam, al aanstonds op een ernstig verschil in den aard van het socialisme van thans en het communisme der middeleeuwen en der zestiende eeuw te wijzen. Noodlottig toch is de dwaling, om in de vertegenwoordigers der onderscheidene godsdienstige secten, die communistische denkbeelden aanhingen, de geestelijke

---

1) T. a. p., blz. 10, noot 3, en vooral blz. 516 en volgg.
Ook Mr. J. baron d'Aulnis de Bourouill noemt het socialisme niet communistisch. Zie zijn *Het hedendaagsch Socialisme*, Amsterdam, 1886.
2) 2e uitgave, Parijs, 1902.
In de belangrijke *Introduction*, die loopt van blz. VII tot LVIII, en handelt over *Question de méthode*, schemert deze gedachte telkens door. Zeer beslist is vooral, wat hij zegt op blz. IX: „A la propriété individuelle et capitaliste, qui assure la domination d'une partie des hommes sur les autres hommes, ils veulent substituer le *communisme* de la production, un système d'universelle coopération sociale qui, de tout homme, fasse, de droit, un associé.... Au service de leur idéal *communiste*, ils mettent une organisation à eux, une organisation de classe, la puissance croissante des syndicats ouvriers, des coopératives ouvrières, et la part croissante de pouvoir politique qu' ils conquièrent sur l'Etat ou dans l'Etat. *Sur cette idée générale et première, tous les socialistes sont d'accord*".
(De cursiveering is van ons).
3) In de voorrede voor de derde uitgave, wordt door Friedrich Engels uiteengezet, waarom het in 1847 niet *Socialistisch* manifest mocht heeten. Eene der redenen is, dat onder socialisten werden verstaan „de veelsoortige sociale kwakzalvers, die met hunne verschillende geneesmiddelen voor alle kwalen en met iedere soort van lapwerk de maatschappelijke misstanden wilden doen verdwijnen, zonder het kapitaal of het profijt in het minst pijn te doen" (blz. IX van de Hollandsche vertaling, door Dr. H. Gorter).

voorvaders onzer socialisten te zien. Afkeuring verdient het daarom, dat de grootmeester van het Marxisme, Karl Kautsky, onder den titel *Die Vorläufer des Neueren Socialismus* [1] breede verhandelingen over het communisme in het tijdvak vóór en gedurende de Reformatie schreef, en gewraakt moet worden zijne poging, om dat communisme als eene der grondpijlers van de „moderne internationale sociaal-democratie" voor te stellen [2]. Ongerijmd toch is het, dat de verkondigers van een door en door materialistisch stelsel zich er op beroemen, afstammelingen te zijn van hen, wien ziekelijk mysticisme, overgeestelijkheid moet worden verweten. Ongerijmd is het te denken, dat zij, die een stelsel opbouwen, hetwelk het bestaan van eenen almachtigen God ten eenenmale ontkent, en met Zijnen wil geene rekening houdt, hetzelfde standpunt zouden innemen als die Christenen, voor wie juist de aanwijzingen in Gods Woord den sterksten drang vormden, om hunne aanvallen op den particulieren eigendom te richten. Ongerijmd is het aan te nemen, dat degenen, die elke vermaning, om niet slechts op het verkrijgen van tijdelijk goed bedacht te zijn, schouderophalend afwijzen met een minachtenden spotlach, die zich vroolijk maken over dien „wissel op de eeuwigheid," in geestelijke gemeenschap zouden staan

---

1) Dit werk verscheen als de eerste band van de *Geschichte des Socialismus in Einzeldarstellungen* von Bernstein, Kautsky, Mehring etc., in 1895, te Stuttgart. Het eerste deel van dit werk behandelt: *Der platonische und der urchristliche Kommunismus; Die Lohnarbeiter im Mittelalter und im Zeitalter der Reformation; Der Kommunismus im Mittelalter und im Zeitalter der Reformation*. Karl Kautsky behandelde al deze onderwerpen.
In het tweede deel geven Kautsky, Lafargue, Bernstein en Hugo schetsen over het communisme in de 17e en 18e eeuw.

2) Wel wijst hij ook op gewichtige geschilpunten, maar dit geschiedt voornamelijk, om op te komen tegen de gewoonte om „alles Missliche und Unangenehme, was früheren Kommunisten passirt ist, als die naturnothwendige Folge der Bestrebungen des heutigen Sozialismus hinzustellen". (blz. 2.)

met hen, die, juist ter voorbereiding van die eeuwigheid, goederengemeenschap wenschten ingevoerd te zien. Bestudeering der vroegere richtingen doet zien, wat gewichtig principieel verschil er bestaat tusschen het communisme in de middeleeuwen en tijdens de Reformatie, vooral uit het eerste tijdvak, en het huidige socialisme; en het is eene fout van onderscheidene geschiedschrijvers, dat zij aan dat middeleeuwsch communisme niet genoeg aandacht wijden, of althans het kardinale geschilpunt niet voldoende tot zijn recht doen komen [1]).

---

1) De twee geschiedboeken van den jongsten tijd, die het communisme der vroegere eeuwen uitvoerig behandelen, zijn de reeds genoemde werken van Adler en Kautsky.

Achter Adler's boek vindt men, zooals dit bij de verhandelingen uit het *Hand- und Lehrbuch der Staatswissenschaften* gebruikelijk is, eene rijke bibliographie over de besproken onderwerpen. De inhoud toont, dat ernstige bestudeering der bronnen heeft plaats gehad, maar het is te betreuren, dat bij de aanhalingen geene verwijzing naar den oorspronkelijken tekst wordt gevonden. Ook de verhandelingen van Kautsky leggen van rijke belezenheid en ernstige bestudeering getuigenis af, maar de felle klerikalenhaat, die den schrijver bezielt, en het klassenstandpunt, waarop hij zich plaatst, maken, dat zijn boek alle eer als wetenschappelijk werk verliest. Karakteristieke uitingen hiervan vindt men b.v. op de blz. 3, 22, 112, 121, 129, 130. Zoo spreekt hij op blz. 312 van „das Pfaffen- und Professorenthum".

Behalve deze moeten nog als geschiedwerken over communisme en socialisme worden vermeld: Robert Pöhlmann, *Geschichte des antiken Kommunismus und Sozialismus*, in twee deelen, München, 1893/1901. Het eerste en het grootste gedeelte van het tweede deel behandelen Hellas, terwijl ten slotte Rome het terrein van zijn onderzoek vormt.

Wat F. Villegardelle geeft in zijn *Geschichte der socialen Ideen vor der französischen Revolution* (Berlijn, 1846) is niet veel meer dan eene aaneenrijging van allerlei uitspraken van kerkvaders en andere schrijvers, waarvan de juistheid onmogelijk is na te gaan, daar hij geen bronnen vermeldt.

Theodore Woolsey gaat in zijn *Communism and Socialism in their history and theory* het communisme van de eerste tijden bijna stilzwijgend voorbij. Ook in de scherpe bestrijding, die Sudre geeft in zijn reeds genoemd *Histoire du communisme*, wordt het vroegere communisme slechts kort behandeld.

Wij vermelden hier natuurlijk niet werken als van Lorenz Stein, Jager, Rudolf Meijer, Mehring, Reybaud, de Laveleye, Kirkupp e. a., daar deze

Dat wij *vooral* het middeleeuwsch communisme achten als lijnrecht te staan tegenover den meest verbreiden vorm van het hedendaagsche communisme, vereischt enkele woorden tot toelichting.

Naar onze meening toch bestaat er onmiskenbaar een niet onbelangrijk verschil tusschen het communisme, zooals dit zich in de middeleeuwen openbaarde, en dat, hetwelk gedurende het tijdvak der Reformatie tot uiting kwam. In de eerste periode toch werd de eisch der goederengemeenschap bijna immer afgeleid uit den Bijbel, zooals men dien in volle oprechtheid des harten meende te moeten uitleggen. De liefde tot den naaste bracht sommigen er toe, van hunne bezittingen afstand te doen, en die naastenliefde maakte ook, dat zij veelal in lijdzaamheid en gelatenheid de vervolgingen droegen, waaraan zij bloot stonden. Een aanvallend revolutionair optreden was uitzondering. Maar in de zestiende

---

alle slechts bedoelen het moderne communisme te bespreken, en dan nog dikwijls alleen den ontwikkelingsgang in een bepaald land aangeven. Wel had men uitvoeriger behandeling mogen verwachten in het standaardwerk van Quack, dat slechts een drietal hoofdstukken aan het communisme der eerste Christengemeenten tot de zeventiende eeuw wijdt. Van het geschiedwerk, op anarchistisch standpunt, door F. Domela Nieuwenhuis in 1901/2 te Amsterdam uitgegeven (*De Geschiedenis van het Socialisme* in 2 deelen) kan niets anders worden verwacht, daar het niet meer is dan eene tweede, niet verbeterde, uitgave van Quack's werk. Men leze de vernietigende kritiek op dit met veel ophef en met groote zelfbewustheid aangekondigde boek, welke door P. A. Pijnappel daarop is geleverd in den 8en jaargang van *de Nieuwe Tijd* (blz. 443—463, blz. 509—575, blz. 656—668).

Van het in 1877 te Parijs in drie deelen verschenen werk van Benoit Malon, *Histoire du Socialisme*, konden wij geen inzage krijgen.

Het boekje van Prof. D. Hauck geeft zeer weinig. Onder den weidschen titel: *Der Kommunismus in christlichem Gewande* (Leipzig, 1891), behandelt het slechts vluchtig het communisme der 2e, 4e, 5e en 16e eeuwen.

Onder de verschillende monographiën over een bepaald onderdeel, moet vooral worden geroemd het reeds door ons aangehaalde opstel van Hundeshagen, dat weinig historisch materiaal, maar uitnemende bespiegelende beschouwingen biedt.

eeuw raakte het met deze lijdzaamheid gedaan. Al maakt Kautsky zich aan grove overdrijving schuldig, wanneer hij, sprekende over het communisme dier dagen, zegt: „Wie die heutige Sozialdemokratie setzt auch er sich dann als Ziel *die Diktatur des Proletariats als den wirksamsten Hebel zur Herbeiführung der kommunistischen Gesellschaft"* [1]), toch kan niet worden ontkend, dat het einde der middeleeuwen meer en meer een revolutionair karakter vertoond heeft. Er bestaat nog een geschilpunt. Vooral in de *eerste* eeuwen maakte het streven der communisten geheel den indruk van een oprecht, eerlijk streven, om naar den geest van het Evangelie te leven, maar later viel dikwijls van dien vromen zin weinig te bespeuren. Zeker, er werd nog wel naar den Bijbel verwezen, maar het was niet meer die godvruchtige, naïeve onderwerping van weleer. Het had allen schijn, of Gods Woord slechts werd aangewend, omdat zoo alleen kon worden bereikt, wat anders onmogelijk ware te verkrijgen. Invoering der goederengemeenschap werd feitelijk niet meer gevorderd, omdat dit opvolging was van het Goddelijk bevel, maar afschaffing van den particulieren eigendom werd geëischt op grond van aller gelijk recht op genot. Niet langer werd een beroep gedaan op het plichtsgevoel der rijken, maar de genotzucht der minderbedeelden werd aangewakkerd. Vooral het communisme der zestiende eeuw vertoonde voor een goed deel deze kenmerken; dat het daardoor een hoogst gevaarlijk karakter aannam, springt in het oog. Dit tijdvak was rijk aan allerlei communistische uitingen, en, waar de verdediging van het communisme niet slechts den wensch naar goederengemeenschap in zich bevat, maar uitvloeisel is van een veel

---

[1] T. a. p., blz. 188.

meer omvattend systeem, daar is het alleszins begrijpelijk, dat de afschaffing van den particulieren eigendom een eisch was op het program van onderscheidene secten. Die secten waren vele, maar toch kan veilig worden beweerd, dat het communisme zijn vertegenwoordigers vooral vond onder de aanhangers der Anabaptisten en Libertijnen.

Op den bodem dezer stelsels tierde het communisme welig, mitsdien moet, bij de vaststelling van Calvijn's houding tot het communisme, een antwoord worden gegeven op de vraag, of hij ook tegen deze secten den strijd heeft aangebonden. Voor wij Calvijn's werkzaamheid ten dezen schilderen, dient echter eerst kort te worden aangegeven, waarop de leer der Anabaptisten en Libertijnen neerkomt. Over de eersten kunnen wij met enkele woorden volstaan. Niet echter, omdat de uiteenzetting van hun stelsel zoo gemakkelijk is. Verre van dien. Veeleer zijn de verschillende schrijvers eenstemmig in de klacht over de moeilijkheden, aan eene getrouwe schets der Anabaptistische leer verbonden, daar door hun ongebreideld subjectivisme de meest verschillende opvattingen werden gehuldigd, die aan het in systeem brengen hunner leer groote bezwaren in den weg leggen. Keller [1]) deelt mede, dat in de 16e eeuw veertig groepen van Anabaptisten bestonden, terwijl Ottius in zijne *Annales anabaptistici* [2]) niet minder dan twee-en-vijftig schakeeringen vermeldt, en Calvijn vangt zijn

---

1) *Geschichte der Wiedertäufer und ihres Reichs zu Münster*, Münster, 1880, blz. 4.
2) Medegedeeld door Keller, t. a. p., blz. 4, noot 2.

Uit de talrijke werken over het Anabaptisme noemen wij: Karl von Hase, *Neue Propheten*, waarvan de derde druk in 1893 verscheen te Leipzig. Dit boek bevat een drietal schetsen n.l. over *Die Jungfrau von Orleans, Savonarola, Das Reich der Wiedertäufer.*

Belangrijk zijn ook de opstellen van Cornelius in zijn *Historische Arbeiten vornehmlich zur Reformationszeit*, blz. 1—105.

bekend strijdschrift tegen de Anabaptisten aan met deze woorden: „D'escrire contre toutes les faulses opinions et erreurs des Anabaptistes, ce seroit une matiere trop longue: et quasi un abysme, dont ie ne pourrois sortir. Car ceste vermine differe en cela d'avec toutes les autres sectes d'heretiques: qu'elle n'a pas erré seulement en certains poinctz, mais a engendré comme une mer de folles resveries. Tellement qu'à grand'peine sauroit-on trouver une teste d'Anabaptiste, laquelle n'ait quelque phantasie à part" [1]. Ook aan het einde van zijn betoog maakt hij dezelfde *captatio benevolentiae*.

Dat wij nu, niettegenstaande dit alles, toch meenen slechts even bij de leer der Wederdoopers te moeten stilstaan, spruit voort uit het feit, dat zij zich in buitengemeene belangstelling hebben mogen verheugen, en eene reeks schrijvers met vrij groote eenstemmigheid hunne fundamenteele beginselen hebben geschetst. De leer van het Anabaptisme mag mitsdien als bekend worden verondersteld, dus zijn enkele opmerkingen voldoende.

Eerst moet worden herinnerd aan het, schier door allen erkende, feit, dat de naam *wederdooper* geenszins den grondslag van hun stelsel aangeeft. Het was wel een kenteeken hunner leer, dat zij den kinderdoop verwierpen, maar daarin ligt niet hare eigenaardigheid.

Onderscheidene uitingen uit de Anabaptistische kringen doen zien, hoe licht deze eisch door verschillende aanhangers

---

Eene der nieuwste verschijningen is het fraaie boek van Dr. Georg Tumbült, *Die Wiedertäufer, die socialen und religiösen Bewegungen zur Zeit der Reformation*, Bielefeld en Leipzig, 1899. Het verscheen als de zevende band van de *Monographien zur Weltgeschichte*, uitgegeven door Ed. Heyck.

Het boekje van Alfred Stern, *Die Socialisten der Reformationszeit*, Berlijn, 1883, geeft eenen indruk van de verschillende revolutionaire stroomingen in de zestiende eeuw.

1) Opera, VII, blz. 58.

geteld werd. Veeleer bestaat het wezen van hun stelsel in de principiëele ontkenning der *gemeene genade*. De geloovigen moesten zich geheel van de wereld afzonderen, en zich van alle vermenging met de ongeloovigen onthouden. In theorie lag het fundament van hun geloof in den Bijbel; vooral naar het Nieuwe Testament werd met graagte verwezen, en een teruggaan tot de toestanden, zooals die in den tijd der Apostelen waren, vindt men telkens verdedigd. Maar toch was die Bijbel niet hunne voornaamste kenbron der waarheid, want, omdat het geloof het een en al was, kwam het op de uitwendige letter niet aan, en moest alle nadruk worden gelegd op de inwendige openbaring. Hoog boven het gezag der H. S. stond het innerlijke licht, dat door Gods Geest in de harten werd ontstoken, en daar zijne wonderlijke, onweerstaanbare werking uitoefende. Wanneer dat inwendige woord sprak, mocht geen tegenspraak volgen.

Op het maatschappelijke leven moest deze opvatting eenen geweldigen invloed uitoefenen. Alleen die regeling kon worden aanvaard, waarbij werd uitgegaan van de gedachte, dat zij slechts op geloovigen toepasselijk was. Ware Christenen hadden geene Overheid noodig, dus was de wet overtollig. Het zwaard mocht niet worden opgenomen, en alle oorlogen waren uit den booze. Over de vraag, of goederengemeenschap moest worden ingevoerd, werd verschillend geoordeeld, maar de meeste schrijvers zijn van meening, dat die eisch niet door allen werd voorgestaan. Ook Calvijn acht, dat dit geen, aan allen gemeenschappelijk, beginsel was. Bij de uiteenzetting hunner leer in enkele hoofdpunten zegt hij immers uitdrukkelijk, over de goederengemeenschap niet te hebben gesproken, om sommigen, die deze dwaasheid niet verdedigen, geen onrecht aan te doen [1]). Al gaat het dus niet aan, om

---
1) Opera, VII, blz. 108.

met Sleidanus [1]) de veroordeeling van den particulieren eigendom op aller rekening te schrijven, toch stemde eene zeer sterke partij daarmede in [2]), en in ieder geval was het stelsel er zeer weinig op berekend, om eenige vastheid aan den eigendom te verschaffen.

Langer dan bij de leer der Anabaptisten moeten wij stil staan bij het Libertijnsche stelsel. De redenen, die ons drongen de eersten slechts kort te behandelen, bestaan niet ten aanzien van de Libertijnen. Van eene vrij algemeene bekendheid hunner beginselen toch is geen sprake. Integendeel, in onderscheidene werken, in welke men hunne bespreking zou verwachten, worden zij niet afzonderlijk vermeld; en zoo al eene behandeling plaats heeft, toch zijn allerlei onjuiste voorstellingen zeer algemeen. Die onjuistheden nu kunnen tot twee hoofddwalingen worden herleid, en wel in de eerste plaats tot de vereenzelviging van hunne beginselen met die der Anabaptisten, en ten tweede tot de opvatting, alsof de secte der Libertijnen, welke Calvijn in zijn tractaat bestreed, niet anders is dan de politieke partij, met welke hij in Genève strijd voerde.

De eerste fout wordt in het werk van J. H. Maronier,

---

[1] Medegedeeld door Wiskemann, t. a. p., blz. 113, noot 6.
[2] Bij vele schrijvers over het Anabaptisme vindt men deze woorden aangehaald uit Sebastiaan Franck's *Chronica*: „Etliche halten sich selbst für die Heiligen und Reinen; die haben, von Andern abgesondert, alle Dinge gemein; keiner sagt, dasz etwas sein sei, und ist alles Eigenthum bei ihnen Sünd. Die Anderen haben also all Ding gemein, dasz zie einander keine Noth sollen leiden lassen. Nicht dasz Einer dem Andern in das Seine falle, sondern dasz in der Noth eines Jeden Gut des Andern sein soll, und Keiner nichts gegen den Andern verbergen, sondern ein offen Haus haben. Und dasz der Geber willig und bereit, der Nehmer aber unwillig sein soll, und sofern, er umgehn kann, seinen Bruder spar und keine Ueberlast thue. Aber hierin ist grosze Heuchelei, Untreue und sehr viel Ananie, wie sie selbst wohl wissen". Zie o.a. Kautsky, blz. 824.

Het inwendig woord ¹) gevonden; en zelfs een schrijver als de Hoop Scheffer ²) stelt beiden blijkbaar op ééne lijn. Dezelfde verwarring treffen wij aan in het reeds door ons vermelde, overigens prijzenswaardige, opstel van Hundeshagen ³). Geheel onbegrijpelijk is de fout van deze en andere schrijvers niet, want ter hunner verontschuldiging mag aangevoerd worden, dat Calvijn eenigermate tot deze dwaling aanleiding heeft gegeven. In de inleiding toch op zijn geschrift tegen de Anabaptisten, sprekende over de moeilijkheid, om de Anabaptistische leer te schetsen, meent hij dit bezwaar het best op te lossen, door de Wederdoopers in twee groepen te verdeelen, en de gevoelens van elke secte in een afzonderlijk tractaat te behandelen. Hij onderscheidt dan eene gematigde groep en een tweede, veel gevaarlijker, gedeelte, en, sprekende van dit laatste, heet het dan: „La seconde est un labyrinthe non pareil de resveries tant absurdes, que c'est merveille, comment creatures qui portent figure humaine, peuvent estre tant deprouveues de sens et de raison, que de se laisser ainsi decevoir, jusqu' à tomber en des phantasies plus que brutalles. Ceste secte se nomme

---

1) Amsterdam, 1890. De grondgedachte, waardoor dit boek beheerscht wordt, vindt men als motto voorin aangegeven met deze woorden: „Mit manchen Ansichten und Grundsätzen hatten diese Leute, zum Theil, das einzige Unrecht, dass sie dreihundert Jahre zu früh kamen" (Baum, *Capito und Butzer*, p. 871).

2) In zijn *Geschiedenis der Kerkhervorming in Nederland van haar ontstaan tot 1531*, eene studie, die reeds voor een goed deel verscheen in de *Studiën en Bijdragen op 't gebied der Historische Theologie* van 1868. In 1873 zag zij afzonderlijk het licht te Amsterdam.

Men zie b.v. blz. 239 en volgg, waar hij constateert, dat het Anabaptisme den Nederlandsche bodem bereikt heeft, en dan het hoofd der Antwerpsche Libertijnen zijnen profeet noemt. Ook op de blz. 615 en 616 noemt hij dezen in eenen adem met de Anabaptisten, zonder eenig onderscheid te maken.

3) T. a. p., blz. 867 en volgg.

des Libertins" 1). Op nog meer plaatsen maakt Calvijn dezelfde opmerking. Deze groepeering der Libertijnen nu is niet goed te keuren, want, al heeft Calvijn, door de meesterlijke uiteenzetting hunner beginselen, getoond, wat principiëele klove er tusschen hen en de Anabaptisten gaapte, toch heeft zijne verdeeling bewerkt, dat anderen, welke niet zoo diep op de zaak ingingen, dat verschil uit het oog verloren. Zoo vinden wij dan ook bij Maronier 2) een beroep op Calvijn — dien hij overigens zeer laag schat, — ter verdediging van zijn standpunt, waarop tusschen Anabaptisten en Libertijnen niet voldoende onderscheid gemaakt wordt. Toch mag die onderscheiding niet worden losgelaten, want al hebben sommige Wederdoopers enkele denkbeelden dezer pantheistische secte overgenomen, en al bestond er eenige gelijkenis tusschen de konsekwenties, uit beider beginsel getrokken, toch zal onze uiteenzetting van de Libertijnsche leer bewijzen, dat de grondgedachte van hun stelsel lijnrecht ingaat tegen de fundamenteele stellingen der Anabaptisten 3).

Aan veel ernstiger dwaling maken zij zich schuldig, die in de Libertijnen zien de politieke partij in Genève, welke Calvijn's invloed zocht te weren. Het aantal delinkwenten is hier *legio*. Bijna alle vroegere biographen van Calvijn gaan van deze foutieve gedachte uit. Zoo geeft Gaberel in het twaalfde hoofdstuk 4) van het eerste deel van zijn *Histoire de l'Eglise de Genève*, onder het opschrift,

---

1) Opera, VII, blz. 53. Zie ook dergelijke uitingen op blz. 54, 55 en 139.
2) T. a. p., blz. 261.
3) Hoe ver de fout, om Anabaptisten en Libertijnen als van éénen bloede te beschouwen, was verbreid, blijkt ook uit den brief van Michael Carnovianus aan Johannes Hess, die beide verwart. Nadere bijzonderheden omtrent dezen brief vindt men bij de uiteenzetting van het Libertijnsche stelsel.
4) T. a. p., blz. 370—397.

L'Eglise et les Libertins, eene uiteenzetting van het Libertijnsche stelsel, met Calvijn's boekje tot handleiding; dan bespreekt hij o. a. *les danses des Libertins,* de procedures van Ameaux, Perrin, Gruet enzv., en dit alles beschouwt hij als uitingen van den strijd tegen de secte der Libertijnen, zooals duidelijk blijkt uit het slot: „Ainsi fut terminée la première série des luttes du principe réformateur contre la secte des Libertins spirituels" [1]). Ook Stähelin gaat hier mank. Hoofdstuk 4 [2]) van het vierde boek zijns geschiedwerks behandelt *Der Kampf mit den Libertinern* (1546—1547), en in het begin vindt men een overzicht van leerstellingen „der sogenannten „Libertiner" (nach Apostelgeschichte 6, 9)". Dan volgt eene reeks hoofdstukken, die Calvijn's strijd in Genève beschrijft, welke gericht was tegen de aanhangers van de leer, welke in het vierde hoofdstuk is weergegeven. Henry schijnt beter op de hoogte te zijn. Het achttiende hoofdstuk van zijn boek [3]) toch draagt tot opschrift: *Die Libertiner treten gegen die Kirchenordnung Calvins auf. Geist der Zeit. Geistige Libertiner. Das Antichristenthum tritt in Genf ans Tageslicht. Politische Libertiner. Refugiés.* Maar al onderscheidt Henry hier politieke en geestelijke Libertijnen, toch doet verdere kennismaking met den inhoud van dit hoofdstuk duidelijk zien, hoe weinig deze onderscheiding is vastgehouden. Nog erger maakt Bungener het in zijn *Calvin, sa vie, son oeuvre et ses écrits.* Hij geeft een verhaal van het twistgesprek, door Calvijn met enkele Anabaptisten gehouden, vermeldt hunne schandelijke nederlaag, en

---

1) T. a. p., blz. 396.
2) T. a. p., blz. 382—404.
3) *Das Leben Johann Calvin's,* Hamburg en Gotha, 1846. Zie blz. 197—217.

laat dan volgen: „Le Conseil fut heureux de la victoire de Calvin, et les deux hommes, le 19 mars, furent chassés de la ville; mais les Libertins — c'est le nom que l'on commençait à donner aux ennemis du nouvel ordre de choses — ne se tinrent point pour battus" [1]). Alle tegenstand, te Genève aan Calvijn geboden, wordt dan aan deze Libertijnen toegeschreven.

Het behoeft geene verwondering te baren, dat, bij zoo groote eenstemmigheid [2]) in dwaling onder de geschiedschrijvers, ook de economische literatuur aan dit euvel mank gaat. Zelfs het toch waarlijk niet oppervlakkige werk van Wiskemann [3]) noemt de aanhangers der door Calvijn bestreden pantheïstische secte en zijne politieke tegenstanders in eenen adem.

De vereenzelviging nu moet ten sterkste worden gewraakt. Hoe weinig zekerheid er ook moge bestaan omtrent den oorsprong der betiteling van de anti-calvinistische partij te Genève als Libertijnen [4]), vast staat, dat Calvijn zijne politieke tegenstanders nimmer zoo heeft genoemd, en dat hij, bij het gebruiken dezer benaming, steeds het oog heeft op de godsdienstige secte en niet op de politieke partij. De politieke Libertijnen stonden volstrekt niet op hetzelfde standpunt als

---

1) T. a. p., blz. 178.
2) Maronier vervalt ook in deze fout. Op blz. 261 zegt hij: „Libertijnen of Vrijgeesten werden allen genoemd, die zich tegen de leer en de kerkinrichting van Kalvijn verzetten, hetzij uit een staatkundig, hetzij uit een godsdienstig oogpunt".
Kampschulte maakt eene gunstige uitzondering. Zie deel II, blz. 18 en volgg.
3) T. a. p., blz. 131 en volgg.
Ook Girard verliest het rechte spoor, t. a. p., blz. 197.
4) Zie over deze kwestie de belangrijke beschouwingen van Kampschulte, II, blz. 18 en 19. Men vergelijke verder Galiffe *Quelques pages*, noot op blz. 40 en 41 en blz. 75, en *Nouvelles pages*, blz. 84.
Ook von Polenz, *Geschichte des französischen Calvinismus bis zur Nationalversammlung i. J. 1789*, Gotha, 1857, band I, blz. 239.

de aanhangers der *secte phantastique et furieuse*. Wat de eersten begeerden was vrijheid van kerkelijke tucht en alle kerkelijk opzicht in het algemeen; maar nooit zijn door hen dogmatische geschilpunten op den voorgrond geschoven. Wel stond natuurlijk hun zucht, om ontslagen te zijn van den band der kerkelijke discipline, in verband met hunne lossere opvatting van het zedelijk leven. In het practisch verkeer was dit zeer zeker ook merkbaar; en wie denkt aan den loop der onderscheidene procedures tegen Genève's aanzienlijken, weet, dat sommigen die slapheid van levenswandel principieel zochten te verdedigen. Zoo deed hunne houding aan de leerstellingen der eigenlijke Libertijnen denken, maar toch was hier veel meer eene *accidenteele* dan *principieele* overeenkomst.

Na alzoo eenige lijnen voor ons onderzoek te hebben aangegeven, kunnen wij thans overgaan tot eene korte samenvatting der eigenlijke Libertijnsche leer. Geschriften van de Libertijnen zelven staan ons daarbij niet ten dienste, want, daar zij aan heftige vervolgingen bloot stonden, konden hunne tractaten slechts met groote behoedzaamheid worden verspreid; en de exemplaren, die in de handen der vervolgers vielen, werden vernietigd. Zoo is het te verklaren, dat er slechts zeer enkele Libertijnsche gewrochten meer bestaan. Auguste Jundt heeft in zijn voortreffelijk *Histoire du panthéisme populaire au moyen-âge et au seizième siècle* [1]) slechts één klein tractaat in druk gebracht. Toch staat deze leemte niet in den weg aan een juist inzicht

---

1) Parijs, 1875. De titels van negen Libertijnsche geschriften, die door hem in eene particuliere bibliotheek gevonden zijn, deelt Jundt mede op blz. 133, noot 8. Omtrent den schrijver zegt hij op blz. 151: „L'auteur de ces uniques documens qui soient restés de la secte des Libertins, est complètement inconnu; il a écrit ses traités entre les années 1547 et 1549, et les a signés au moyen d'un monogramme dont ses adhérens seuls ont dû posséder le secret".

Het in den tekst bedoelde tractaat vindt men op blz. 211—214.

in het wezen hunner leer. Calvijn toch heeft in zijn strijdschrift *Contre la secte phantastique et furieuse des Libertins qui se nomment spirituelz* aan het gevoelen zijner tegenstanders volkomen recht laten wedervaren, en zijne verhandeling mag worden geroemd als een voorbeeld van ridderlijke polemiek, die, bij heftige bestrijding van verderfelijke theorien, ze toch in het juiste licht stelt. Langen tijd nu is dit werk van Calvijn de eenige bron van onze kennis der Libertijnen geweest, en al wat daarna nog is gepubliceerd kan slechts worden aangevoerd als eene versterking van den lof, dien wij aan Calvijn toezwaaien. Kampschulte's [1]) bewering, alsof Calvijn een zeer slecht getuige is, en de schampere opmerkingen van Maronier [2]) die aan Calvijn vertrouwen ontzegt, verliezen daarmede al hare waarde.

Behalve in Calvijn's arbeid nu vinden wij belangrijke aanwijzingen omtrent het stelsel der Libertijnen in het reeds door ons genoemde tractaatje, dat Jundt mededeelt, in eene verhandeling uit de 16e eeuw, die onder het opschrift: *Summa doctrinae quorundam hominum, qui nunc Antwerpiae et passim in aliquibus Brabantiae et Flandriae locis permulti reperiuntur, ac nunc Loistae ab auctore Eligio, homine illiterato et mechanico, nunc Libertini a carnis libertate, quam illorum doctrina permittere videtur, appellantur*, door Döllinger het eerst is uitgegeven [3]), in een tweetal brieven, eenen van

---

1) T. a. p., II, blz. 14.
2) Zie zijne uitlatingen op blz. 262, 264, 265, 268.
3) In zijn *Beiträge zur Sektengeschichte des Mittelalters*, in twee deelen, München, 1890. Het eerste deel bevat de *Geschichte der gnostisch-manichäischen Sekten*, en is vooral belangrijk om de uitvoerige mededeelingen over de Katharen. Het tweede deel bevat *Dokumente vornehmlich zur Geschichte der Valdesier und Katharer*; hierin is de bovenbedoelde verhandeling, welke Döllinger verkeerdelijk uit de Middeleeuwen afkomstig achtte, als nummer LXII afgedrukt op de blz. 664—668.

Michael Carnovianus aan den Breslaner Hervormer Johan Hess, in 1534 te Freiburg in Breisgau geschreven, en eenen van Luther, reeds uit 1525 dagteekenend, aan de Christenen te Antwerpen, waar Eligius Pruystinck of Loy de Schaliedecker als hun geestelijk hoofd optrad, en ten slotte in de verschillende stukken uit de procedures, welke tegen dezen Pruystinck en zijne aanhangers gevoerd zijn, waaronder vooral zijne eerste bekentenis, op 15 Juli 1544 afgelegd, van belang is [1]).

Met behulp nu van de gegevens, ons in deze stukken verschaft, willen wij beknopt een beeld van hunne leer ontwerpen.

Wat de Libertijnen leerden was niet een geheel nieuw stelsel. Hunne geestelijke voorouders vinden zij in de aanhangers der onderscheidene pantheïstische secten, die in de middeleeuwen zoo veelvuldig worden aangetroffen. Vooral de *homines intelligentiae*, en de broeders en zusters van den vrijen geest, wier denkbeelden wijd en zijd waren verspreid en vooral onder de Begharden veel instemming vonden [2]), hebben stellingen verkondigd, welke wij, haast woordelijk, weer bij de Libertijnen aantreffen.

---

1) Men vindt al deze bewijsstukken als aanhangsels achter het boekje van Julius Frederichs, *De secte der Loïsten of Antwerpsche Libertijnen (1525—1545)*, Gent, 's Gravenhage, 1891. Het verscheen als tweede deel van de *Werken van den practischen leergang van vaderlandsche geschiedenis* van Prof. Paul Fredericq.

2) Eene beknopte, maar van rijke bronnenopgave voorziene beschouwing der onderscheidene secten vindt men bij Dr. Herman Haupt, *Die religiösen Secten in Franken vor der Reformation*, Würzburg, 1882.
Zijn artikel in het *Zeitschrift für Kirchengeschichte*, band VII, Gotha, 1885, blz. 503—576, getiteld: *Beiträge zur Geschichte der Sekte vom freien Geiste und des Beghardentums*, heeft vooral beteekenis, omdat het opkomt tegen de veel verspreide voorstelling, alsof de Begharden en Broeders en Zusters van den vrijen geest op ééne lijn mochten gesteld worden.
Men zie verder nog: Wilhelm Preger, *Geschichte der deutschen Mystik im Mittelalter*, in 3 deelen, 1874—1893, Leipzig. Vooral het eerste deel is voor dit onderwerp van belang.

Als hoofden der Libertijnen moeten worden genoemd Coppin, Quintin en Pocques, die Calvijn persoonlijk kende, en ook in zijn tractaat, evenals zekeren Claude Perséval, met name vermeldt. Zeer hoog stond hun zedelijk leven niet en eigenaardige praktijken werden door hen in toepassing gebracht. Onder den schijn van groote geleerdheid bezigden zij allerlei hoog verheven uitdrukkingen, die, doorspekt met Latijnsche en Hebreeuwsche woorden, een grootschen indruk van hunne roeping moesten vestigen. Calvijn heeft een afzonderlijk hoofdstuk [2]) aan hunne wijze van spreken gewijd, deelt daarin eene grappige ontmoeting van hem en Quintin mede, en geeft ten slotte nog een aanschouwelijk voorbeeld van de wartaal, die zij spraken, door in hoofdstuk XXIII eene *cocq à l'asne* van Pocques uitvoerig weer te geven. Ook Luther hekelt in zijnen brief hunne gewoonte, om de taal te misvormen [3]). Die wijze van optreden is niet iets toevallig, maar veeleer een uitvloeisel van hun stelsel, dat het recht, om met de taal te handelen, zooals men wil, principiëel verdedigt. Het recht, om te huichelen en te veinzen, werd door hen met een beroep op den Bijbel verdedigd, en aan het gebruik maken hiervan is het toe te schrijven, dat Pocques bij Bucer zulk eenen goeden indruk had weten te maken, dat deze hem eenen aanbevelingsbrief voor Calvijn meegaf. Zoo is het ook gemakkelijk, de oogenschijnlijk wat sterke uitdrukking van

---

1) Voor bijzonderheden uit het leven van Quintin, naar wien de Libertijnen ook wel Quintinisten worden genoemd, zie men Calvijn's *Epistre contre un certain cordelier suppost de la secte des Libertins lequel est prisonnier a Roan*. Zij werd bij de tweede uitgave van zijne *Instructio* in 1547 hieraan toegevoegd. Men vindt ze in Opera, VII, blz. 841—364.

2) Hoofdstuk VII. Zie Opera, VII, blz. 168—170.

3) Fredericks, t. a. p., blz. 5.

Nicolas des Gallars te begrijpen, die in de voorrede voor zijne Latijnsche vertaling van Calvijn's *Instructio* schrijft: "Nam instar Protei subinde sese transformant novasque species induunt ita ut facile decipi possint quibus ignota est eorum astutia" [1]. Als eene der redenen, waarom Calvijn de genoemde Libertijnen met name heeft vermeld, geeft hij èn in zijne verhandeling èn in zijn beroemd schrijven aan de Koningin van Navarre aan zijne vrees voor de verleiding van vrome zielen, die zij met hunne uiterlijk godvruchtige handelwijze voor zich zullen weten te winnen. Vooral in de houding, welke zij tegenover de H. S. aannamen, kwam de dubbelhartige rol, die zij speelden, duidelijk aan den dag. Eerst verwierpen zij den Bijbel kortweg, maar toen zij bespeurden, op die wijze geenen vat op de godsdienstige menschen te kunnen krijgen, lieten zij hunnen groven spot met de H. S. en hare gewijde personen achterwege, en plaatsten zich tegenover oningewijden op den Bijbel als grondslag, om, wanneer dezen wat verder ontwikkeld waren, hun hunne leerstellingen, die lijnrecht tegen Gods Woord ingingen, te openbaren. In den brief, dien Calvijn schreef aan den Libertijnschgezinden monnik te Rouaan, werd dit vooral dezen zwaar toegerekend. Ook de *Summa* wijst op deze gewoonte in de woorden, waarmede zij aanvangt: "Principio vehementer nituntur verbis scripturae, in quibus Deus omnibus hominibus Christianis, Judaeis, Turcis per suam legem supplicium et damnationem minatur" [2]. In werkelijkheid echter was de H. S. voor hen, zooals Calvijn zegt, niet meer dan een wassen neus. Hunne leer toch gaat uit van de onvereenigbaarheid

---

[1] Deze belangrijke voorrede is in haar geheel opgenomen in de *Prolegomena* voor Calvijn's geschrift. Zie Opera VII, blz. XXVI en volg.

[2] Frederichs, t. a. p. blz. 1.

van twee eigenschappen Gods, n.l. Zijne gerechtigheid en barmhartigheid, volgens welke God eenerzijds ieder met eeuwige verdoemenis bedreigt, en anderzijds aan allen, die gelooven, vergeving der zonden toezegt. Wanneer toch allen verdoemd zijn, hoe kan vergeving der zonden plaats hebben? Zegt men door de barmhartigheid; maar, wanneer God hiertoe kan bewogen worden door gebed en geloof, moet Hij veranderlijk wezen en dit kan niet. De oplossing nu van deze tegenstrijdigheid ligt in hetgeen wij lezen in Romeinen VII, waar onderscheiden wordt tusschen den geestelijken en vleeschelijken mensch, van welke de vleeschelijke mensch vergaan, maar de geestelijke behouden zal worden.

Voorts verdeelen zij de geschiedenis der menschheid in drie tijdvakken: van den Vader, van den Zoon en van den Heiligen Geest. Daar het thans het tijdperk van den H. Geest is, zijn nu allen geestelijke menschen, en kan niemand zondigen.

Het woord „geest" ligt in hunnen mond bestorven. Alles trachten zij daarmede te dekken. Zooals een dorpspastoor hetzelfde misvormde beeldje gebruikt, om vijf of zes heiligen voortestellen, ten einde daardoor des te te meer offeranden te ontvangen, zegt Calvijn, zoo bezigen zij het woord „geest", om daarmede alles goed te praten. Er bestaat slechts één geest, en wel de geest van God, die werkt in alle schepselen. Engelen zijn slechts inspiraties en eene menschelijke ziel bestaat niet. Duivel, wereld, zonde zijn niets anders dan inbeeldingen. De ééne onsterfelijke geest, God, doet alles. De mensch heeft evenmin eenen wil als een steen; en niets kan gebeuren, waarvan God niet de auteur is. Quintin liep eens over straat, toen er juist een man vermoord was. „Wie heeft dat gedaan?" werd er gevraagd. Dadelijk antwoordde hij: „Omdat gij 't weten wilt, zal ik het u maar zeggen: ik heb het gedaan." Toen daarop algemeene verontwaardiging ontstond, voegde hij er aan toe: „Ja, *ik* heb het gedaan, *gij, God* heeft het gedaan, omdat, hetgeen wij doen, God doet en wat God doet, ook wij doen." Zoo wordt God dus „le maquereau des paillardz, le receleur des larrons et meurtriers" [1]. Drie gevolgtrekkingen zijn bij deze opvatting noodzakelijk: ten eerste bestaat er geen onderscheid tusschen God en den duivel; verder spreekt 's menschen geweten niet meer, om hem van het kwade af te houden, maar kunnen alle zinnelijke lusten blindelings gevolgd worden; ten slotte mag niets worden veroordeeld, maar moet zelfs de schandelijkste misdaad prijselijk worden geacht.

Hun stelsel is dus het meest volstrekte pantheïsme. Al het geschapene is eene openbaring van God, en van die alles omvattende Godheid zijn de menschen slechts *modi*: „Nos non loquimur, nos non videmus, nos nihil audimus, non palpamus, non sentimus, sed Spiritus Sanctus, quem omnes homines receperunt ex nativitate" [2].

Natuurlijk dat dergelijk systeem tot eene geheele vervorming der onderscheidene kerkelijke dogmata moest leiden.

Zij hebben eenen Verlosser van eigen maaksel. Jezus Christus beschouwen zij als een voorbeeld, waarin is voorgesteld hetgeen tot bevordering van ons heil is gewrocht. Wat in Hem gedaan is, is ook in ons geschied. Daarom maakte Quintin zich eens schrikkelijk boos, toen iemand hem vroeg, hoe hij het maakte, en gaf hij logisch ten antwoord: „Hoe zou Jezus Christus het slecht kunnen maken"?

Onder de wedergeboorte verstaan zij het geraken in eenen

---

[1] Opera, VII, blz. 361.
[2] Zoo teekent Carnovianus het. Zie Frederichs, t. a. p., blz. 60.

staat van onschuld, waarin Adam verkeerde, vóór hij gezondigd had. „Den ouden Adam afleggen" wil dus zeggen, zich door zijn natuurlijk gevoel laten leiden als een klein kind.

De Christelijke vrijheid bestaat voor hen daarin, dat alles, zonder eenige uitzondering, aan den mensch geoorloofd is, daar toch de wet geheel afgeschaft is.

Met de hope der opstanding spotten zij, want zij beweren, dat, hetgeen wij verwachten, reeds geschied is, immers 's menschen ziel is niets dan de onsterfelijke geest, die altijd in den hemel is en op de aarde leeft [1]).

De roeping der geloovigen is het volgen van iedere neiging der natuur. Elke levenswijze is geoorloofd, ook al keurt Gods Woord die sterk af. Tegen geen bederf en misbruik in het maatschappelijk leven mag worden opgekomen. Iedere neiging in den mensch is eene roeping van God. De dronkaard is tot dronkenschap geroepen, de dief tot diefstal. Wil iemand overspel bedrijven, hij doe het gerust, want het huwelijk kan daartoe geen beletsel wezen. Onder den naam van „geestelijk huwelijk" voeren zij eene „pollution brutalle" in, en wat in de historie telkens wordt gezien, aanschouwt men ook hier: de verslapping van den huwelijksband gaat gepaard met aanranding van den particulieren

---

[1]) In de eerste bekentenis van Pruijstinck lezen wij hierover: „Hem gevraecht als aengaende van der verrijsenissen des vleesohs, oft hij nyet en gelooft dan elck mensch verrijsen en zal met zijn eijgen vleesch, met senuwen, beenderen, bloet, die substantien die eenen mensche toebehoiren; seegt wat hem de Heijlige Kercke daer af gebiedt, dat hij dat wel gelooven wilt, maer en heves hier voertijts alzoo nyet verstaen.

Hem gevraecht hoe hij dat verstaen heeft, seegt dat als dit lichaem sterven soude, dat de menschen dan worden souden gelijck engelen Goids ende een gheestelijck lichaem, sonder vleesch, bloet, beenderen oft aderen oft diergelijcke menschelicke leden, aannemenan, daer toe Paulum, *ad Corinthios*, in XVe, allegerende" (Frederichs, t. a. p., blz. 26 en 27).

eigendom 1). Gemeenschap van goederen is de eisch, die ook door hen wordt gesteld 2).

Hebben wij in het bovengezegde de leerstellingen van Anabaptisten en Libertijnen uiteengezet, thans dient een antwoord te worden gegeven op de vraag, of Calvijn zich ook eenigermate verdienstelijk gemaakt heeft door den strijd tegen deze verderfelijke secten, in wier stelsel verwarring van allen eigendom begrepen lag, aan te binden. Erkenning van zijne verdiensten ten dezen is in de economische litteratuur vrij schaarsch. Voornamelijk geldt dit ten aanzien van zijne houding tegenover de Anabaptisten. Terwijl toch uitvoerig wordt stilgestaan bij Luther's en Melanchton's optreden tegen de Wederdoopers, en met zekere

---

1) Op het verband tusschen deze beide heeft Sndre terecht gewezen, t. a. p., blz. 3 en blz. 48.

Men leze ook van A. Thiers; *De la propriété*, Brussel, 1848, hoofdstuk V van het tweede boek, dat tot opschrift draagt: *Que la propriété et la famille sont indissolublement unies, qu'en détruisant l'une, le communisme détruit l'autre, et abolit les plus nobles sentiments de l'âme humaine*, blz. 149—158.

Zie voorts Prof. Fabius, t. a. p., blz. 75, noot 3.

2) Frederichs meent dat de Loïsten — aldus werden de Antwerpsche Libertijnen genoemd — dit communisme niet aanhingen. Hij zegt: „Onze Libertijnen hebben zich echter nooit op dit terrein bewogen, daarin zeer verschillend van de Wederdoopers, die dan ook eene heel andere staatkundige (sic!) opvatting hadden, nl. eene communistische" (t. a. p., blz. XXXI). Hij leidt dit af uit het feit, dat onderscheidene rijke Antwerpsche kooplieden Libertijnsche denkbeelden aanhingen. Natuurlijk een zeer zwak bewijs.

Men vindt al deze onderwerpen in Calvijn's *Instructio* in den breede behandeld. Luther noemt de volgende karaktertrekken hunner leer: „Eijn artickel ist, das er hellt, Eijn iglich mensch hat den heijligen geijst. Der ander, Der heijlige geijst ist nichts anders denn vnser vernunfft vnd verstand. Der dritte, Eijn iglich mensch gleubt. Der vierde, Es ist keijne helle odder verdamnis, sondern alleijne das fleijsch wird verdampt. Der funfft, Eijn igliche seele wird das ewige leben haben. Der sechste, Die natur leret, das ich meijnem nehsten thun solle, was ich mijr will gethan haben, Solches wöllen ist der glaube. Der siebend, Das gesets wird nicht verbrochen mit böser lust, so lange ich nicht bewillige der lust. Der achte, Wer den heijligen geijst nicht hat, der hat auch keijne sunde, Denn er hat keijne vernunfft" (Frederichs, t. a. p., blz. 6).

voorliefde wordt verwezen naar Zwingli's *Elenchus contra catabaptistarum strophas,* bewaart men, bij de behandeling van Calvijn, omtrent dit punt een diep stilzwijgen, en doet men zoo den indruk ontstaan, alsof aan Calvijn ten dezen alle beteekenis moet worden ontzegd. Die indruk nu is valsch. Een aanmerkelijk deel van Calvijn's leven is gewijd aan de bestrijding van de anabaptistische en libertijnsche ketterijen, en wij zullen trachten aan te toonen, hoe geniaal die bestrijding gevoerd is.

De verschillende episoden van zijn leven, waarin het bekampen van de dwalingen der Anabaptisten en Libertijnen op den voorgrond trad, willen wij kort in herinnering brengen.

De Libertijnen ontmoette hij reeds vroeg. Toen het geloof in zijne ziel nog nauwelijks was ontloken, kwam hij met hunne hoofden in aanraking ten huize van den vromen Estienne de la Forge, waar een intieme kring van geloovigen samenkwam. Ook Quintin had zich hier weten in te dringen, en trachtte zijne kettersche gevoelens te verbreiden, maar Calvijn koos aanstonds met beslistheid tegen hem positie, en weerde met jeugdig vuur deze aanvallen der wolven op de schaapskooi van Christus af [1]. Is dit optreden van te huiselijken aard, dan dat de vruchten daarvan in het publieke leven kunnen worden nagewezen, zijn eerste openlijke aanval op de Anabaptisten had daarvoor eene machtige beteekenis.

Frans I wilde de Gereformeerden in Frankrijk uitroeien, maar zijn belang bracht mede de aanhangers der Reformatie in Duitschland voor zich te winnen. Om nu den slechten indruk, dien deze vervolgingen in Duitschland zouden maken weg te nemen, zond hij een placaat aan de Duitschers, waarin, met de meest krasse termen, de ongerijmdste dwaas-

---

[1] Zie Doumergue, *Jean Calvin,* I, blz. 340—342.

heden van de Fransche Christenen werden medegedeeld; natuurlijk moest die voorstelling gereeden ingang vinden in een land, dat den gruwel van het Anabaptisme zoo van nabij gekend had. Zoo trachtte men dan in Duitschland het optreden van den Franschen Koning tegen de Gereformeerden te vergoelijken door den vervolgden allerlei verkeerdheden ten laste te leggen en ze over éénen kam te scheren met de Wederdoopers. Dat kon Calvijn niet verdragen. Zijn toorn ontvlamde. „Ego" — zoo schreef hij zelf in zijne voorrede voor den commentaar op de Psalmen — „hoc ab aulicis artificibus agi videns, non modo ut indigna sanguinis innoxii effusio falsa sanctorum Martyrum infamia sepeliretur, sed ut posthac per caedes quaslibet absque ullius misericordia grassari liceret, silentium meum non posse a perfidia excusari censui, nisi me pro virili opponerem" [1]). Aan deze verontwaardiging danken wij het ontstaan van zijne monumentale *Institutio*, waarin met onovertrefbare genialiteit de Gereformeerde leer wordt in beeld gebracht en de ketterijen der Wederdoopers op onderscheidene plaatsen ten sterkste worden bestreden.

Nauwelijks is Calvijn te Genève tot zijnen practischen arbeid ingegaan, of de Anabaptisten en Libertijnen hebben veel van zijne arbeidskracht geëischt, en is hem hunne bestrijding een zijner voornaamste plichten geworden, die hij zich zag opgelegd. Uit Nederland waren de Anabaptisten overgekomen. In driesten overmoed wenschten zij zich met Genève's predikanten te meten. Twee dagen lang is toen een godsdienstgesprek met twee hunner gevoerd [2]); en al overdrijven nu ook

---
[1]) Opera, XXXI, blz. 20.
[2]) Men zie hiervoor Rutgers, t. a. p., blz. 68 en 69. Verder Doumergue, *Jean Calvin*, II, blz. 242—244.

Beza [1]) en Colladon [2]), wanneer zij beweren, dat, na dit disputuut, geen Anabaptist meer werd gezien, zoodat de Overheid geene maatregelen meer tegen hen behoefde te nemen, toch was de uitwerking overweldigend, en is sints dien de macht der Anabaptisten in Genève gebroken.

Het gerucht van Calvijn's succes op dit terrein verbreidde zich, en toen hij als balling van Genève in Straatsburg zijne intrede deed, werd hij vooral door Bucer met open armen ontvangen. Deze vurige prediker toch wist maar al te goed, wat schrikkelijke onheilen te wachten waren, indien de anabaptistische gevoelens veld wonnen. Daarom zag hij in het Anabaptisme, dat te Straatsburg reeds zulke groote verwoestingen had aangericht, den gevaarlijksten vijand, waartegen de aanval moest gericht worden. Bij zijne collega's, Capito en Zell, had hij meermalen aangedrongen op een beslist positie kiezen tegenover deze verderfelijke ketterij, maar, door valsche vredelievendheid gedreven, waren die hiertoe niet te bewegen geweest [3]). Toen nu Calvijn's weg naar Straatsburg leidde, voelde Bucer aanstonds, dat deze de man was, die de kanker van het Anabaptisme moest uitsnijden. Zijne verwachtingen zijn niet teleurgesteld. Met ongekenden zegen heeft Calvijn onder de Wederdoopers te Straatsburg gearbeid. Als hij zich naar stedelijke gewoonte in een der twintig gilden, waarnaar Straatsburg's inwoners

---

De voorstelling omtrent deze disputen loopt eenigszins uiteen bij de verschillende biographen. Zoo zegt Gaberel dat zij 8 dagen duurden (t. a. p., blz. 282), Kampschulte „mehrere Tage" (t. a. p., I, blz. 294). Daarentegen Roget (*Histoire*, I, blz. 81) en Bungener (t. a. p., blz. 177) 2 dagen.

Kampschulte is van Calvijn's overwinning niet overtuigd. Het over deze gesprekken aangeteekende in de Registers vindt men in Opera, XXI, blz. 208 en 209.

1) Opera, XXI, blz. 22 en 23.
2) Opera, XXI, blz. 59.
3) Dit alles te vinden in de belangrijke *Prolegomena* vóór de tractaten tegen Anabaptisten en Libertijnen, Opera, VII blz. VII—XVII.

waren ingedeeld moest laten inschrijven, koos hij de tiende [1]), wier leden, kleermakers, voor de overgroote meerderheid tot de Wederdoopers behoorden [2]). Veel heeft hij toen met hen gesproken, en uit de briefwisseling dier dagen weten wij, dat velen, onder welke ook zijn oude tegenstander Herman van Gerbihan, met wien hij te Genève had gedisputeerd, en de bekende Jan Stordeur het verkeerde hunner ketterijen hebben ingezien en tot de oude waarheid zijn teruggekeerd. Zijne bemoeiingen met de Wederdoopers vormen het glanspunt van zijn verblijf te Straatsburg, en met innige blijdschap zag Calvijn later op dit deel van zijnen levensweg terug.

Als de predikanten van Genève om zijn sterfbed zijn vergaderd, hij dezen voor het laatst toespreekt, om hen te vermanen, niet te spoedig de oude palen te verzetten en bedacht te wezen op de groote moeilijkheden, die hen nog zullen wachten, licht hij dit toe met een beroep op zijn eigen loopbaan. In diep weemoedige woorden herinnert hij aan den bitteren tegenstand, hem geboden, en de onwaardige bejegeningen, waaraan hij heeft moeten bloot staan. Maar over dit donkere tafereel valt toch eene heldere lichtstraal, wanneer hij, sprekende over het doopsformulier, denkt aan de heerlijke dagen te Straatsburg, toen men de kinderen der Anabaptisten van vijf en tien mijlen uit den omtrek bij hem bracht, opdat hij ze zou doopen [3]).

Niet slechts tot Straatsburg of Genève echter bleef zijn invloed beperkt. Toen het Anabaptisme steeds grooter afmetingen aannam, begreep men, dat Calvijn de man was, die na de

---

1) Aanteekening der uitgevers, Opera, XXI, blz. 249 en blz. 260.
2) Zie Rutgers, t. a. p., blz. 69—71. Doumergue spreekt er slechts kort over: *Jean Calvin*, II, blz. 850.
3) Opera, IX, blz. 894.

ervaringen, door hem reeds te Genève en Straatsburg opgedaan, bij uitstek geschikt kon heeten om den handschoen tegen de verderfelijke dwaalleeraars op te nemen. In Neufchâtel maakte een anabaptistisch prediker grooten opgang, en men besloot aan Calvijn te verzoeken, een bekend anabaptistisch libel te weerleggen. In de Nederlanden wonnen de verschillende kettersche secten onrustbarend veel veld. Valérand Poullain zond eenige geestesproducten van die richting aan Calvijn op, en deed een beroep op diens bekenden ijver voor de zaak des Heeren, om alles in het werk te stellen, teneinde den voortgang van deze verderfelijke literatuur te stuiten. In de opdracht van zijne *Brieve instruction pour armer tous bons fideles contre les erreurs de la secte commune des Anabaptistes*, aan de predikanten van Neufchâtel, dateerende van 1 Juni 1544, voert hij dan ook ter verontschuldiging van zijn schijnbaar overbodig schrijven op zulk een onbeduidend boekje dit aan: „il me suffiroit bien pour toute excuse, d'alleguer que c'est à la requeste et instance de plusieurs bons fideles, qui me l'ont envoyé de bien loing, avec tesmoignage, qu' il estoit bien mestier, pour le salut de beaucoup de povres ames, que i'y misse la main" [1]).

In dit tractaat dan begint Calvijn eerst met splitsing te maken tusschen de Anabaptisten en Libertijnen, welker beginselen geheel verschillen, en die toch door zijne tijdgenooten niet voldoende werden onderscheiden. Thans zal hij alleen de Wederdoopers behandelen en dan later, in een afzonderlijk geschrift, over de andere, nog veel gevaarlijker secte, spreken. Op duidelijke wijze geeft Calvijn dan de uiteenzetting en bestrijding van het anabaptistisch stelsel, die groe-

---

[1]) Opera, VII, blz. 49.

peerende om een zevental artikelen, welke hij meent, dat door allen worden beleden. Achtereenvolgens wordt dan gehandeld over den kinderdoop, de excommunicatie of ban, het dragen van wapenen, de macht der Overheid, den eed, de vleeschwording van Jezus Christus en den toestand der zielen tusschen den dood en de opstanding. Vooral over het dragen van wapenen en de macht der Overheid, welke Calvijn tezamen bespreekt, wordt uitvoerig gehandeld, en uitnemende gedachten zijn hieromtrent door hem ontwikkeld.

Zijne verhandeling tegen de Libertijnen verscheen in 1545 [1]). Het is een echt populair boekje, zonder vast systematisch verband [2].) Ongetwijfeld staat het hooger dan zijn eerste strijdschrift. In vier en twintig breede hoofdstukken wordt hier eene schitterende bestrijding van het pantheïstische stelsel zijner tegenstanders geleverd en op meesterlijke wijze hun verdraaien van de woorden der H. S. aan de kaak gesteld. Als voorbeeld van den klaren redeneertrant, dien Calvijn volgt, doen wij slechts eene greep uit het veertiende hoofdstuk, waar eene bestrijding wordt gegeven van de beschouwing, die in God den auteur van het kwaad ziet. Hij wijst hiertegenover op het groote onderscheid tusschen het werk van God en van een slecht mensch, van wien Hij zich als een instrument bedient. Als Job tijding ontvangt van al zijne verliezen, prijst hij toch den Heere, maar de Chal-

---

[1]) Ten onrechte beweren sommige schrijvers als Stähelin en Maronier, dat dit geschrift aan de predikanten van Neufchâtel werd opgedragen. Zij verwarren het met het tractaat tegen de Anabaptisten.

Bij het bekende schrijven van Vâlerand Poullain aan Calvijn teekenen de uitgevers der Straatsburgsche editie aan: „Verum fortasse hortante Pollano stilum in adversarios vertit" (Opera, XI, bls. 712).

Hundeshagen dwaalt wanneer hij het verschijnen van Calvijn's geschrift toeschrijft aan het feit, dat er te Genève zooveel Libertijnen waren.

[2]) Zoo past b.v. het laatste hoofdstuk beter in het begin.

deers, die zijn vee geroofd hebben, worden niet geloofd. Als Simeï David vloekt, zegt David, dat hij dit van den Heere ontvangt, maar hij veroordeelt Simeï. Dan trekt hij deze vergelijking: "Car tout ainsi que le soleil, donnant de ses rayons sur une charongne, et causant en icelle quelque putrefaction, n'en tire point de corruption ne macule aucune et ne faict point par sa pureté que la charongne ne soit puante et infecte: aussi Dieu faict tellement ses oeuvres par les meschans, que la saincteté qui est en luy ne les iustifie point, et l' infection qui est en eux ne le contamine en rien" [1]).

Eene uitnemende ontvangst viel aan deze beide werkjes ten deel. Onderscheidene getuigenissen staan ons ten dienste, die doen zien hoe uitstekend zij doel troffen, en hoe door vriend en vijand gevoeld werd, dat de kritiek op de aangevallen stelsels verpletterend was. Nicolas des Gallards zag aanstonds in, wat groot nut dergelijke degelijke lectuur moest afwerpen, daarom mochten zij z. i. niet tot den kring der Franschlezenden beperkt blijven. Opdat zij hun nut overal zouden kunnen stichten, waar de bestreden dwalingen werden verkondigd, was eene Latijnsche overzetting noodzakelijk, daarom gaf hij reeds in 1546 haar. In de voorrede, tot Jacob van Bourgondië gericht, geeft hij hoog op van de voortreffelijkheid der door hem vertaalde verhandelingen, die ongetwijfeld, door hunne groote duidelijkheid, in de kringen van het volk hunn diensten zullen verrichten. Vooral het geschrift tegen de Libertijnen roemt hij zeer. Hij zegt hiervan: "Nec vero libellus hic usui tantum erit quod eo Libertini refellantur, sed etiam quod utilem alioqui per se doctrinam et familiariter explicatam contineat, quum de aliis rebus, tum de spiritu,

---

[1] Opera, VII, blz. 190.

de providentia Dei, de libertate christiana, de resurrectione, de vocatione, de regeneratione, de communione bonorum" [1]).

Doch niet slechts door Calvijn's geestverwanten, maar ook door zijne tegenstanders werd begrepen, wat groote afbreuk zijne bestrijding aan hunne beginselen moest doen. In het kamp der Libertijnen stak een storm van verontwaardiging op tegen hunnen bestrijder. Margaretha van Navarre, aan wier hof Quintin en Pocques vertoefden, en die Libertijnsche neigingen koesterde, gaf in fellen toorn aan haren vroegeren vriend hare afkeuring te kennen over zijn optreden. Calvijn, die bij de uitgave van zijn traktaat reeds wist, dat zijn schrijven aan genoemde vorstin onaangenaam moest wezen, heeft daarop toen geantwoord met eenen koninklijken brief [2]), die een ondubbelzinnig getuigenis aflegt van den ernst en de vastberadenheid, waarmede hij den gruwel van het Libertinisme wilde weren. Kenschetsend voor den indruk, dien Calvijn's boekjes hebben gewekt, is wat Aegidius Michaux meedeelt in eenen brief [3]) aan Calvijn, die dateert uit het jaar 1548. Hij meldt daarin, dat Pocques een verweerschrift tegen Calvijn's geduchten aanval had geschreven, waarvan hij hem een afschrift overzond, en waarmede deze naar welgevallen moest handelen. Dit geschrift van Pocques is niet het eenige libel, dat naar aanleiding van Calvijn's tractaten verscheen. Ook de monnik, die te Rouaan gevangen zat, had zijne pijlen tegen den Hervormer gericht, daar deze als de vijand bij uitnemendheid beschouwd werd.

---

1) Opera, VII, blz. XXVII.
2) Men vindt dezen brief in Opera, XII, blz. 64—68.
Doumergue, *Jean Calvin*, I, blz. 406, zegt er van: „Quand nous n' aurions de Calvin que cette lettre, elle suffirait pour nous permettre de le iuger. En face des princes, il se dresse, les dépassant de toute la hauteur qui sépare la majesté religieuse de la puissance temporelle. Car il vit dans le monde des âmes, et, dans ce monde, c'est un grand".
3) Opera, XIII, blz. 27 en 28.

Toen Calvijn eenen scherpen brief tegen den monnik geschreven had, deed laatstgenoemde weer een pamphlet het licht zien, waarop echter ditmaal Farel antwoordde [1]). Een merkwaardig getuigenis voor het gezag dat aan Calvijn's geschrift werd toegekend, is ook wat gebeurde te Doornik tijdens het proces tegen Quintin. Deze ontkende de hem ten laste gelegde dwalingen te hebben gepredikt, en om toen bewijs van zijne schuld te hebben, werd Calvijn's verhandeling, waarin zijne kettersche leerstellingen waren omschreven, als alles beslissend overtuigingsstuk, tegen hem aangevoerd [2]).

Wij achten hiermede voldoende gronden te hebben aangevoerd voor ons beweren, dat deze tractaten zeer veel tot bestrijding der communistische denkbeelden hebben bijgedragen. Misschien dat het uitspreken van dit oordeel eenige tegenkanting ontmoet, omdat toch, bij het verzet tegen deze secten, de verdediging van den particulieren eigendom volstrekt niet op den voorgrond stond. Nu was zeer zeker bestrijding van het Communisme niet de hoofdgedachte, waardoor Calvijn bij zijn ijveren tegen Anabaptisten en Libertijnen geleid werd, maar dit neemt niet weg, dat zijn arbeid ook in dit opzicht van hooge beteekenis is. Als Nicolas des Gallards de groote waarde van Calvijn's tractaten prijst, is toch ook een der redenen, waarom deze geschriften, volgens hem, ruime verspreiding verdienen, de uitnemende bestrijding van de *communio bonorum* [3]). Dit is gemakkelijk te begrijpen. Immers al moge de eisch van goederengemeenschap door sommige Libertijnen niet

---

1) Het antwoord van den monnik droeg tot titel: *Bouclier de défense*. Farel's geschrift was getiteld: *Le Glaive de la Parolle veritable, tiré contre le Bouclier de défense, duquel un cordelier Libertin s'est voulu servir pour approuver de faussées et damnables opinions*, Genève, 1550.

2) Opera, VII, blz. 861.

3) Opera, VII, blz. XXVII.

op de spits zijn gedreven, toch lag in dit antinomiaansche pantheïstische stelsel eene algemeene verflauwing der grenzen begrepen, die iedere vastigheid aan alle maatschappelijke instellingen, dus ook aan den eigendom, moest ontnemen [1]: Daarom mag een aanval op hun stelsel als die van Calvijn reeds eene schitterende bestrijding van het Communisme genoemd worden. Doch er is nog meer. Ook aan eene onmiddellijke bestrijding van het Communisme ontbreekt het bij Calvijn niet. In het een-en-twintigste hoofdstuk van zijn strijdschrift [2] tegen de Libertijnen vinden wij eene voortreffelijke schriftuurlijke weerlegging van het Communisme. Den inhoud van dit hoofdstuk willen wij kort uiteenzetten.

Calvijn begint met te herinneren, hoe de Libertijnen, onder den naam van geestelijk huwelijk, eene „pollution brutalle" willen invoeren in het familieleven, en nu beoogen zij eene dergelijke vermenging ook ten aanzien van den eigendom. Volgens hen toch bestaat de gemeenschap der heiligen daarin, dat niemand iets als het zijne bezit. Reeds enkele Anabaptisten hebben dit geleeraard, maar bij de Libertijnen vindt men deze dwaling veel meer verbreid. Dat dergelijke ketterijen verkondigd worden, behoeft geene verwondering te baren; als men bedenkt, hoe velen geen ander doel kennen, dan aardsche goederen bijeen te vergaderen, en bij het gebruik daarvan met hunnen naaste geene rekening houden. Dit nu mag niet. Onze verhouding tegenover de stoffelijke bezittingen moet zich door drieërlei kenmerken.

Ten eerste mogen wij niet met te groote begeerlijkheid naar rijkdom haken; behooren wij met weinig tevreden te zijn, en als de Heere het verlangt, bereid te wezen, om er

---

[1] Zie voor de werking van het pantheïsme: Dr. A. Kuyper, *De verflauwing der grenzen*, Amsterdam, 1892.
[2] Opera, VII, blz. 214 tot 220.

afstand van te doen; ten tweede moeten wij eerlijk arbeiden, om ons brood te verdienen en alle kwade praktijken laten varen; ten slotte moet, wie weinig heeft, niet nalaten God te danken en zijn brood met vergenoegdheid eten, terwijl hij, die veel bezit, zich niet aan onmatigheid mag overgeven. In de praktijk ontbreekt aan het opvolgen dezer regels veel. „Pource que nous ne le faisons point, congnoissons que c'est une iuste vengeance de Dieu, que ces enragez viennent ainsi à renverser tout ordre, voulant oster toute distinction de biens, faisant de tout le monde comme d'une forest de brigans, où sans compter ne sans payer, chacun prenne comme sien ce qu'il pourra avoir". Een dergelijk streven nu gaat lijnrecht in tegen de bedoeling der H. S. en er zijn zoovele teksten aan te halen, die het goddelooze van deze „vilaine confusion" aantoonen, dat, bij het streven naar volledigheid, aan de vermelding geen einde zou komen. Daarom volstaat hij met de bespreking der voornaamste Bijbelplaatsen, waarop de Communisten zich beroepen. Het bevel aan den rijken jongeling wordt eerst behandeld, en duidelijk de bedoeling van Math. 19 : 21 bloot gelegd. Hier wordt geene algemeene uitspraak gegeven, maar slechts een persoonlijk geval medegedeeld. De jongeling zeide, dat hij alle geboden, van zijne jeugd af, had onderhouden, en nu wilde de Heere zijne huichelachtigheid ontdekken, door op zijne hebzucht te wijzen. „C'est donc une lourde sottise, de tirer ceste sentence qui a servy à esprouver le cueur d' un homme en especial, pour en faire une doctrine universelle". Alleen deze leering is uit die woorden des Heeren te trekken, dat ieder onzer bereid zij, zijne goederen op te offeren, indien de Heere dit verlangt. Vooral bij Handelingen 4 : 32 staat hij uitvoerig stil. Met name in deze woorden der H. S. meende men eene veroordeeling van den particulieren eigendom en eene aanbeveling van het Communisme te lezen. Het onjuiste dezer meening wordt duidelijk aangetoond. Er is hier geen sprake van eene gemeenschap van goederen, slechts wordt eene gewone uitdrukkingswijze gebezigd, die men steeds gebruikt, om eenen zeer vrijgevigen man te teekenen. De zin van den besproken tekst is niet, dat de geloovigen van Jeruzalem zich van alle goederen hadden ontdaan, wat niet het geval was, maar alleen, dat zij in de groote broederlijke liefde, die hen bezielde, niet duldden, dat een hunner gebrek leed.

Uit de beschrijving der Jeruzalemsche gemeente mag niet worden afgeleid, dat *allen alles* verkochten. *Allen* niet — want anders zouden van zes duizend geloovigen er niet twee als voorbeelden genoemd zijn, onder wie nog een huichelaar. Ook niet *alles* — Tabitha gaf groote aalmoezen, lezen wij, hoe zou zij dit hebben kunnen doen, wanneer zij niets meer bezat? Petrus was gelogeerd bij Simon, den lederbereider, en ook lezen wij, dat hij kwam in het huis van Maria, de moeder van Johannes. Paulus vertoefde in het huis van Lydia, de purperverkoopster. Waren dezen nu de beste Christenen, uit hun doen en laten blijkt, hoe weinig onder dezulken aan afschaffing van allen eigendom werd gedacht. Een treffend voorbeeld vinden wij ook in Philemon, dien Paulus zijnen medearbeider in het werk van Christus noemt; toch beval de apostel dezen niet, zijne bezittingen te verkoopen, maar verzocht hem zelfs, zijnen weggeloopen slaaf Onesimus weer terug te ontvangen.

Nog meer voorbeelden zouden zijn te noemen, maar beteren leiddraad dan in deze op zich zelf staande gevallen vinden wij in de algemeene doctrine, die Gods Woord ons geeft. En dan toont eene verwijzing naar 1 Tim. 6, : 17; Ephese 6 : 9; Col. 4 : 1; 1 Thess. 4 : 6; 1 Cor. 7 : 30; 2 Cor. 9 : 7, hoe Gods woord het goed recht van den persoonlijken eigendom handhaaft, maar toch ook de verplichting oplegt, om in alle bereidwilligheid van zijnen overvloed aan den naaste mee te deelen. Hij eindigt met deze vermaning: „Apprenons donc de conioindre la communion qu'ont les fideles entre eux quant aux biens, avec ordre et police, et par consequent de reiecter et avoir en abomination ceste resverie diabolique, de vouloir mesler tous les biens en confus, pour introduire non seulement un labyrinthe au monde: mais un brigandage horrible: comme chacun le peut concevoir: et se verroit plus clairement par experience".

Deze breede bestrijding van het Communisme staat niet alleen; iedere gelegenheid wordt door Calvijn aangegrepen, om de valsche stelling, die goederengemeenschap in Gods Woord gepredikt ziet, af te breken. Bij de uitlegging van Matth. 19:20 en volgg.[1]) in zijnen commentaar wordt natuurlijk nog uitvoeriger op het bevel aan den rijken jongeling ingegaan, dan in zijn strijdschrift. De rechte bedoeling van Jezus' woord wordt aangegeven. Hij vraagt niet iets boven of buiten de wet, maar juist de opvolging der wet, en nu geeft de Heere hier dit bevel, omdat Hij weet, dat hebzucht de kwaal van den jongeling was. Calvijn merkt tevens op, dat maar niet een bloot bevel tot verkoop wordt gegeven, maar ook geboden, om de opbrengst aan de armen te geven. Daarom is het zoo dwaas, wanneer men Crates, den Thebaan, die zijne goederen in zee wierp, prijst. Op zeer besliste wijze laat hij zich hier uit: „Primo colligere facile est, non omnibus sine delectu hoc mandari ut vendant omnia! Peccaret enim agricola, qui labore suo victitare assuetus, liberosque suos alere, praediolum

---

[1]) Opera, XLV, blz. 589 en volgg.

venderet nulla necessitate coactus". In forsche trekken wordt dus geteekend het misdadige in sommige gevallen, om van zijn goed afstand te doen, en dan volgt deze besliste uitspraak: „Retinere ergo quod in manum nostram posuit Deus, si modo parce et frugaliter nos et familiam alentes, partem aliquam pauperibus erogemus, majoris virtutis est quam omnia dilapidare".

Bij de bespreking der verzen 23 en 24 van ditzelfde hoofdstuk zet hij uiteen, dat het bezwaar tegen de rijken alleen daarin bestaat, dat zij te veel op hunnen rijkdom vertrouwen, om dan aanstonds tegen de gedachte, alsof rijkdom op zich zelve verkeerd ware, verzet aan te teekenen met de opmerking: „Certum quidem est, divitias sua natura minime obstare, quominus Deum sequamur".

Gelijke opmerkingen als in zijn strijdschrift, maakt hij in zijnen commentaar op Handelingen 4 : 32 en volgg. [1]). Weer wordt de hoofdbeteekenis van deze woorden daarin gezocht, dat men volgaarne bereid was, weldadigheid te betrachten. Dit is ook toepasselijk op den tegenwoordigen tijd, waarin de hebzucht de overhand heeft. Opmerkelijk is, dat hij er op wijst, hoe de schuld hiervan niet alleen aan de rijken mag worden verweten: „Quamquam pars huius mali in ipsis pauperibus residet. Nam quum talis bonorum communicatio esse nequeat, nisi ubi viget pius consensus, regnatque cor unum et anima una: tantum in multis reperitur superbiae, vel ingratitudinis, vel ignaviae, vel rapacitatis, vel hypocriseos, ut benefaciendi studium non modo exstinguant, quantum in se est: sed facultatem prohibeant". En dan volgt aan het slot deze besliste veroordeeling der communistische secten: „Caeterum, quod hoc praetextu nostro tempore tumultuati sunt

---

[1]) Opera, XLVIII, bls. 94 en volgg.

Anabaptistae et fanatici homines, quasi nulla civilis debeat esse bonorum proprietas inter Christianos, hoc delirium breviter iam refutavi, 2. cap. Nam neque hic universis legem praescribit Lucas, quam necesse habeant sequi, dum recitat quid egerint illi, in quibus singularis quaedam Spiritus Dei efficacia se exseruit: nec sine exceptione de omnibus loquitur, ut possit colligi, non fuisse pro Christianis habitos, nisi qui sua omnia venderent". Den waren aard van de gemeenschap der geloovigen van Jeruzalem teekent Calvijn ook bij de behandeling van het vijfde hoofdstuk der Hand. d. A. Van Ananias zegt hij: „Culpam exaggerat, eo quod *nulla necessitate impulsus peccaverit*" [1]). Zijne zonde bestond daarin, dat hij de voeten der Apostelen meer vereerde dan de oogen Gods. „Caeterum, hinc colligimus, nulli fuisse impositam legem sua alienandi.... Ergo suum retinendo, fidelis nihilominus habitus fuisset. *Unde patet, omnino phreneticos esse qui fidelibus licere negant quidquam habere proprium*" [2]).

Wij zagen, hoe Calvijn voor verdere inlichtingen omtrent de beteekenis, welke aan de gemeenschap der eerste Christenen moet worden gehecht, verwees naar zijne behandeling van het tweede hoofdstuk. Hier wordt dan ook uitvoerig op deze kwestie ingegaan, en met name gewaarschuwd tegen eene verkeerde opvatting van de woorden: „en hadden alle dingen gemeen". Hij herinnert aan het oude spreekwoord: *Omnia amicorum communia*, dat de Pythagoreërs reeds gebruikten, en dat niet mag worden opgevat, als gaf het eene afschaffing van allen particulieren eigendom te kennen. Zijne conclusie luidt aldus: „Ita communitas ista, quam Lucas commendat, non tollit oeconomiam... Unde colligimus, quod iam dixi, non aliter collata

---

1) Opera, XLVIII, blz. 99. Wij cursiveeren.
2) Wij cursiveeren.

in medium bona fuisse, nisi ut praesenti inopiae succurrerent" [1]).

Bestrijding van de verderfelijke dwalingen van Anabaptisten en Libertijnen — ziedaar, het doel, dat Calvijn zich telkens stelt. Ook zijne exegese van 2 Cor. 8 : 13 maakt hij hieraan dienstbaar. Wij lezen daar: „Interea nostrarum partium est, ad largiendum nos subinde incitare: quia non adeo timendum est, ne simus in hac parte nimii: est autem periculum a nimia tenacitate. Verum necessaria est haec doctrina adversus fanaticos, qui nihil actum putant, nisi te penitus spoliaveris, ut in commune omnia conferas. Hoc vero proficiunt suo deliramento, ut nemo eleemosynam tranquilla conscientia erogare queat. Ergo diligenter observanda est Pauli ἐπιείκεια et moderatio; placere Deo nostras eleemosynas, quum ex nostra abundantia ita sublevamus fratrum egestatem, non ut diffluant illi, nos egeamus sed ut de nostro impertiamur quantum ferunt nostrae copiae, idque alacri animo" [2]).

Ook in zijne prediking houdt hij zich met het communisme bezig. In eene predikatie over Lukas 3 : 11 [3]) betoogt hij, hoe de woorden van Johannes den Dooper volstrekt niet eene afkeuring van den persoonlijken eigendom inhouden. Wij worden niet vermaand om alles gemeenschappelijk te maken. Ieder moet het zijne behouden, maar van zijnen overvloed mededeelen aan de armen, om hunnen nood te lenigen. De aandachtige lezing van Johannes' woorden doet reeds het ongerijmde zien van het misbruik, waaraan velen zich bij de uitlegging van dezen tekst hebben schuldig gemaakt: „Car aucuns phantastiques ont yci prins ces mots de travers, et ont voulu conclure qu'il n'estoit point licite à un Chres-

---

[1]) Opera, XLVIII, blz. 60.
[2]) Opera, L, blz. 100 en 101.
[3]) Opera, XLVI, blz. 549 en volgg.

tien de rien posseder: mais c'est une sottise trop lourde". Schoone opmerkingen maakt hij dan verder bij de behandeling van dit Schriftwoord. Hij doet zien, hoe deze uitspraak alleen eene vermaning tot blijmoedig weldoen inhoudt. De Heere schenkt juist aan sommigen rijkdom, opdat zij anderen daarmede zouden helpen. Hij had wel aan ieder mensch overvloed kunnen geven, maar Hij wil, dat wij liefde en barmhartigheid bewijzen, opdat Hij in de goederen, welke Hij geschonken heeft, verheerlijkt worde.

God eigenaar van al het aardsche en de mensch slechts rentmeester — dat is de gedachte, welke wij steeds weer in Calvijn's geschriften aantreffen. In het gebruik der stoffelijke goederen God verheerlijken, die de gever van alles is, daarop dringt hij voortdurend aan. Daarom mag de mensch niet in dit tijdelijke opgaan. De strekking van 1 Cor. 7 : 30 omschrijft hij als volgt: „Summa est, Christiani hominis animum rebus terrenis non debere occupari, nec in illis conquiescere: sic enim vivere nos oportet, quasi singulis momentis migrandum sit e vita." En dan laat hij weer deze besliste opmerking volgen: „Caeterum hic non praecipit Apostolus Christianis possessiones abjicere, sed tantum hoc requirit, ne animi eorum possessionibus infixi sint".

Gelijke vermaning geeft de bespreking van 1 Timoth, 6 : 17 [1]) hem in de pen, waar het heet: „Sensus enim est, etiamsi plena rerum omnium copia affluamus, nos tamen nihil habere nisi ex sola Dei benedictione: quoniam ea sola est quae nobis subministrat quidquid opus est. Unde sequitur valde falli, qui in divitias recumbunt et non toti pendent a Dei benedictione, in qua nobis sita est victus et rerum omnium sufficientia.... Neque enim pane alimur tantum, sed Dei benedictione".

---

1) Opera, LII, blz. 338 en 334.

Wij vleien ons met de gedachte, duidelijk te hebben doen zien met wat grooten nadruk en onmiskenbaar talent Calvijn het Communisme den handschoen heeft toegeworpen. In eenen tijd, toen allerlei dolingen omtrent het karakter van den eigendom schering en inslag waren, heeft hij met mannelijke vastberadenheid den eigendom gebaseerd op den eenigen waren grondslag, op de heerschappij over het geschapene, die God den mensch verleend heeft, en die den mensch dan ook moet uitdrijven, om Hem daarin te verheerlijken. Men schatte dit niet gering.

In een tijdvak, toen duizenden in verschillende landen, communistische denkbeelden aanhingen, toen dat Communisme eene „contagion publique" was, heeft hij in een zijner schitterendste strijdschriften het verkeerde dezer dwaling in het licht gesteld. En machtig is de werking geweest, welke van dit tractaat is uitgegaan; ook in de Nederlanden heeft het zijnen invloed doen gevoelen. Eenen sterken dam tegen het wassend Communisme heeft hij daarmede opgeworpen en eenen gezegenden keer in de opvattingen der zestiende eeuw gebracht. Maar niet slechts voor het tijdvak der Reformatie, ook nog voor onze dagen is zijn woord van beteekenis. Ook thans nog hoort men in woord en geschrift de meening verkondigen, dat het Communisme de eenige, ware, christelijke eigendomsvorm is, en dat de eerste gemeente van Christus mitsdien allen particulieren eigendom verfoeide. Daartegenover kan op Calvijn's onderscheidene uitingen worden gewezen als kloeke protesten tegen die noodlottige verdraaiingen der H. S. Protesten, die om hunne logische en juiste argumentatie thans nog ten volle kunnen worden overgenomen.

---

1) Zie Rutgers, t. a. p., blz. 19 en volgg.; ook blz. 152 en volgg.

HOOFDSTUK VI.

Slot. Het Calvinisme en de Economie.

Wij vleien ons met de gedachte, dat de vorige hoofdstukken duidelijk hebben aangetoond, hoe groot gewicht aan Calvijn's optreden voor de economie moet worden gehecht. Hij was de eerste, die met klare bewustheid positie koos tegenover de dwaling van zijnen tijd, aan het renteverbod allen redelijken grondslag ontnam en met onberispelijke logica het geoorloofde der rente handhaafde op eene wijze, die ook thans nog onovertrefbaar moet worden genoemd. De handel werd door hem in eere hersteld, en alle menschelijk bedrijf ontving door zijne leer nieuwen luister, door op het aardsche beroep den glans der Goddelijke roeping te doen afstralen.

De teugelloosheid van het vleesch bestreed hij in zijnen kamp tegen Libertijnsche losbandigheid met onverdroten vastberadenheid, maar daar naast teekende hij met even mannelijken ernst verzet aan tegen hen, die alle weelde uit dit leven wilden bannen. Van Doopersche mijding in het gebruik der aardsche goederen was hij afkeerig. Tegen het Communisme richtte hij een zijner schitterendste strijdschriften, en in eene eeuw, toen menigerlei dwaling omtrent den eigendom in alle kringen ingang vond, heeft hij dit instituut op vasten grondslag gesteld.

Ten aanzien van nog meer punten zouden zijne verdiensten kunnen worden gehuldigd. Krachtig drong hij telkens op een arbeidzaam leven aan; luiheid en bedelarij vonden in hem eenen vurigen bestrijder.

In de regeling der armenzorg lag hij een nieuw denkbeeld, door deze als dienst der barmhartigheid van de Kerk te doen uitgaan [1]).

Van onberekenbaren invloed is ook de rustelooze strijd, dien hij tot handhaving van het goed recht der Overheid gevoerd heeft. Eene ruime opvatting van hare taak werd door hem voorgestaan; met name erkende hij haar recht, om ook voor de maatschappelijke welvaart beschermend op te treden [2]), en onderscheidene maatregelen, in Genève genomen,

---

[1]) In de kerkelijke verordeningen van 1541 en 1561 is een afzonderlijk hoofdstuk aan den dienst der diakenen gewijd. Men vindt ze in Opera, X¹. De bedelarij wordt in beide aangeroerd. Het desbetreffende artikel in de kerkorde van 1561 luidt: „Au surplus, pour empescher la mendicité laquelle est contraire à bonne police, il faudra, et ainsi l'avons ordonné, que la Seigneurie commette quelques uns de ses officiers à l'issue des Eglises, pour oster de la place ceux qui voudroyent belistrer. Et si c'estoyent, affronteurs, ou qu'ils se rebeccassent, les mener à l'un des Syndiques. Pareillement qu'au reste du temps, les Dixeniers prenent garde que la defense de ne point mendier soit bien observee". (Opera, X¹, blz. 108).

Een beknopt maar nauwkeurig en van rijke bronnenopgave voorzien overzicht van Calvijn's optreden geeft een artikel van J. Heiz, *Calvin's Stellung zum Armenwesen* in de *Protestantische Kirchenzeitung für das evangelische Deutschland*, jaargang 1887, blz. 1198—1204.

[2]) De taak der Overheid vindt men omschreven in het twintigste hoofdstuk van het vierde boek zijner *Institutio*. De derde paragraaf vangt aldus aan: „Sed de politiae usu erit alius opportunior dicendi locus. Nunc istud tantum intelligi volumus: de ea exterminanda cogitare, immanem esse barbariem; cuius usus non minor inter homines quam

doen zien, hoe hij van een ingrijpen door de Overheid in het maatschappelijke leven niet afkeerig was [1]). Als staatsman en wetgever heeft hij een talent ontwikkeld, waaraan zelfs Rousseau [2]) hulde moest brengen.

Toch meenden wij ons van eene bespreking dezer laatstgenoemde onderwerpen te moeten onthouden, daar zij met de wetenschap der economie niet dan in verwijderd verband staan. Bovendien zou, tot recht begrip van Calvijn's opvatting omtrent de roeping der Overheid, eene studie moeten worden gemaakt, die, rekening houdende met de historisch geworden toestanden, een afzonderlijk geschrift zou vereischen.

De door ons behandelde onderwerpen zijn de meest op den voorgrond tredende punten, die het duidelijkst aantoonen, met hoe helderen blik Calvijn het economisch terrein overzag.

De economische eischen verwaarloosde hij nimmer. Eene uiting als van Luther, die wilde dat alle jonge mannen op

---

panis, aquae, solis et aeris; dignitas quidem multo etiam praestantior. Non enim (quae illorum omnium commoditas est) huc spectat duntaxat ut spirent homines, edant, bibant, foveantur (quamquam haec certe omnia complectitur, dum efficit ut simul vivant), non tamen, inquam, huc spectat solum: sed ne idolatria, ne in Dei nomen sacrilegia, ne adversus eius veritatem blasphemiae aliaeque religionis offensiones publice emergant ac in populum spargantur; ne publica quies perturbetur; ut suum cuique salvum sit et incolume; ut innoxia inter se commercia homines agitent; *ut honestas et modestia inter ipsos colatur*". (Opera, II, blz. 1094).

1) Zie hiervoor o. a. Kampschulte, t. a. p., I, blz. 430; Gaberel, t. a. p., I, blz. 524 en volgg.

Men zie ook het ontwerp van stedelijke wetgeving in Opera, X¹, blz. 125 en volgg.

2) In zijn *Du contrat social*, II, 7, waar hij in eene noot zegt: „Ceux qui ne considèrent Calvin que comme théologien, connaissent mal l'étendue de son génie. La rédaction de nos sages édits, à laquelle il eut beaucoup de part, lui fait autant d'honneur que son *Institution*. Quelque révolution que le temps puisse amener dans notre culte, tant que l'amour de la patrie et de la liberté ne sera pas éteint parmi nous, jamais la mémoire de ce grand homme ne cessera d'y être en bénédiction".

twintig- en alle vrouwen op achttienjarigen leeftijd getrouwd zouden zijn en het ten sterkste afkeurde, wanneer stoffelijke zorgen voor de toekomst van het huwelijk afhielden, daar de goede God wel voor eten en drinken zou zorgen [1]), zoekt men in Calvijn's geschriften tevergeefs. Het verwijt, dat Ward [2]) tot Luther richt, namelijk dat hij telkens inkonsekwent is, en zijne economische uitspraken daardoor niet veel meer dan eene reeks uitwegen zijn, kan zeker niet op Calvijn worden toegepast. Bij den Zwitserschen Reformator treft ons de eenheid van gedachten, die telkens uitkomt. Een vast uitgangspunt beheerscht zijn denken, en dit nauwsluitend systeem doet hem, bij de bespreking der bijzondere onderwerpen, het spoor geen oogenblik bijster worden. Calvijn ging in hooge mate systematisch te werk, en Ward ziet dan ook een der voornaamste geschilpunten tusschen dezen en Luther daarin, dat de laatste geen systematicus was als Calvijn. Sommerlad [3]), die in zijne beoordeeling van Ward's geschrift, onderscheidene bedenkingen tegen dit boekje oppert, acht

---

1) Zie Roscher, *Geschichte*, blz. 58. Hij haalt deze woorden van Luther aan; „Gott macht Kinder, der wird sie auch wohl ernähren".

2) T. a. p., blz. 12. Wij lezen hier: „Luther war kein Systematiker wie Calvin, und deshalb war er in Einzelheiten oft inkonsequent; er war misstrauisch gegen die Politik, deshalb im allgemeinen konservativ; alles war in einem chaotischen Zustand, infolge dessen waren seine Vorschläge oft nur Auskunftsmittel".
Op het groote onderscheid tusschen Luther en Calvijn ten aanzien van dit punt, wijst hij ook in zijn slotwoord, op blz. 94 en volgg.

3) In de *Jahrbücher für Nationalökonomie und Statistik*, band 22, 1901, blz. 423—427.
Aan het slot zegt hij: „Beachtenswert erscheint mir auch der wiederholte Hinweis darauf dass Luther kein Systematiker wie Calvin und dasz sein Werk vornehmlich ein religiöser gewesen ist. Nur wenn er in wirtschaftliche Fragen hineingezogen wurde, hat er zu diesen Stellung genommen und weil er weder Politiker noch Wirtschaftspolitiker war, kam er oft zur Inkonsequenz in Einzelheiten, zu Vorschlägen, die kaum mehr als blosse Auskunftsmittel sein konnten".

het uitnemend, dat deze biograaf allen nadruk laat vallen op het feit, dat het systematisch karakter, hetwelk Calvijn's optreden siert, ten eenenmale bij Luther ontbreekt. En Gerhard Uhlhorn, die in het artikel *Reformation* in het *Evangelisches Volkslexikon zur Orientierung in den sozialen Fragen der Gegenwart* [1]) hoogst waardeerend over Luther oordeelt, moet toch erkennen: „Mit dem anders gearteten Charakter der R. Calvins hängt es auch zusammen, dasz seine nationalökonomischen Anschauungen klarer und systematischer sind als die Luthers".

De eenstemmigheid, waarmede deze drie schrijvers tot de erkenning komen van het systematische, dat Calvijn's arbeid kenmerkt, is zeker wel een duidelijk bewijs van de bijzondere eenheid van opvatting, die zijn optreden beheerscht. Toch rekenen niet alleen hem dit als eene verdienste aan. Integendeel, men ziet in een dergelijk absoluut uitgangspunt een groot gevaar voor de wetenschap der economie. Hoe hooge waardeering voor Calvijn Ward ook in zijne biographie over Wittenberg's Reformator toont, toch meent hij te moeten verklaren, dat de verdiensten van Calvijn's optreden bijna geheel worden verduisterd door zijne miskenning van de maatschappelijke ontwikkeling, zooals die blijkt uit zijn streven, om eenzelfde stel beginselen op alle plaatsen en in alle tijden, zonder eenige wijziging, te doen triomfeeren. „Während Calvin" — zoo zegt hij — „schroff und barsch mit der Gesellschaft verfuhr und für eine soziale Entwicklung nur wenig Zugeständnisse machte, sah Luther die Sache von einem ganz anderen Standpunkte aus an". En na de teekening van Luther's

---

1) Bielefeld en Leipzig, 1900. Het is geredigeerd door Theodor Schäfer. Men vindt de hier aangehaalde woorden op blz. 624.

opvatting heet het dan verder: „Gerade dieses Punktes wegen, besonders in der Erkenntnis und Anerkennung der Thatsache, dasz jedes Volk und jeder Stand seine besonderen Eigentümlichkeiten hat und dasz nach diesen eine gesunde Entwicklung allmählich sich durchzusetzen hat, scheint mir Luther ein tieferes Verständnis für sozialen Fortschritt bewiesen zu haben, als der als Staatsmann ihn überragende Calvin, und seiner Zeit vorausgeeilt.zu sein" [1]).

Deze beschuldiging tegen Calvijn's leer staat niet alleen. Nog geen drie jaren geleden heeft de vermaarde Dr. Luo Brentano in zijne *Rektoratsrede: Ethik und Volkswirtschaft* in vollen ernst het Calvinisme dezelfde smet aangewreven, toen hij zeide: „Die calvinistische Lehre kannte kein historisches Werden, keine Entwicklung. Das Christenthum war ihr etwas durchaus Fertiges, durch den Buchstaben der Schrift Abgeschlossenes, über allen Wechsel und Wandel der Zeiten Erhabenes" [2]).

Het requisitoir, dat door dezen „katheder-socialist" tegen het Calvinisme wordt genomen, is verre van zacht. Het dwaalbegrip van de liberale school, welke uitging van onveranderlijke natuurwetten in de economie, moet ook het Calvinisme als fout worden aangerekend. Ook hier hetzelfde absolutisme en kosmopolitisme, dat, in zijn zucht om ten allen tijde alles naar een stel afgeronde beginselen te kneden, aan iederen vooruitgang den dood heeft gezworen. Is nu die aanklacht juist? Zij is reeds zoo herhaaldelijk met een schat van argumenten afgewezen, dat zij thans onmiddellijk zou kunnen

---

[1]) T e r, blz. 97.
[2]) Deze rede werd 26 November 1901 gehouden. Zij kwam uit te München in 1902. De aangehaalde woorden vindt men op blz. 27.

worden geseponeerd, indien niet het gezag van den aanklager, en zijn groot aantal economische medestanders eene korte instructie wenschelijk maakten. Toch moet eene niet-ontvankelijkheid-verklaring noodzakelijk volgen.

Eene dergelijke opvatting toch van Calvijn's leer miskent geheel den aard van dit stelsel. Het Calvinisme is niet eene verzameling van uitspraken, die Calvijn heeft gegeven, en bedoelt niet, aan de leeringen, door hem verkondigd, eene overal gelijke toepassing te bezorgen. Zulk eene meening vloekt met het wezen van het Calvinisme, en de Calvinisten hebben ze steeds met beslistheid verworpen [1]). Volstrekt niet alles, wat God in Calvijn wrocht, werd door dezen ten volle verstaan, en wat bij hem in kiem aanwezig was, kon eerst later in vollen wasdom opbloeien [2]). Om aan dit denkbeeld uiting te geven behoeft men volstrekt niet zijn toevlucht te nemen tot eene term als Neo-Cal-

---

[1]) Men zie hiervoor de reeds door ons vermelde *Publicatie van den Senaat der Vrije Universiteit.*

[2]) Met nadruk is hierop gewezen door Prof. Fabius in zijn *Voortvaren*, 2^e druk, blz. 150 en volgg. Tegenover *de Nederlander*, die een Calvinistisch stelsel van staatkunde onbestaanbaar achtte omdat uit Calvijn's werken geen bepaald systeem is af te leiden, merkte hij op: „Ook in niet-systematisch voorgedragen beschouwingen kan immers een systeem schuilen, dat eerst allengs zich als zoodanig meer teekent, voorgedragen en ontwikkeld wordt.

Een stelsel, gebouwd op de staatkundige beginselen van Calvijn, is toch een Calvinistisch systeem.

Gevolgtrekkingen uit die beginselen zijn toch Calvinistisch, al sprak Calvijn zelf ze niet uit.

Ja, daar ook Calvijn, hoe buitengewoon verlicht, nochtans een feilbaar mensch bleef, laat zich denken, dat hij in de konsekwenties nog niet volledig doorging; hij hier of daar iets aanhield wat eigenlijk niet met zijne beginselen strookte, zoodat de nakomeling, die dit uitzuivert, deze afwijking recht buigt, in dat opzicht zelfs *meer Calvinistisch is dan Calvijn zelf.*

Met de bewering dat er geen Calvinistisch systeem van staatsrecht zijn kan, omdat Calvijn in zijne werken nergens opzettelijk, over het geheele terrein uitgewerkt, zoodanig stelsel gaf, — kan men evenzeer volhouden, dat er geen Bijbelsche dogmatiek bestaat" (blz. 151).

vinisme, daar dit in Calvinisme zonder meer reeds ligt opgesloten.

Zoo gaat dan het Calvinisme in zeker opzicht verder dan Calvijn, omdat het een levensbeginsel is, en daar dat leven in gestadige ontwikkeling verkeert, is ook de ontwikkeling van het Calvinisme noodzakelijk. In organisch verband staande met het menschelijk leven, en in de historie opgekomen, zoekt het juist nauwe aansluiting met dat leven, en houdt het rekening met de verschillende vormen, die het aanneemt. Calvijn is daarin voorgegaan. Men behoeft slechts te denken aan Genève's kerkorde en zijne uitspraak over den besten regeeringsvorm, om te weten, hoe rekening houden met de historisch geworden toestanden, acht slaan op de ontwikkeling der tijden voorname eisch van zijn beginsel is. Voortreffelijk is dit principe gehuldigd in het woord, dat Robinson tot de *Pilgrimfathers* richtte, toen de *Mayflower* zee koos: „We zijn er nog niet. Er liggen nog schatten in de Schrift, wier kennis ons nog verborgen bleef. Al de jammer der Presbyteriaansche kerken ligt in haar zucht om de Reformatie als *voltooid* te beschouwen en geen ontwikkeling te gedoogen van wat de arbeid der reformatoren begon. De Lutherschen blijven bij Luther, de Calvinisten bij Calvijn staan. Dit mag niet. Zeer zeker zijn deze mannen in hunnen tijd brandende en schijnende lichten geweest, maar ze hebben toch niet *alles* in Gods waarheid doorzien, en ze zouden, konden ze uit hun graven opstaan, de eersten zijn, om dankbaar meer licht op te vangen. Immers, het is even ongerijmd te meenen, dat reeds in den korten hervormingstijd alle dwaling zou zijn uitgebannen, als te wanen, dat de Christelijke gnosis op eenmaal haar taak zou hebben voleind" [1]).

---

1) Overgenomen uit Dr. A. Kuyper's *Het Calvinisme, oorsprong en waar-*

In plaats dus van aan het Calvinisme te verwijten, dat het van geene ontwikkeling wil weten en „schroff und barsch" tegenover de maatschappij optreedt, moet juist dankbaar worden erkend, dat acht slaan op de maatschappelijke evolutie een zijner voornaamste karaktertrekken is. Tegenover de noodlottige dwaling, die zoovele economen heeft bevangen, alsof men, uitgaande van onveranderlijke natuurwetten, aan deze overal en ten allen tijde eene gelijke toepassing moest verzekeren, staat het Calvinisme zoo beslist mogelijk gekant.

„Het Calvinisme is geen starre, onbeweeglijke macht, die reeds bij Calvijn's leven haar laatste consequentie ontdekt, haar volle afronding gevonden had. Integendeel, het is een beginsel dat eerst allengs zijn kracht openbaart, voor elke eeuw een eigen gedachte heeft, in elk land een eigen vorm weet aan te nemen, en juist in deze rustelooze gedaanteverwisseling zijn ontwikkelingsproces voortzet" [1]).

Die rijke veelvormigheid nu zal het ook, wanneer het een eigen stelsel van economie ontwikkelt, erkennen.

Verwijten Brentano en anderen aan het Calvinisme te starre gebondenheid, waardoor geene wisseling der omstandigheden ooit tot haar recht kan komen, Herbert Spencer klaagt het juist aan om de weinige vastheid, die het biedt, om alle gebrek aan eenheid en samenhang, waardoor het eene wetenschap der economie onmogelijk maakt. In het tweede hoofdstuk van zijn *The study of sociologie* [2]) stelt hij de

---

borg onzer constitutioneele vrijheden, Amsterdam, 1874. Op de blz. 22—27 vindt men zijn protest tegen de voorstelling, die in het Calvinisme een petrefact beginsel ziet.
1) Dr. A. Kuyper, t. a. p., blz. 22.
2) 21ste druk, Londen, Edinburg, 1894.

vraag: *Is there a social science,* en dan schildert hij tweeerlei groep van personen, wier beginsel het opkomen van iedere sociale wetenschap en dus ook van de wetenschap der economie belet. De eerste groep wordt gevormd door hen, die uitgaan van de Voorzienigheid Gods, en meenen dat in den raad Gods alle dingen begrepen zijn. Hij vermeldt enkele uitingen van menschen, die, dit dogma aanhangen, en geeft eenige uitspraken van schrijvers, welke op hetzelfde standpunt staan. Onder de laatsten is vooral merkwaardig een professor in de geschiedenis, die onder het hoofd *The strategy of Providence*, verhaalt van veldslagen, wier uitslag door God bepaald werd, ja die zelfs durft schrijven: „But while I believe that not a stone or a handful of mud gravitates into its place without the will of God...." [1]).

Ten sterkste wordt door hem de uitdrukking *Strategy of Providence* gewraakt. Spreekwijzen als *The Master Builder* of *The great Artificer* kunnen er nog mee door, „The phrase „Strategy of Providence", however, necessarily implies difficulties to be got over. The Divine Strategist must have a skilful antagonist to make strategy possible. So that we are introduced to the conception of a Cause of the Universe continually impeded by some independent cause which has to be out-generalled" [2]). Schamper merkt hij op: „It is not every one who would thank God for a belief, the implication of which is that God has to overcome opposition by subtle devices". Nog enkele andere bittere woorden voegt hij hun toe, die aan de Voorzienigheid Gods gelooven, en dan komt hij tot het eigenlijke doel van zijn betoog: „The foregoing extracts

---

[1] T. a. p., blz. 28.
[2] Men vindt deze en de volgende aanhalingen op blz. 29 en 30.

and comments are intended to indicate the mental attitude of those for whom there can be no such thing as Sociology, properly so called. That mode of conceiving human affairs which is implied alike by the „D. V." of a missionary-meeting placard and by the phrases of Emperor William's late despatches, where thanks to God come next to enumerations of the thousands slain, is one to which the idea of a Social Science is entirely alien, and indeed repugnant".

Het Calvinisme, dat zoo beslist mogelijk belijdt dat alle dingen in den raad Gods besloten zijn, wordt dus zeer sterk door dit oordeel getroffen, en zijne aanhangers uit den kring der beoefenaars van de wetenschap der economie gebannen. Calvinisme en de wetenschap in het algemeen, alsmede de wetenschap der economie in het bijzonder sluiten elkaar, volgens Spencer, uit.

Lijnrecht nu tegenover Spencer's opvatting staat onze bewering, dat het Calvinisme zin voor de wetenschap, en ook meer speciaal voor de wetenschap der economie moet kweeken. Zal dit worden ingezien, dan dient met een enkel woord te worden gewezen op de geheel verkeerde meening, die Spencer omtrent de Voorzienigheid of juister omtrent den raad Gods huldigt, en die hem tot eene dergelijke laatdunkende beschouwing van het Calvinistisch standpunt ten opzichte van de wetenschap voert [1].

Hij gaat uit van de veronderstelling, dat de raad Gods zich openbaart in eene reeks besluiten, die, zonder eenig verband, geheel los van elkander, van tijd tot tijd, tot uiting

---

[1] Men zie hiervoor: Dr. A. Kuyper, *De gemeene gratie*, deel II, Amsterdam, 1908, blz. 354 en volgg.; Dr. H. Bavinck, *Gereformeerde dogmatiek*, deel II, Kampen, 1897, blz. 813 en volgg. Ook zie men het derde deel 1898, blz. 1 en volgg.

komen. Zonder de inwerking Gods zou alles zijn natuurlijk verloop hebben, maar bij tusschenpoozen wordt de geregelde gang van zaken verstoord, doordat God, zonder eenige orde of regelmaat, naar Zijn goedvinden inbreuk op die levensordinantiën maakt.

Wie eenige kennis van het Calvinisme bezit weet, hoe het steeds is opgekomen tegen de misvorming van den raad Gods, tot eene samenvoeging van onsamenhangende wilsbeschikkingen. Immer is er op gewezen, dat de raad en de besluiten Gods alles omvatten, en dat niets daar buiten valt. De regeling van geheel den Kosmos is daaraan onderworpen. En nu geschiedt die regeling naar eene vaste orde, naar wetten, die God aan de natuur oplegt. In die regeling schuilt vastheid en eenheid. Alles hangt in Gods raadsbesluit organisch samen. „Nooit is door Calvinisten geleerd, dat het beeld van den kosmos in Gods raadsbesluit lag als een aggregraat van los bijeengevoegde beschikkingen, maar steeds beweerd, dat het geheel één organisch program voor heel de schepping vormde"[1]. Het heele leven onder den overweldigenden indruk van de onwrikbare eenheid, die God werkt, dat is het beginsel, hetwelk het Calvinisme door zijn leer omtrent den raad Gods op den voorgrond plaatst.

Dit principe nu is voor de wetenschap van onmiskenbare beteekenis. Het kenmerk der ware wetenschap toch is niet het verzamelen van feiten, maar het zoeken van een vast gezichtspunt, waaruit men deze moet beschouwen. De wetenschap speurt na de eenheid, welke zich in de wereld der verschijnselen openbaart, tracht alles onder de heerschappij van één

---

[1] Men vergelijke hiervoor Dr. A. Kuyper, *Het Calvinisme en de wetenschap*, de vierde zijner *Stonelezingen*. De aangehaalde woorden vindt men op blz. 107.

beginsel te brengen. Vastheid en eenheid is de levensvoorwaarde voor de wetenschap. Welnu de Calvinistische belijdenis zegt, dat in alles vastheid en regelmaat schuilt. Dit juist doet den zin naar wetenschap geboren worden, en maakt ware wetenschap mogelijk. Zoo is dan het Calvinisme, in stee van een hinderpaal op den weg der wetenschap een levensbeginsel, dat liefde voor de wetenschap moet wekken, zin voor wetenschap moet kweeken.

Na deze poging om de aanvallen van Brentano en Spencer op het Calvinisme af te weren, dient thans met enkele woorden te worden uiteengezet de beteekenis, welke het Calvinisme als levensbeschouwing voor de economie heeft, en aangetoond, welk een hoog standpunt eene wetenschap der economie, op Calvinistischen grondslag gebouwd, moet innemen.

Dat er nauw verband bestaat tusschen de economie eenerzijds en anderzijds de levensbeschouwing, die men aanhangt, de opvattingen welke men omtrent godsdienst, recht en zedelijkheid huldigt, behoeft geen breed betoog.

Het is de groote verdienste van de Historische school [1]), dat zij in de laatste helft der vorige eeuw met kracht op den voorgrond heeft gesteld, hoe het zedelijk moment het economisch leven moet beheerschen, en daarin tot ontwikkeling moet

---

1) Men zie voor de geestesrichting der Historische School de uitnemende schets bij Heinrich Pesch, t. a. p., deel II, blz. 829—895.
Zeer goed is ook wat men vindt in het aanbevelenswaardige boek van Joseph Rambaud, *Histoire des doctrines économiques*, Parijs/Lyon, 1899, blz. 324—865.
Verder vergelijke men Ingram, t. a. p., blz. 267—328. Roscher behandelt haar in zijn *Geschichte der National-Oekonomik in Deutschland* slechts kort, op de blz. 1032—1045.
Geene afzonderlijke behandeling vindt men bij Eugen Dühring, *Kritische Geschichte der Nationalökonomie und des Socialismus*, 4e druk, Leipzig, 1900.

worden gebracht. Zij brak met de voorstelling van de Manchesterschool, alsof de economie moest worden beschouwd als de beschrijving van een mechanisch natuurproces van maatschappelijke verschijnselen, en stelde daartegenover, wat Schmoller genoemd heeft, de psychologisch-historische opvatting. Op de zedelijke krachten van een volk moest in hoogste instantie een beroep worden gedaan. Friedrich List ontwikkelde dit denkbeeld het eerst voor een bepaald gedeelte van het economisch leven [1]), daarna gaf Wilhelm Roscher eene beknopte schets van de historische methode [2]), maar de eerste breede methodologische ontwikkeling van de beginselen der Historische school gaf Karl Knies in zijn schitterend *Die politische Oekonomie vom Standpunkte der geschichtlichen Methode* [3]). Hij schetst hierin de hooge beteekenis van den godsdienst voor de economie, en uitnemende gedachten worden hierover door hem ontwikkeld. „Der Einfluss der *Religion"* — zoo zegt hij — „ist ein Einfluss auf den inneren Menschen, und da für uns das psychologische Element in

---

[1]) In zijn *Das nationale System der politischen Oekonomie*, dat in 1840 het licht zag.
[2]) Wij bedoelen zijn *Grundriss zu Vorlesungen über die Staatswirtschaft nach geschichtlicher Methode*, Göttingen, 1843.
[3]) Dit werk verscheen in 1853 te Brunswijk. In 1883 kwam eene tweede uitgave onder den titel: *Die politische Oekonomie vom geschichtlichen Standpuncte*. Op blz. 88 dezer uitgave zegt Knies over Roscher's werkje: „Ich trage kein Bedenken, einer kleinen Arbeit Wilhelm Roschers — „Grundriss zu Vorlesungen über die Staatswirtschaft nach geschichtlicher Methode". Göttingen 1843 — das Verdienst zuzuerkennen, dass durch sie die geschichtliche Entwicklung der Volkswirtschaft und der Volkswirtschaftslehre unter Anerkennung auch des theoretischen Satzes, der in diesem Ausdrucke liegt, der wissenschaftlichen Discussion übergeben worden ist". En Roscher zegt in zijne *Geschichte* (blz. 1038): „Zugleich ist Knies der Erste, welcher die geschichtliche Methode unserer Wissenschaft zu einer reichen, mit trefflich durchgeführten Beispielen versehenen Methodologie entwickelt hat (1853)".

diesem „Factor der Gütererzeugung" von sehr erheblicher Bedeutung ist, so schätzen wir die Einwirkung der religiösen Lehre auf die wirtschaftlichen Verhältnisse hoch genug" [1]). Hij schetst vervolgens den invloed, die van de Christelijke Kerk op het economische leven is uitgegaan en wijst er dan op, hoe het hier gaat om een voortdurend werkend motief in den mensch, dat de Kerk moet versterken. „Und hiermit übt sie einen, wenn auch mathematisch unberechenbaren, sicherlich jedoch sehr erheblichen Einfluss auf die ökonomischen Verhältnisse aus, der natürlich gröszer oder geringer sein wird, je nachdem die Kirche ihres Berufes mit Kraft und Lauterkeit eingedenk ist oder nicht, und je nachdem die religiösen Triebkräfte des Menschen in einer Zeit in lebensvoller Thätigkeit wach und rege sind oder nicht" [2]). Hij herinnert aan de woorden, waarmede Paul Ribot zijn *Du rôle social des idées chrétiennes* aanvangt: „Deux peuples qui n'adorent pas le même Dieu ne cultivent pas la terre de la même manière".

En dan volgt deze merkwaardige betuiging: „Auch können grade wir den weitgreifenden Zusammenhang zwischen Religion und Wirtschaftsleben wieder einmal auf Grund des Vorganges wahrnehmen, dass bei so sehr vielen Einzelnen und in groszen Theilen ganzer Volksschichten *jeder* religiöse Glaube weggefallen ist. Diese Thatsache steht mit kaum auch nur annähernd bemessbaren Folgen für das Wirtschaftsleben vor uns, gleichviel of die Impulse zu dieser „Entleerung von religiösen Vorstellungen" in Zusammenhang gebracht werden mit den „Fortschritten der modernen Naturforschung" oder mit „philosophischen Nachweisen", wie sie „der alte und

---

1) T. a. p., blz. 111.
2) T. a. p., blz. 122.

der neue Glaube" von David Strauss gegeben hat; mit wilden Hohnreden eines Massenagitators oder mit dem bittern Elend des eignen Lebens und dem „Glück der Ungerechten". Wer dürfte bezweifeln, dass gar manche Missethat in dem heutigen Verkehr sich vollzogen hat, weil die Schuldigen keinerlei Scheu haben vor „dem Richter, der ins Verborgene sieht?" [1])

Wij roemen het in Knies en de Historische school, dat zij met nadruk er op hebben gewezen hoe het economisch leven niet een stuk apart is, waar de werking van alle zedelijke motieven is buitengesloten. Wij loven het in hen, dat zij de economie aan hare zedelijke roeping hebben herinnerd. Maar toch veel verder hebben zij ons hiermede niet gebracht. Ja, hetzelfde verwijt, dat de Historische school tot de liberale economie gericht heeft, werpen wij ook haar toe: Miskende de Manchesterschool de beteekenis van recht en moraal voor de economie, ook de nieuwere richting is niet in staat dien alles overheerschenden invloed tot zijn recht te doen komen. Immers naast het protest der historische richting tegen het amoralistisch karakter der oude economie, trad op den voorgrond een zucht om te breken met de absolute en kosmopolitische banden, waarbinnen de navolgers van Adam Smith de economie hadden bevangen. Zij was afkeerig van eene „Normalœconomie", die immer zeggenschap zou hebben. Den toestand van ieder volk in elk tijdvak bestudeeren, en dan, naar gelang van den economischen toestand, de beginselen opstellen, die hunne toepassing moeten vinden, dat was het standpunt, waarvan zij

---

1) T. a. p., blz. 125.

uitging. Rekening houden met de historische ontwikkeling was hare leuze.

Hoe men dit alles gereedelijk kan aanvaarden, ja toejuichen, hebben wij bij de bestrijding van Brentano's opvatting aangetoond. Maar toch lag in hun streven een ontzaggelijk gevaar. In hunne liefde voor het historische zagen zij ook in recht en moraal, in alle beginselen slechts het historische moment en lieten zij de gedachte aan eene vaste norm varen. Alle hoogere beginselen waren voor hen resultaat van de maatschappelijke omstandigheden, en zoo legden zij aan het economische leven eenen maatstaf aan, die zelf aan dit leven ontnomen was. Recht was voor hen niets anders dan wat het best bij de bestaande toestanden past. Het relativisme werd in den meest absoluten zin gehuldigd! Alle vastheid ontbrak; geen eeuwige, onveranderlijke waarheden konden worden erkend. De drie oude paladijnen: Roscher, Hildebrand en Knies mogen dit relativisme niet zoo op de spits hebben gedreven als door hunne volgelingen is geschied, toch lag dit beginsel wel degelijk in hunne werken besloten [1]) en men behoeft slechts den Open brief van Schmoller aan von Treitschke [2]) te lezen, om te zien met hoeveel be-

---

1) Men leze hiervoor in het door ons genoemde werk van Knies, blz. 23—48.

2) *Ueber einige Grundfragen des Rechts und der Volkswirthschaft. Ein offenes Sendschreiben an Herrn Professor Dr. Heinrich von Treitschke*, Jena, 1875.

Zeer beslist is zijne uitspraak op blz. 29: „Der Fluss der Zeiten manifestirt mir nichts anderes als das Gesetz der Kausalität; so lange die Ursachen dieselben bleiben, bleibt die Folge — die Gesellschaftsordnung — dieselbe. Ich kann keinen absoluten sittlichen Vorzug für ein Institut darin finden, dass es lange so gewesen. Ich kann auch in der Ehe, im Eigenthum und in der Gesellschaftsordnung keine absoluten sittlichen Ideen sehen, vollends nicht in der bestimmten Färbung, mit der Sie sie vortragen. Die sittliche Idee steht über allen einzelnen Rechtsinstituten. Ehe und Eigenthum sind aüssere Formen des positiven Rechts, in welchen die

slistheid reeds betrekkelijk spoedig alle absolute beginselen als overtollige ballast over boord werden geworpen. De door ons reeds genoemde oratie van Brentano, waarin hij de Duitsche jongelingschap vermaant, om afstand te doen van „vorgefassten ethischen Urteilen", en hen opwekt mede te

---

sittliche Idee sich darstellt; aber es sind Formen, die selbst in ewiger Umbildung begriffen sind. Soweit sie bei den meisten Kulturvölkern einen ähnlichen Charakter tragen, ist nicht etwa eine immanente sittliche unveränderliche Substanz die Ursache der Gleichmässigkeit, sondern sie liegt in den gleichen äussern Vorbedingungen menschlicher Existenz und der hierdurch hervorgerufenen Nothwendigkeit analoger historischer Entwicklung....

Die Monogamie und das Individualeigenthum (innerhalb gewisser Schranken und neben einem Gemeineigenthum, wie es die Gegenwart schon kennt) werden so lange in der Hauptsache dieselben bleiben, als die menschliche Individualexistenz mit dieser körperlichen Organisation und diesen geistig — sittlichen Bedürfnissen dieselbe bleibt.

Der mensch kan als Individuum nicht existiren, nicht sein Wesen zur höhern Kultur entfalten ohne Eigenthum, er kann den Zusammenhang der Generationen, auf dem die mechanische Ueberlieferung aller Güter der Kultur beruht, nicht aufrecht erhalten ohne Erbrecht. Das sittliche Element der monogamie, des Eigenthums und des Erbrechts liegt aber nicht in dem, was das augenblickliche Ehe —, Eigenthums — und Erbrecht mit dem anderer Zeiten gemein hat, in dem, was man als abstraktes Dogma — Sie sagen: als sittliche Idee — dieser Institute proklamiren kann, sondern ausschliesslich und allein darin, dass das jeweilige Ehe —, Erb — und Eigenthumsrecht, die jeweilige Gesetzgebung über zulässige Erwerbsarten, über Einkommensvertheilung das in der bestimmten Zeit und in dem bestimmten Volk adäquate Gefäss des gerechten und sittlichen Ordnung, der sittlichen Erziehung der Gesellschaft ist.

Mit einer Abstraktion also von dem, was allen Gesetzgebungen der Ehe und des Eigenthums gleich ist, bekommt man einen Schulbegriff, der zum Unterricht für Anfänger in der Rechtsphilosophie und Staatswissenschaft gut sein mag, der aber über die Frage, ob unser heutiges Recht genügend und richtig sei, absolut gar nichts aussagt.

Eine richtige Antwort auf diese Frage gibt nur die historisch-kritische Untersuchung der Rechtsinstitute einerseits, der psychologischen, faktischen, materiellen Zustände und Folgen andererseits. Eine exakte rechtsvergleichende Untersuchung über das Detail des Ehe —, Erb — und Eigenthumsrechts, nicht eine unfehlbare Dogmatik desselben thut uns noth.

Schmoller's evolutionistisch standpunt komt ook duidelijk uit in de paragrafen 7 tot 9 van zijn *Grundriss der Allgemeinen Volkswirtschaftslehre.*

werken tot de emancipatie van de economie uit „die Lehre des Seinsollenden", verloochent in niets het beginsel der Historische school. Verzet uit eigen boezem baat hier niet. Hoe kan Wagner's afkeuring van de overdrijving, waarmede enkele jongeren dit relativisme huldigen, eenigen invloed uitoefenen, wanneer ook hem de maatstaf voor een gewichtig beginsel als de staatsbemoeiing, slechts gelegen is in het belang, dat de maatschappij daarbij heeft? [1]) Het evolutionistisch standpunt eerbiedigt geene grenzen; het kent geene vastheid. Alles vervloeit en verwisselt. De Historische school is onbekwaam, om het economische leven onder de heerschappij van eeuwige beginselen te brengen. Konsekwent redeneerende moet de school, wier eminente grondlegger het rekening houden met den invloed van godsdienst, recht en zedelijkheid in het economisch leven in haar vaandel schreef, komen tot hetzelfde resultaat, waartoe Herbert Spencer door zijn evolutionistisch uitgangspunt geleid werd. Hij acht eene „theological basis" voor eene sociale wetenschap onaannemelijk. Immers dan staat men voor den onverbiddelijken eisch van zijne belijdenis, waarin geene wezenlijke verandering kan worden gebracht door de wisselende eischen van maatschappelijke welvaart. „Evidently the theological bias leading to such a conviction entirely excludes Sociology, considered as a science" [2]). „The theological bias under its general form, tending to maintain a dominance of the subordination-element of religion over its ethical element-tending, therefore, to make men judge of actions by their congruity with a creed rather than bij their congruity with human welfare, hinders

---

[1] Zie zijn *Grundlagen der Volkswirthschaft*, blz. 46 en volgg.
[2] T. a. p., blz. 294.

that estimation of worth in social arrangements which is made bij tracing out results" [1]).

Datzelfde evolutionistische uitgangspunt, hetwelk Spencer aldus doet spreken, leidt den schrijver van het algemeen gebruikte geschiedboek der economie tot de bewering, dat „die Wissenschaft von all' den theologisch-metaphysischen Elementen oder Neigungen gereinigt (muss) werden, welche sie noch immer belasten und verunstalten" [2]).

Tot dergelijke konsekwenties moest eene richting komen, die, bij haar ontstaan, luide den eisch deed weerklinken, dat op de werking der hoogere zedelijke beginselen in het economisch zou worden gelet, maar die de vervulling van dien eisch onmogelijk maakte door alle vastigheid aan die beginselen te ontnemen. Elke absolute waarheid is voor haar contrabande. Daarmede nu is de Historische school en zijn hare onderscheidene evolutionistische vertakkingen voor ons geoordeeld.

Zeker, wij juichen toe haren zin voor historische ontwikkeling; wij stemmen in met de verontwaardiging, waarmede zij, met List te beginnen, heeft afgewezen de oud-liberale idee, om in de economie slechts eene theorie van ruilwaarden te zien; wij begrijpen den bitteren spot, waarmede het denkbeeld der Manchesterschool is bejegend, alsof aan eene ruime productie meer waarde is te hechten dan aan eene juiste verdeeling; wij staan met haar vijandig tegenover eene richting, die nog niet lang geleden het maatschappelijk vraagstuk omschreef: „als in letzter Instanz Sache des technischen Fortschrittes in der Production" [3]). Zij is ons sympathiek om

---

[1] T. a. p., blz. 808.
[2] Ingram, blz. 331.
[3] Aldus luiden de woorden van Dr. Julius Wolf in het *Zeitschrift für Socialwissenschaft*. Men vindt ze aangehaald bij Pesch, t. a. p., deel II, blz 856.

hare roepstem, die de economie weer aan hare ethische roeping herinnerde. Maar niettegenstaande al deze aanrakingspunten blijft er toch eene diepe klove gapen tusschen haar en ons. Haar relativisme maakt scheiding. Dat relativisme wordt in meerdere of mindere mate door bijna alle moderne richtingen gehuldigd; het is ook in het Marxisme belichaamd, dat door zijn materialistisch uitgangspunt iedere vaste norm aan het zedelijk leven ontneemt. Dat relativisme is de vloek van het moderne leven. Welnu, daar tegenover stellen wij den eisch, dat in de economie worde gerekend met de eeuwige en in hun wezen onveranderlijke beginselen van Gods Woord, zooals die, naar onze meening, hunne schoonste uitdrukking vinden in de Calvinistische levensbeschouwing.

Het Calvinisme toch heeft zijn uitgangspunt in de erkenning van Gods souvereiniteit over alles, en uit dit beginsel moeten noodzakelijk konsekwenties voortvloeien, die aan eene economie naar Calvinistisch principe ontwikkeld, een gansch bijzonder karakter verleenen. Zij moet zich daardoor onderscheiden ook van eene economie, welke naar Lutherschen trant is geformeerd, en niet minder van eene, die uit de Roomsche levensbeschouwing is afgeleid.

Op de belijdenis van Gods almachtig bestuur en de gehoorzaamheid aan Zijn Woord, niet op de zaliging van den mensch of de redding van den zondaar, legt het Calvinisme den nadruk. God te verheerlijken in alles en Hem steeds te dienen — dat is de gedachte, die aan Calvijn ter ontwikkeling in het hart is gegeven. Bij eene der weinige gelegenheden, waar hij zich over zijn eigen persoonlijk gemoedsleven uitlaat, verhaalt hij hoe zijne bekeering hem „ad *docilitatem* subegit" [1]), en wanneer hij, naar Straatsburg verbannen, Genève's bevolking onschatbare diensten bewijst door zijn schitterend pleidooi tot handhaving van het goed recht der Gereformeerde religie [2]), dan wijst hij er op, hoe niet de zaligmaking door het geloof, maar de eere Gods op den voorgrond dient te staan.

Hieruit nu zijn gevolgtrekkingen af te leiden, welke op de economie eenen overheerschenden invloed moeten uitoefenen.

Uit dat op den voorgrond plaatsen van de souvereiniteit Gods toch vloeit voort eene opvatting van het aardsche leven, die, in de Calvinistische leer van de gemeene genade hare uitdrukking vindende, tot beschouwingen op economisch gebied moet leiden, welke van Roomsche zijde niet kunnen worden gehuldigd. Het is goed, op dit verschil de aandacht te vestigen, daar de schat van economische literatuur, uit Roomsche kringen voortgesproten, bij het nagenoeg geheel ontbreken van Calvinistische geestesproducten, bij ons een gul onthaal vond, en door hare vele voortreffelijke verhandelingen het gevaar zou kunnen doen ontstaan, dat de eisch om voort te varen en tot scherper begrenzing van het beginsel te komen, uit het oog werd verloren [3]).

---

[1] In de bekende voorrede voor zijnen Commentaar op de Psalmen. Zie Opera, XXXI, blz. 21.

Niet geheel juist is het als Doumergue zegt, dat er geen onderscheid aanwezig is tusschen Luther's en Calvijn's bekeering. Alleen wanneer hij bedoelt, dat de overeenstemming daarin bestaat, dat bij beiden de bekeering eene zaak van het hart was, kan zijne bewering worden aanvaard Zie deel I, blz. 350.

[2] Bedoeld wordt zijn beroemd strijdschrift tegen den kardinaal Jacobus Sadolet. Men leze Opera, V, blz. 391 en volgg.

[3] Hoe voorbehoud bij de raadpleging der Roomsche schrijvers steeds geboden is, blijkt b.v. niet slechts uit de onwaardige verhandeling, die de Villeneuve Bargemont in zijn *Histoire de l'économie politique* over de Reformatie schreef, maar ook uit het omvangrijke, veel hooger staande, werk van Ch. Périn, *De la richesse dans les sociétés chrétiennes* 3 dln., 3de druk, Parijs, 1882, welks geheele opzet duidelijk het Roomsche standpunt verraadt.

Volgens de Roomsche leer toch ontving Adam bij zijne schepping tweeërlei gave; zijne gewone menschelijke natuur met alles wat hierin begrepen is, de *pura naturalia*, en bovendien nog als toegift, als *donum superadditum*, de particuliere, de supranatureele gave der oorspronkelijke gerechtigheid [1]). Door zijnen val ging de laatste verloren, maar niet de eerste, en zoo is de mensch ook thans nog, na het verlies der oorspronkelijke gerechtigheid, tot veel goed bekwaam. „Tegenover die menschelijke maatschappij, gelijk men haar onder Heidenen, Mahomedanen en Joden nog aantreft, en die werkt uit die in onze natuur nog overig zijnde krachten, staat nu echter de kerk, als schatbewaarster der bovennatuurlijke genade, en noch op den enkelen mensch, noch op de menschelijke maatschappij straalt eenig hooger licht uit, dan hetwelk door haar ontstoken wordt. Die twee levenskringen liggen alzoo gescheiden naast elkander. Eenerzijds de menschelijke maatschappij buiten hooger kracht, alleen uit de verzwakte *pura naturalia* werkende, en anderzijds die levensfeer, waarin het licht der kerk uitstraalt, maar die dan ook door de kerk beheerscht wordt; in deze levenssfeer is het leven hooger staande, naarmate het meer in elk opzicht het kerkelijk stempel draagt. Kerkelijk ingekaderd heel het persoonlijk en het huiselijk leven, van de wieg tot het

---

In zijn *Gereformeerde beginselen*, Leiden, 1896, blz. 15, wijst Prof. Fabius er op, dat Victor Cathrein, wiens arbeid overigens niet genoeg is te waardeeren, leert een recht om *in extrema necessitate* te nemen wat tot het levensonderhoud noodzakelijk is.

Men zie zijn *Das Privatgrundeiggenthum und seine Gegner*, 3e druk, Freiburg, 1896, blz. 69—71.

1) De thans volgende beschouwingen over de onderscheidene leerstukken van het Calvinisme zijn ontleend aan Dr. A. Kuyper's: *Het Calvinisme; Het Calvinisme, oorsprong en waarborg der constitutioneele vrijheden; De Gemeene gratie;* en Dr. Bavinck's *Gereformeerde Dogmatiek.*

graf. Kerkelijk de gilden van beroep en bedrijf. Kerkelijk de wetenschap, kerkelijk de kunst, op heel het terrein des menschelijken levens de kerk haar hemelsche krachten en haar hemelsche glansen indragend. Zoo keert het dualisme, dat in de oorspronkelijke schepping van den mensch bij het aanvangspunt werd binnengelaten, hier bij het einde van den weg terug. Zoover als het bovennatuurlijke uitgaat boven het natuurlijke, zoo hoog staat het menschelijk leven in de levenssfeer der kerk boven het menschelijk leven, dat buiten dit licht der kerk zich ontwikkelt. En al wordt dan eenerzijds dat leven der maatschappij uit de natuurlijke krachten tegemoetkomend bejegend, getoetst aan kerkelijken maatstaf, moet het toch anderzijds in zijn waarde miskend worden, want ideale beteekenis heeft het niet" [1].

Het leven buiten de institutaire Kerk is alzoo iets van lager allooi; zal het goed zijn, dan behoort ook de economie kerkelijk te wezen, en moeten de economische uitspraken aan kerkelijke autoriteit onderworpen zijn.

Op dit standpunt is het onmogelijk de economie tot haar volle recht te doen komen. De opvatting der Roomsche Kerk toch, zooals wij die kort hebben weergegeven, leidt tot eene onderschatting van het aardsche leven, en dies kan ook eene wetenschap, die de verhoudingen, welke het zoeken naar stoffelijke welvaart schept, tot voorwerp heeft, nimmer die hooge beteekenis bereiken, welke aan de studie der hemelsche dingen moet worden toegekend. De economie moet aldus steeds een minder hoog karakter behouden.

Principieel tegenover deze opvatting nu staat *niet* de Doopersche of Luthersche leer, *maar* de kosmologische beschouwing,

---

[1] Dr. A. Kuyper, *De gemeene gratie*, deel II, blz. 47 en 48.

die Calvijn onder den indruk van de majesteit Gods het eerst heeft ontwikkeld. Het is bekend, hoe, naar Gereformeerde belijdenis, de werking der zonde absoluut is. Door den val is de mensch verdorven, zoodat er voor Gods oog geen goed aan hem is. Werd nu die zonde niet beteugeld, dan zouden de rampzalige gevolgen niet zijn te overzien, een toestand van geheele verwildering zou intreden. Maar nu treedt de Heere met zijne gemeene genade tusschen beide, stuit het kwaad en doet in het aardsche, ook in het maatschappelijk leven, de werking van Zijne wondervolle kracht gevoelen. Zoo dringt het besef door, dat ook de wereld Godes is. Opgeheven wordt de ban, waaronder het leven buiten de Kerk besloten was. Gebroken wordt met alle dualisme, en begrepen, dat ook in het maatschappelijke leven alle krachten moeten ontplooid worden, om daar in den vollen rijkdom van Gods almacht te openbaren. Het zoeken van de stoffelijke welvaart is niet langer eene zaak, die slechts schoorvoetend kan worden geduld, maar een eisch van het Goddelijk gebod. De materieele nooden, zij behoeven niet te worden onderdrukt, want de Heere zelf bezigt de menschelijke behoeften, om den mensch tot steeds hooger standpunt op te leiden, en in die opleiding tot hooger standpunt heeft Hij zijn eigen *raad* en *daad* tot verheerlijking van Zijnen naam geopenbaard [1]).

Welnu, die rijke majestueuse gedachte van het aardsche leven heeft Calvijn gegrepen en tot ontwikkeling gebracht. Wanneer Galiffe, zonder eenig nader bewijs, beweert, dat Calvijn het volk arm wilde houden om het daardoor gehoorzaamheid aan God te leeren [2]), eene bewering, welke ook

---

1) Men zie hiervoor *De Heraut*, no. 1215.
2) Men zie zijn *Quelques pages*, blz. 88. Kampschulte, deel 1, blz. 480, meent dit zonder eenig voorbehoud over, en hij voegt er aan toe: „Eine

Kampschulte overneemt, en eveneens het overigens prijzenswaardige opstel van Dr. Elster ontsiert, dan is geen lang betoog van noode, om die beschuldiging te ontzenuwen. Wij wijzen slechts op den bloei, waartoe Calvijn Genève heeft weten te verheffen, wij herinneren aan de vaardigheid en de energie, die de Hugenoten op het maatschappelijk terrein hebben ten toon gespreid, wij gedenken de nobele krachtsinspanning in handel en nijverheid die onze Vaderen, toen het Calvinisme hen bezielde, aan den dag hebben gelegd. Neen niet in gehoorzaamheid aan God het volk arm houden, maar juist, naar Zijn bevel, geen poging achterwege laten, om het economische leven zoo hoog mogelijken bloei te doen bereiken, ziedaar de hoofdgedachte, die het optreden van het Calvinisme op sociaal terrein beheerscht. Zoo wordt het economische leven geadeld, ontvangt ook de wetenschap der economie hoogere wijding, beamen wij ten volle, wat Groen van Prinsterer schreef: „De *De Oeconomia Politica* is eene onwaardeerbare wetenschap, veel te flauwelijk in ons Vaderland beoefend", maar niet minder wat hij daarop laat volgen: „doch met de gansche uitnemendheid van haar navorsching en arbeid, wordt ze machteloos, of althans vergelijkenderwijs onvruchtbaar, wanneer zij haar kracht enkel in materieel overleg zoekt" [1]).

Geeft het leerstuk der gemeene genade, uit de belijdenis

---

lebhafte Gewerbethätigkeit, ein reger Handelsverkehr riefen in der Bevölkerung ein Selbstgefühl und eine Beweglichkeit hervor, die den Grundsätzen des Verfassers der Institution völlig zuwiderliefen und in seinem Staate nicht aufkommen durften".

Elster volgt Kampschulte's voorbeeld. Zijn artikel verliest aanmerkelijk aan waarde, doordat hij zich bij de schildering van Genève's toestanden geheel op Kampschulte verlaat. Zoo neemt hij ook diens foutieve voorstelling omtrent den aristocratischen regeeringsvorm en het onmenschelijk wreede strafrecht, dat Calvijn zou hebben ingevoerd, over.

1) *Grondwetsherziening en eensgezindheid*, 1894, blz. 246/47. Op deze plaats wijst ook Fabius, *Voortvaren*, blz. 89.

van Gods souvereiniteit afgeleid, aan de economie eene geheel bijzondere richting, ook andere leerstellingen, aan dit hoofdbeginsel ontleend, zetten op deze wetenschap haren stempel. Uit het bijzonderen nadruk leggen op de souvereiniteit Gods vloeit eene eigen opvatting van de zonde voort. Onder den indruk van die absolute souvereiniteit wordt de mensch overweldigd door den last der zonde, welke hij tegen dien Souverein begaan heeft en dit verscheurt zijne ziel. Dieper schriftuurlijker opvatting der zonde dan van het Calvinisme wordt nergens gevonden. Is die beschouwing ook voor de economie niet van hoog gewicht? Wanneer der schare een heilstaat wordt voorgespiegeld, die „am Tage nach der socialen Revolution" zal opdagen, ontleent dan niet de Calvinist aan zijn beslist „onbekwaam tot eenig goed en geneigd tot alle kwaad" eene kracht tot weerstand, die elk ander mist?

Nog dient op eene gewichtige konsekwentie van het op den voorgrond stellen van Gods souvereiniteit gewezen te worden en wel op het dogma der voorbeschikking. Dit leerstuk is voor de economie van ver strekkende gevolgen. Gelooven in de praedestinatie toch is gevoelen, dat men eene goddelijke roeping heeft ontvangen, dat men tot iets uitverkoren is, en dit geeft kracht om, te midden van de grootste moeilijkheden, aan zijne roeping getrouw te blijven. Tot welk eene energie eene dergelijke opvatting moest leiden heeft Maurice in eene heerlijke bladzijde van zijn *Social Morality* geteekend, als hij zegt: „The strength of Cromwell, Mr. Carlyle has shewn us, lay in the conviction that he was a called and elected man; the strength of each man in his host depended mainly on the sense of his own vocation to be there for death or for life. What was true in the following generation was true of those whom William the Silent gathered about him, was true of those who were inspired by the preaching of Knox. The teacher whose name they all reverenced was a great dogmatist. He had the love of system which belongs to Frenchmen; he had no impatience of the fetters of Latin when he was most opposing himself to the Church which had consecrated that tongue to its service. But his dogmas, his systematic gifts, his Latin lore, however they might be prized by his disciples, would have stirred no armies to battle, no people to rebellion. A living God higher than all dogmas and systems was heard, not by the schoolman, but by the hard-handed seller of cloth, by the rough ploughman, speaking in no school-tongue to him, bidding him rise and fight with himself, with monarchs, with devils. The Jesuit told him that his salvation hereafter depended on his submission to the decrees of the Pope and the Church. Let the soldiers of Philip and Alva yield to those threats. He dared not. He must defy them. What where the Pope, or the Church, to him? They were fighting against the God who had called him out of death to life" [1]).

Die prikkel tot heldenmoed, welke op het oorlogsveld tot zulke machtige daden weet aan te zetten, moet ook in het maatschappelijke leven tot grootsche dingen bewegen. Ook hier moet met bezieling gestreden, gestreden voor eene rijkere ontplooiing van dit aardsche leven, voor eene hoogere ontwikkeling van de stoffelijke welvaart, omdat de praedestinatie over *alle* ding gaat, omdat ook hier de eisch der Goddelijke roeping geldt. Zoo is de praedestinatie niet slechts het *cor ecclesiae*, maar ook het *cor oeconomiae*.

---

1) 2e druk, 1872, Londen, blz. 311 en 312.

In de voorafgaande hoofdstukken trachtten wij aan te toonen, hoe Calvijn met genialen blik het wezen van onderscheidene economische verschijnselen doorzag, en hoe hem om dat verhelderd inzicht in geen geschiedboek der economie eene plaats mag worden geweigerd. Van hoeveel gewicht echter zijne meening over deze bijzondere onderwerpen ook moge zijn, van nog veel hooger beteekenis is de vrucht, die zijne levensbeschouwing in haar geheel voor de economie afwerpt.

De souvereiniteit Gods toch, waarvan hij en elk Gereformeerde uitgaat, is niet een wijsgeerig stelsel, dat er regelmaat in het heelal moet wezen, maar die belijdenis komt voort uit het hart van zijn zieleleven. Eerst erkent hij de souvereiniteit over zijn eigen persoon. „Het brandpunt van zijne geheele existentie ligt in het moment, toen hij, zooals Da Costa zong, het in God gewonnen gaf, het wapen streek, en in aanbidding voor zijn Heer en zijn Meester, en den Koning zijner ziel neerknielde" [1]. Eerst over eigen ziel de souvereiniteit erkennende, moet die erkentenis zich uitstrekken tot eene belijdenis van Gods opperheerschappij over alles. Hij weet in ieder oogenblik van zijn leven met een God te doen te hebben, wiens naam hij moet verheerlijken. Dit bewustzijn nu is als innerlijk „continuirlich wirkendes Motiv" van onschatbare beteekenis. Het laat geen schipperen met Gods geboden toe, het kent geen recht om *in extrema necessitate* zich aan anders goed te vergrijpen, maar vindt zijne uitdrukking in de woorden, die Utenhove aan Calvijn schreef: „Malim tamen emendicare quam aliquid contra Deum meum attentare" [2]. Dit motief zal ook zijne werking doen gevoelen in den gang van het productieproces,

---

[1] *De Heraut*, no. 1141.
[2] Opera, XII, blz. 211.

wanneer in de handelende partijen niet slechts de gedachte leeft aan eenen „rechter, die in het verborgen ziet", maar aan eenen Heere, die eischt dat ook in hun bedrijf Zijne glorie zal worden gezocht. Dit beginsel zal ook eigen verantwoordelijkheidsgevoelen versterken, en dit geloof zal meer vermogen dan wat Spencer noemde „the great political superstition".

Voor ieder stuk van het economische leven heeft het Calvinisme iets te zeggen, en rusteloos moet worden gezocht, de konsekwenties, uit dit levensbeginsel getrokken, tot volle ontwikkeling te brengen. Ludwig Stein heeft nog ten vorigen jare, zoo beslist mogelijk het rekening houden in de economie met bovenmenschelijke machten afgewezen, toen hij sprak: „Hier beharren wir dabei, dass, wie jedes einzelne Individuum seines Glückes Schmied ist, so jede Generation ihr eigenes Geschick mit nerviger Faust zu ergreifen und unabhängig von allen transzendentalen Motivationen in eigenen Händen zu behalten hat. Wir sind heute gewitzigt genug, unser soziales Wohl und Wehe nicht mehr an das Schicksal metaphysischer Grillen zu ketten. Die Organisation der menschlichen Gesellschaft, die Harmonisierung der Interessenkollisionen zwischen Individuen und Gemeinschaft machen wir nicht mehr davon abhängig, wie es dem ἕν καὶ πᾶν, dem Logos, der Monade, dem Willen u. s. w. gefällt, sondern wie es uns gefällt, d. h. wie es unserer wissenschaftlichen Einsicht entspricht. Der Hinweis auf transzendentale Motive in der Regulierung der menschlichen Gesellschaft ist für uns keine Lösung mehr, sondern leere Vertröstung" [1]).

---

1) Ludwig Stein, *Die soziale Frage im Lichte der Philosophie*, blz. 576 en 577.

Welnu met even groote beslistheid heeft Calvijn betuigd, en ieder Calvinist zegt het hem na, dat bij de regeling van het maatschappelijke leven, dat ook in de economie moet worden gekend en gezocht den wil van Hem, die ook op dit terrein is „de Alpha en de Omega, het Begin en het Einde, de Eerste en de Laatste".

STELLINGEN.

I.

Calvijn heeft het eerst op goede gronden het geoorloofde van de rente staande gehouden, en daarmede op het economisch leven eenen prijzenswaardigen invloed uitgeoefend.

II.

Ten onrechte beweert Lehmkuhl: „Ein absolutes Zinsverbot hat die Kirche nie erlassen". (Stimmen aus Maria Laach, XVI, blz. 229).

III.

Onjuist is de uitspraak van Funk, wanneer hij zegt, dat Luther over den rentekoop „ein Verdammungsurtheil gefällt hat, das die Kirche auszusprechen sich immer scheute". (Zins und Wucher, blz. 105).

IV.

De beantwoording van de vraag, of de Roomsche Kerk den *contractus trinus* al of niet heeft goedgekeurd, beslist niet over hare houding tegenover de rente.

V.

Aanvaarding van de leer van den klassenstrijd kan niet gepaard gaan met een ijveren voor maatregelen, die bedoelen de verhouding tusschen de onderscheidene maatschappelijke standen te verbeteren.

VI.

Marx heeft zijne leer niet ontwikkeld na een nauwkeurig onderzoek van de maatschappelijke verschijnselen.

VII.

Het Marxisme is revolutionair.

VIII.

Jure Romano heeft het retentierecht geen accessoir karakter.

IX.

De door onderscheidene schrijvers gehuldigde opvatting, dat Gaius, schrijver van *Institutionum iuris civilis commentarii quattuor*, Gaius Cassius Longinus is, berust op onaannemelijke gronden.

X.

De rechter is vrij in de keuze van de middelen, waardoor hij meent tot de kennis van het bestaan eener rechtsgeldige gewoonte te geraken.

XI.

Tot de belangen der erfgenamen, waarvoor een deelvoogd bij de boedelscheiding moet waken, behoort ook de keuze van den notaris, en hieruit volgt dus, dat de deelvoogd bevoegd is zich tegen de door de overige partijen gedane keuze te verzetten.

XII.

De geschiedenis en het ontstaan van art. 1132 B. W. toonen aan, dat de daarin voorkomende woorden: „alle schenkingen onder de levenden" betreffen alle bevoordeelingen om niet, en niet slechts de schenkingen in den strikten zin van art. 1703 B. W.

XIII.

Bij het ontbreken van het in art. 463 B. W. bedoelde rechterlijk verlof is de voogd niet ontvankelijk in eene door hem ingestelde vordering tot scheiding en deeling.

XIV.

De in polissen veelvuldig voorkomende clausule, waarbij verzekeraar en verzekerde zich verbinden, om het bedrag der schade aan het verzekerd voorwerp door deskundigen te laten vaststellen, bevat geen *pactum de compromittendo*.

XV.

Bij art. 618 B. R. wordt alleen voorgeschreven, dat het doen beteekenen van de procureursakte, waarbij de gestelde borgtocht betwist wordt, moet geschieden binnen den bepaalden termijn; niet, dat de zaak moet worden aangebracht op eene binnen dien termijn voorkomende terechtzitting.

XVI.

Wanneer tegen een vonnis, waarbij gelijktijdig zijn toegewezen eene vordering in conventie en eene in reconventie, alleen door den oorspronkelijken eischer, verweerder in reconventie, principaal appèl is ingesteld voor zooveel betreft de reconventie, is een incidenteel appèl van den oorspronkelijken verweerder, eischer in reconventie, voorzooveel betreft de conventie, niet ontvankelijk.

XVII.

Wanneer in eene procedure eene der partijen optreedt als curator in een faillissement moet het O. M. volgens art. 324, 6° B. R. worden gehoord.

XVIII.

In de Wet op het Notarisambt moet eene bepaling worden opgenomen, die den notaris het recht geeft om, wanneer hij ingevolge art. 50 dezer wet terecht staat, zich door eenen raadsman te doen bijstaan.

XIX.

Het beding, waarbij de levensverzekeraar zich verbindt, om het verzekerd bedrag ook uit te betalen, indien hij, die zijn leven heeft laten verzekeren, zich van het leven berooft, heeft geene rechtskracht.

XX.

Ten onrechte besliste de H. R. bij arrest van 22 December 1899 W. 7382, dat de formaliteiten, voorgeschreven in art. 372 W. v. K. alleen de strekking hebben om den schipper een bewijs der noodzakelijkheid te verschaffen tot dekking zijner verantwoordelijkheid tegenover den reeder en andere belanghebbenden, en dat het verzuim dezer formaliteiten den reeder of eigenaar van het schip niet ontheft van zijne aansprakelijkheid tegenover den geldschieter.

XXI.

Ten onrechte beweert Mr. Heemskerk in zijn *De Praktijk onzer Grondwet* (deel I, blz. 47), dat onder de in art. 54 der Grondwet vermelde onschendbaarheid des Konings, allereerst is begrepen een verbod om den Koning naar het leven te staan.

XXII.

Tot verbetering van den treurigen rechtstoestand der inlandsche Christenen is wijziging van art. 109 Regeeringsreglement van Ned.-Indië dringend vereischt.

XXIII.

Onhoudbaar is de meening van hen, die het lidmaatschap van de 2e Kamer der Staten-Generaal laten aanvangen op het oogenblik, waarop de gekozene volgens art. 136 der Kieswet aan den burgemeester heeft kennis gegeven de benoeming te aanvaarden.

XXIV.

Het verdient afkeuring, dat art. 21 der Provinciale Wet en art. 23 van de Gemeentewet den „geestelijke of bedienaar der godsdienst" respectievelijk uitsluiten van het lidmaatschap der Provinciale Staten en van dat van den Gemeenteraad.

XXV.

Wanneer bij het onderzoek in de gevallen van art. 263 W. v. S., de waarheid der te laste gelegde feiten blijkt, is daarom veroordeeling wegens smaad of smaadschrift niet uitgesloten.

XXVI.

Voor het bestaan der medeplichtigheid aan misdrijf, omschreven in art. 48, 2° W. v. S., is niet vereischt, dat het opzet tot het plegen van het misdrijf bij hem, aan wien men hulp verleent, reeds aanwezig was op het oogenblik der hulpverleening.

XXVII.

Het doen van huwelijksaangifte, door iemand, die weet nog gehuwd te zijn, ten einde alzoo opzettelijk een dubbel huwelijk aan te gaan, levert niet op een begin van uitvoering van zoodanig huwelijk, en is dus niet strafbaar als poging tot bigamie.

XXVIII.

Wanneer de wet preventieve hechtenis toelaat, „indien tegen het misdrijf als maximum eene gevangenisstraf van 4 jaren of meer is bedreigd", bedoelt zij die misdrijven, waartegen volgens de wettelijke omschrijving zoodanig maximum gesteld is.

XXIX.

De opvatting, dat, volgens Gereformeerd beginsel, de advocaat geenen moordenaar mag verdedigen, berust op eene verkeerde beschouwing van de taak van den advocaat.

www.ingramcontent.com/pod-product-compliance
Ingram Content Group UK Ltd.
Pitfield, Milton Keynes, MK11 3LW, UK
UKHW010713030225
454603UK00007B/47